教|育|知|库

教师专业成长的多元化路径

姜成文————

主编

光明日报出版社

图书在版编目（CIP）数据

教师专业成长的多元化路径 / 姜成文主编. -- 北京：光明日报出版社，2022.4

ISBN 978 - 7 - 5194 - 6522 - 3

Ⅰ.①教… Ⅱ.①姜… Ⅲ.①师资培养—研究 Ⅳ.①G451.2

中国版本图书馆 CIP 数据核字（2022）第 056874 号

教师专业成长的多元化路径

JIAOSHI ZHUANYE CHENGZHANG DE DUOYUANHUA LUJING

主　　编：姜成文

责任编辑：李壬杰　　　　　　责任校对：张月月

封面设计：中联华文　　　　　责任印制：曹　净

出版发行：光明日报出版社

地　　址：北京市西城区永安路 106 号，100050

电　　话：010 - 63169890（咨询），010 - 63131930（邮购）

传　　真：010 - 63131930

网　　址：http：//book. gmw. cn

E - mail：gmrbcbs@ gmw. cn

法律顾问：北京市兰台律师事务所龚柳方律师

印　　刷：三河市华东印刷有限公司

装　　订：三河市华东印刷有限公司

本书如有破损、缺页、装订错误，请与本社联系调换，电话：010 - 63131930

开　　本：170mm×240mm

字　　数：253 千字　　　　　　印　　张：15.5

版　　次：2022 年 4 月第 1 版　　印　　次：2022 年 4 月第 1 次印刷

书　　号：ISBN 978 - 7 - 5194 - 6522 - 3

定　　价：68.00 元

编委会

序

在我市推进"生命化课堂"课题研究的过程中,师资水平常常成为不少实验学校的"瓶颈"。"教师是教育的第一资源",无论多么宏伟的教育蓝图都需要由教师直接去实现。因此,如何寻找一条有效的教师专业发展路径,通过引领学习提升教师素质,使课堂教学改革与教师专业成长相辅相成,是推进"生命化课堂"一道绕不过去的门槛。不久前,作为新晋课题实验学校的荣成二十七中,拟将他们在教师培养方面实践与思考的成果结集出版。作为一所普通的农村学校,能找准制约学校发展的关键所在,开展一些切实可行而又行之有效的工作,并归纳整理、分门别类、与人分享,本就十分不易,但这本书真正让我眼前一亮的还不仅是这些,更是他们的做法当中那些暗合于当前学校层面促进教师专业发展的理念性和规律性的东西。

一、以人为本

作为人本主义的核心理念,"以人为本"似乎大家都已耳熟能详了,但在具体工作和生活当中真正做到却并不容易。那么,怎样才是以人为本的教师专业发展方面呢?

在目标的层面,需明确"为了谁"的问题。"人是目的,不是手段。"要把教师的专业发展当作目的,而不仅仅作为提高学校教学成绩的手段。有些学校在"学生至上"的旗帜下,几乎把所有的精力都集中在学生身上而很少关心自己的教师,他们甚至忘记了是谁在为学生服务。松下幸之助在为松下公司定位时曾说:松下公司主要是制造人才,兼而制造电器。企业如此,学校亦然。学校是学生成长的场所,而学校应该通过培养教师去培育学生。"百年大计,教育为本;教育大计,教师为本。"这句话不是空洞的口号,而应是学校发展的核心理念和切切实实的行为。能够让关心、关爱到达教师内心深处的学校才有可能提供最优质的教育,这也是学校能为学生做的最好的事情。这本书问世的本身,就表现出了荣成二十七中对教师专业发展的重视,从书的内容中可以看出他们教师专业发展的以人为本。"培训是教师最大的福利。"因为按照马斯洛"人的需求层次理论",人最高层次的需求是自我价值实现的需要,因此,学校对教师最大的关爱就是通过培训和培养,帮助教师通过专业发展实现自我的价值。

在实施的层面,需明确"依靠谁"的问题。以人为本的教师专业发展,人是发展的根本目的,也是发展的根本动力。内心认同就会自觉践行,春风化雨才能润物无声。为此,需要把管理制度的强制性实施,改变为教师的自觉遵守和执行。荣成二十七中就是依靠教师来实现教师自身的专业化发展的,"名师引领""青蓝工程"依靠的是本校的名师,"小微课题""模式构建"依靠的是学校的科研室,"赛课活动""学科教研"依靠的是学科教研组。除此之外,在实施层面还需明确个人目标与集体目标之间的关系。有些学校将教师的发展更多地作为个人的问题对待,由此导致了学校与教师发展之间的矛盾。学校发展与教师的专业发展应当是统一的,学校的发展需以教师的专业发展为前提,教师的专业发展要靠学校发展作支撑,只有将学校发展与教师专业发展结合起来,才能建立学校和教师双赢的发展机制。本书前言的开篇写道:"好学校需要好教师,好学校造就好教师,好学校成就于好教师。"由此可以看出,荣成二十七中追求的是个人目标与集体目标的一致性,是教师自我价值的实现与学校发展目标的融合。

二、学校本位

当前,各级各类的培训活动越来越多,这为教师专业发展提供了很好的条件和多条不同的路径,但是,教师无论通过哪条路径发展,最终都需要有教育教学实践的练习与检验,都需要在学校的日常工作当中体现出发展的价值和意义,因此,教师专业发展需要以学校为本位。那么,教师专业发展的"学校本位"意味着什么呢?

首先,意味着"不是理想的,而是现实的",即教师的专业发展要依据学校的现实状况,符合学校的发展需求,针对教师的实际情况,根据现有的条件组织实施;其次,意味着"不是理论的,而是实践的",即教师的专业发展需通过教育教学实践实现,并服务于教育教学实践,从实践中来,再到实践中去;第三,意味着"不是个体的,而是团队的",即把教师个人置于学校的教师专业发展共同体中,了解同事在做什么并向同事学习,看别人如何发展也准备被别人看,帮助别人发展的同时也接受别人的帮助;第四,意味着"不是替代的,而是自主的",即每个人都要根据自己实际工作的需要选择自己专业发展的方向,根据自己的个性特点确定自己专业发展的路径,并通过独立的教育教学实践去实现自己的专业发展;第五,意味着"不是横向的,而是纵向的",即在专业发展的内容上不要求面面俱到,而是要立足本职工作,聚焦核心问题,深入学习并服务于实践;第六,意味着"不是活动的,而是终身的",即专业发展不是停留在"活动式"的状态,而要在时间跨度上贯穿于职业生涯的始终,从入职到退休持续近40年的时间。

荣成二十七中教师专业发展的"学校本位"在这本书中随处可见:"植根学校文化,标立成长基线"体现了"现实性";"模式建构""小微课题"等体现了"实践性";"学校引领""学科教研""青蓝工程"等体现了"团队性";"多维引领""自我反思"等体现了"自主性";"班级管理""赛课活动"等体现了"纵向性";"追求终身学习,筑就成长长线"体现了"终生性"。

三、任务驱动

受培训资源不够充足的限制,目前大多数教师培训的方式还都只是单项的传输。但教师作为成年人,已经过了系统化、接受式学习的最佳时期。事实上,即使没有专门的培训,教师的专业知识也大多是在实际工作中通过解决问题、完成任务学习到的,因此任务驱动下的学习才是更适合教师的学习方式。那么,通过任务驱动的方式促进教师专业发展的意义何在呢?

一是激发动机。建构主义学习理论认为,学习活动必须与任务或问题相结合,以探索问题来引导和维持学习者的学习兴趣和动机。对于学习活动来说,任务只是桥梁,其作用是引发学习者的成就动机,成就动机才是学习和完成任务的真正动力。二是意义建构。任务驱动可以将再现式学习转变为探究式学习,使教师根据自己对当前问题的理解,运用自己特有的经验提出方案、解决问题。这是一个教师在积极的学习状态下主动建构知识的过程,而通过建构获得的知识才是有意义的。新的知识与原有知识相互作用,可以充实和丰富自身的知识体系,提高解决问题的能力。三是问题解决本身。作为教师专业发展的驱动性任务,应是工作中感到困惑又不能利用经验直接解决的问题,因此问题解决本身会给教师的工作带来最实际的帮助,当一个问题解决之后再遇到同类情境时就不会再感到困惑。四是获得成就感。在解决问题的过程中,教师会因为问题的解决而收获成就感,而成就感又可以更大地激发他们的求知欲望,并逐步形成良性的循环,从而发展独立探索的自学能力和勇于进取的学习态度。

荣成二十七中教师专业发展"学校本位"的定位,为"任务驱动"式的学习提供了条件。因为,教师专业发展的驱动性任务只能来源于发生在学校的教育教学实践,并在教育教学实践中完成。本书中所介绍的许多形式的专业发展举措,如"创新实践""班级管理""家校合作""小微课题""模式构建""赛课活动"等,都体现了"任务驱动"的特点。在这些任务的驱动下,教师原始的经验被审视、修正、强化、否定,在这样一个思维加工的过程中,教师就实现了自己的专业发展。此即《礼记·学记》所说的:"学,然后知不足;教,然后知困。知不足,然后能自反也;知困,然后能自强也。"

什么是一流的学校?如何才能建设一流的学校?这个问题虽然十分复杂,但有一点却毋庸置疑,那就是要有一流的教师队伍并且他们愿意为学校的发展作出努力。一所学校如果能够通过"学校本位"承担起教师专业发展的责任,通过"任务驱动"将教师专业发展落到实处,这所学校自然会成为一所"教师专业发展学校"。而如果这所学校能够"以人为本",以"制造人才"为己任,又有哪个教师会心有旁骛呢!在这样的学校里,教师个体快速成长、群体迅速成熟一定会指日可待,他们有关教师专业发展的成果一定会具有独特的价值和较强可读性。

与专门的教师专业发展论著相比,本书没有统揽全局的纵横捭阖,也没有理论成果的高妙深邃,有的只是实际、实在和实用。它的实际,表现在代表了当前学校教师专业发展的实际情况,荣成二十七中面临的问题,也正是其他学校面临的问题;它的实在,表现在原汁原味,生动鲜活,毫无保留,所呈现的都是学校的具体做法和想法;它的实用,则表现在具体翔实,途径多元,可操作性强,能够给其他学校直接带来操作方式上的启迪和借鉴。作者谦虚地将本书定位为"就像一条清浅的小溪",而我要说,如果这本书真的像是一条小溪,那也是一条清澈、绵长、生机盎然的小溪,这条小溪有着丰美的水草,可以给万物以滋养,有着奔流到海的决心,即使它目前暂时还不够广阔、不够深邃,又有什么关系呢!

张 涛

写于 2018 年春节

前　言

好学校需要好教师,好学校造就好教师,好学校成就于好教师。好教师不是与生俱来的,从初入教坛的豪气、懵懂、新奇、忙乱,成长中的执着、努力、奋进、迷茫,到好教师的沉静、从容、儒雅、大气,好教师的成就需要大的教育环境的改善优化,需要各级教育主管部门、学校不同层面、多个角度的引领、培养、锻造、磨炼,需要教师个体主动持续不断地学习、积累、沉淀、反思。好比宝剑淬火,须经得住高温炙热,受得了千锤百炼,教师的锻造过程就是专业成长之路,贯穿教师教育生涯始终。

一般意义上的"教师专业发展"是指教师作为专业人员,在专业思想、专业知识、专业能力等方面不断发展和完善的过程,是教师个体专业不断发展的历程,是教师不断接受新知识、增长专业技能的过程,是一个教师的职业理想、职业道德、职业情感、社会责任感不断成熟、不断提升、不断创新的过程。具体到初中学段,教师专业能力的提升包括学科专业思想及知识、设计教学案和导学案能力、课堂驾驭能力、班级管理能力、沟通协作能力、教育科研能力、自我反思能力、辅导学生能力等的改进和提升等。

教师是课堂正能量的传递者。教师只有具备了丰富的学科专业知识,才能随时随地为学生解惑答疑;只有具备了管理辅导学生的能力,才能为学生创设良好的学习环境;只有具备了良好的课堂驾驭能力,才能利用课堂情境和学生资源,为学生呈现精彩的课堂;只有具备了前瞻的理念,才能真正起到"导"的作用,充分发挥学生的学习主动性和积极性,还课堂于学生,还学习的权利于学生。教师在提升专业素养的过程中付出的努力和汗水,在潜移默化中向学生传递着正能量,影响着学生对待学习及做人做事的态度,这种影响不可小觑,其作用不可估量。

　　教师是学校发展的关键所在。一所学校的办学水平能否得到家长、社会的认可,很大程度上取决于教师在课堂内外的表现,每个教师都是学校的缩影,教师的专业素养无疑就是这种评判的尺度。有了专业素质高的教师,才可能有高效课堂;有了高效课堂,才可能有领先的教育教学质量;有了领先的教育教学质量,才能保证学校的长足发展。一所学校要想获得发展,必须加强对教师队伍的建设,必须在提升教师专业素养上下功夫、做文章。只有每位教师都在专业发展上奏响小音符,才能合成学校发展的大乐章。教师的专业成长不仅仅是教师个人发展的诉求和愿望,也是学校、课堂、学生发展的基础和保证,有助于提升教师专业自信心和职业幸福感,挖掘教师潜能,让教师去创造性地完成教育教学任务,推进学校各项工作有序、高效地开展。

　　随着信息技术的高速度发展,经济全球化的进程日益加快,社会对教师的工作质量和效益的要求有所提高,国家把教师队伍建设摆在优先发展的战略地位。我校历来重视教师的专业发展。多年来,我校为兄弟学校输送了大量的教学骨干和管理人才,有"荣成教育人才摇篮"的美誉。但学校因位于城乡结合部,教师流动比较大,特别是近几年因为招考进城、调动等因素,优秀教师大量进城调离,导致师资力量的流失,而刚刚补充入伍的新教师不能迅速顶上,教师队伍经常出现"青黄不接"的窘状。学校并没有因为骨干教师的流失而一蹶不振,各项工作继续位列全市前茅,这得益于学校"有荣誉就争,有红旗就扛"的优良传统,更得益于学校多年来在教师专业成长方面长远谋划,循序渐进,因材施训。

　　课程改革行至深水区,怎样促进教师的专业发展,保持学校在全市领先位置,保证学校教学质量的高位运行成为需要解决的问题。学校为此制定了一套"三级四步阶梯式引领教师专业成长"的培养机制,并取得了一定成效,获得"2014年度威海教育科研创新成果"三等奖。为适应学生素养培育的要求,学校提出了"3年入门,5年骨干,10年名师,15年专家研究型教师"的培养目标,致力于教师专业发展方法和途径的研究,拓展多元路径来促进教师专业发展。这对于促进教师自身的快速成长,教师群体素质的提升,教师队伍结构的优化,学校的可持续发展都有重大意义。

　　呈现在您面前的这本书——《教师专业成长的多元化路经》,比较全面地记录了我们求索中的深入思考,行进中的脚踏实地。全书共设七个章节:一、第一章滋养教育情怀,深蕴成长内线;第二章、第三章、第四章、第五章不变,第六章追求终身学习，筑就成长长线；第七章植根学校文化，标立成长基线。七个章节记录教师在成长中以爱育人、专注成长的感人瞬间，这是我们专业远行的力量源泉。

当您翻开书页的时候，我们感谢您将目光驻留在此，我们为您呈现的只是在促进教师专业成长中的一点点思考和做法，就像清浅的小溪，我们深知它不深邃，也不广阔。也许您会为我们点赞，您的赞许是我们继续前行的动力；也许我们努力的也正是您在尝试的，我们愿意和您砥砺同行，共享收获；也许您有自己更深的思考，您冷静的审视将启发我们修正航向；也许我们正在探索的，是您已经走过的路径，那么我们期待从您的指点中汲取营养，日臻善境。无论怎样，我们愿意和您一起破解促进教师专业成长的难题，只为成长路上，心之向优，暖阳朗照！

姜成文

2018 年 1 月

目 录
CONTENTS

第一章

滋养教育情怀,深蕴成长内线

人们常用"太阳底下最光辉的职业"来形容教师这个职业,用"人类灵魂的工程师"来赞誉教师。教师确实是一个特殊的群体,不创造财富,教导的孩子却都是至宝;不富有显赫,却培育着社会的栋梁。三尺讲台,桃李天下;寸许粉笔,书写世界。没有任何一个职业,可以这样影响人,塑造人,改变人,而教师个人也在日复一日的工作中消磨青春,奉献心力。

而能够支撑这一切的,一定有"爱"在:热爱这份职业,把它当作事业;挚爱学生,把他们当作自己的骨肉;友爱教师群体,把他们当作自己的家人。如果没有了"爱",身在讲台,灵魂也游离了校园,怎能倾情努力将教育做到极致?所以当我们的老师在专业成长的路上认真地跋涉,努力地拼搏,别忘了送上敬意,因为他们匆忙而过的身影里充溢着的一定是满满的"师爱",爱是教育能够育人的动力,是能够树人的根本,是教师专业成长的基石。

爱在,心在,责任在,成长就在!

第一节　爱润教育，专业成长促心育

都说和人打交道的工作是最难的，每个人都是一个小世界，每个小世界后面都是一个家庭大天地，学识、脾性、修养、职业、家境、爱好……千差万别，要想让每个孩子成长，让每个家庭满意，难于上青天，可是每位教师却要百计千方，孜孜以求；而教师工作本身的琐碎繁重超出了常人的预想，每一次的作业，每一节课的检测都需要教师一字一字读过，一笔一笔阅过，一个一个计分。这一阅不是一次，也不是一天，而是工作的每一天，是每一天的常态；职业的严苛性也逼得教师不停地进修学习，笔耕不辍，微机网络、专业知识、教育科研、课堂技能、法律法规、课标教材、教学方法、反思总结、教案导学案，哪一样不需要巨大精力体力的消耗？但荣成二十七中人，却在教育的一径长途中，奏响爱的乐章。

爱的奏鸣曲：

倾情付出，以爱播种

班主任是和学生离得最近，陪伴最多的人，班主任的工作离不开爱和耐心。任教初四的李红艳老师就是用爱和付出默默耕耘。

扎根农村、默默耕耘，她凭着一颗求真务实之心，一腔执着奉献之情，以情的付出赢得了情的回报，以爱的播种收获爱的果香。一路走来，身后留下的是一串串坚实的脚印，写满了执着、勤奋、担当、求索……

一、爱岗敬业忠职守

李老师是个对工作极其负责的人，今年担任毕业班的班主任并担任两个班的数学课，工作量大，责任重。为了中考，她总是早来晚走，每天天不亮就将女儿叫起来，校园里早早地就能看到她忙碌的身影，而晚上放学时总是走在最后，因此一直受到女儿的埋怨。面对女儿，李老师总是耐心说服，赢得理解。

众所周知，初四是学生的关键时刻，体育成绩也不能忽视，每节体育课，不论风吹日晒,李老师都会陪伴孩子们在体育场上挥洒汗水,努力拼搏,辅助体育老师指导孩子们科学训练,面对这些,李老师从无怨言。初四到了最后的总复习阶段,教师、家长、学生的压力都很大,做好这三方面的沟通很不容易。她经常向任课老师了解情况,发现问题及时解决。课间经常到班里和学生聊天缓解学生的压力或给学生讲题,晚上回到家里还要和家长联系,了解学生在家的情况。班上有个女生叫李业佳,心理素质很差,白天在校由于训练的强度较大,晚上回家精力有限,学习有所松懈,因此文化课落下了不少。学生心里很着急,李老师也发现了问题,找到这位女生,了解了情况,利用双休日的时间在微信上和学生谈心,鼓励她战胜自己,超越自我,把自己的状态调整到最好,这位女生经过不断的努力,排除杂念,中考取得了优异的成绩。

二、无私奉献彰爱心

教师的爱心是成功教育的原动力。陶行知先生说得好:"捧着一颗心来,不带半根草去",这正是教师无私奉献爱心的典范。这样细心的师爱,是一种理性的爱,它能唤醒学生身上一切美好的东西,激发他们扬帆前进。李老师在教育教学工作中,练就了一双敏锐的眼睛,养成了一颗细微的心,能及时发现学生身上的问题、存在的异样,并能及时纠正、教育、培养。在李老师所在的班级里,始终洋溢着一股暖流,感染着整个班级,渗透到每个学生的心中。班上有个男生叫杨子艺,孩子很聪明,但由于母亲不在了,孩子一直寄养在爷爷奶奶家,学习上很懈怠,爷爷奶奶也没有精力和能力督促其学习,成绩很不稳定。缺乏母爱的孩子和其他正常家庭的孩子有着隐隐的不同,似乎更加敏感、自卑心重。初四是非常重要的一年,李老师就想尽办法尽量给予孩子更多的爱,不露痕迹地与他聊天,抽出休息时间有针对性地给他补课,和他一起树立学习目标,借助榜样的力量慢慢地感化着他,孩子也在慢慢的进步中成长,最终不负众望考上了自己梦寐以求的高中。

作为一位人民教师,李老师献身教育,甘为人梯,用自己坚实的臂膀托起学生去攀登新的高峰。纵然岁月消逝了她的青春,但她依然无悔!她无愧于学生,无愧于家长和学校,她将在平凡的岗位上默默奉献她毕生的力量。双手扶持千木茂,慈怀灌注万花稠。她甘愿化作春蚕,用才能让知识与智慧延伸;她甘愿当园丁,用爱心和汗水培育桃李芬芳。

爱的二重奏：

因为爱，所以爱

因为热爱，所以即便身体有伤病，依然在操场上和孩子们一起奔跑，她是运动场上为数不多的铿锵玫瑰——丁云霞老师。

丁老师从小就喜欢体育运动，这一喜欢，就成了一辈子的爱。作为一名女体育老师，她经历了常人难以想象的困难。25岁参加威海市教职工田径运动会比赛，跟腱撕裂，母亲心疼地说："孩子，当初毕业时就让你转行，你说自己年轻，这点工作能胜任。这还没结婚，要是身体上落下了病根，今后可怎么办，这次说什么你也不能再教体育了……"面对着真心疼爱自己的母亲，丁老师保证一定会听她的话，但重新站在操场上，看着孩子们充满喜悦的眼睛，她再一次做了一个失信的女儿——因为她爱这份事业！

一、细心，最长情的告白

作为队里的领航员，丁老师始终视队员为亲人，无论春夏秋冬、刮风下雪都和学生在操场上摸爬滚打，同甘共苦。节假日她把女儿送上客车到姥姥家，自己却到校领着孩子们训练；有学生不到位，她立刻打电话给家长，确认孩子的出门时间；训练结束，学生回家都要一一电话报平安。

作为女教师，她爽朗、不拘小节但不乏细心。队上一同学，每次训练一到上强度的时候，就面色苍白出虚汗，丁老师以为他身体不舒服，经了解才知道，这个学生家境困难，经常饿着肚子上学。丁老师得知这一情况，每月给他一定的零花钱解决生活吃用。

体育课中难免会有受伤，她总是开车送学生、陪学生就诊，一直等到家长来才放心离开，第二天一定会带着礼品亲自去学生家中看望。她知道哪个孩子生日，一个生日蛋糕让孩子们感受到了来自老师的关爱；她知道孩子们比赛不能准时回家，就给家长打电话报平安，带着孩子们去吃饭，再一个个送到家门口。家长们都说："孩子交到丁老师手中，他们开心，我们做家长的也放心。"

"一切美好只是昨日沉醉，淡淡苦涩才是今日滋味，想想明天又是日晒风吹，再苦再累无惧无畏。身上的痛让我难以入睡，脚下的路还有更多的累，追逐梦想总是百转千回，无怨无悔从容面对……"二十年的风吹日晒带走了丁老师的青春容颜,却带不走她对体育教学的满腔热忱,她是开在荣成二十七中运动场上的一朵铿锵玫瑰。

爱的三重奏:
一路艰辛一路歌,真心付出育英才

一直以来,她以挚爱的慈母心感染着每位学生,以谦虚谨慎的态度对待同事,以踏实认真的工作作风对待教育事业。在教育的这方乐土上,张静老师勤勤恳恳,倾情付出,得到领导、同事、学生、家长的一致赞誉。

自1997年毕业以来,张老师一直担任班主任工作,刚工作时觉得班主任工作新鲜、有趣,但随着时间的推移,她更感到班主任的工作是一件非常烦琐但同时又是一项担负重大责任的工作。几年来的班主任工作使她感触颇深,几分劳累,几许收获,咀嚼过失败的苦涩,也品尝过成功的甘甜。她深深地体会到,做学生的心理辅导工作,和家长沟通,开家长会等,成就了学生的同时,个人的综合能力也得到了提高。著名的教育改革家魏书生曾这样说过:"班级像一个大家庭,同学们如兄弟姐妹般互相关心着、帮助着,互相鼓舞着、照顾着,一起长大了,成熟了,便离开这个家庭,走向了社会。"一个良好的班集体对每个学生的健康发展有着巨大的教育作用。形成一个良好的班集体,需要每一位班主任做大量深入细致的工作。

工作中她时刻关爱着每一个学生,始终以发展的目光关注着每一个学生,从不因学生学习成绩差而歧视学生。既为取得好成绩的学生感到高兴,也能谅解学生学习中的失误,让学生时时刻刻感到她既是他们学习上的好帮手,又是生活中的知心朋友。张老师也随时了解他们的思想动态,如班上李同学,作为班干部,学习成绩突出,而且还是学校体育队的成员,训练成绩也很突出,不过孩子父亲身体不好,他与哥哥都在初三,还有个妹妹在上小学,全靠母亲一人养家糊口。孩子很懂事,也很会调节班级和校队之间的关系,从不因为训练影响了学习,也没有因为学习影响了训练。学校发困难补助、午餐补助,张老师总是不忘有他一份,感动得孩子直道谢,对班级工作更积极主动,训练也更刻苦,多次代表学校参加比赛。徐同学在快期末考试时,家中的奶奶病重,他是外地人必须随父母回老家尽孝,家长也比较担心孩子的学习,她就通过微信联系,每天的作业发给他,每科的卷子用照片的形式发给他等。真诚对待每位学生,学生也会慢慢地主动和她交流,经过一段时间的磨合,班上的学生课间或放学后都愿找张老师说说,向她反映些班级的情况,提些班级管理的建议等。她坚信要让孩子能感觉到生活中处处都有爱。

付出爱,收获爱。张老师愈加感慨:人生的最大幸福,真的不是索取,而是奉献;不是有能力得到什么,而是有能力奉献。一路艰辛一路歌,她深知当一名班主任不容易,要成为一名优秀的班主任就更难。虽然班主任的工作看起来是艰辛和劳累的,但置身其中更是快乐和富有的。因为老师快乐着学生的快乐,幸福着学生的幸福。她会不懈努力,让梦想绽放绚丽的花朵。她将以此作为新的起点,让这份责任,鞭策着自己继续努力,再攀新的高峰!

爱的四重奏:

给你多一点爱

平凡的日子总是被温情包裹,看似平淡的举动中都是对孩子的牵挂和爱,沈小琳老师多一点的爱,把和孩子在一起的每一天都变成了有爱的日子。

从事班主任工作已有 10 年,她以爱心和责任为突破口,注重情感教育,从学生实际出发,科学合理地设计新型的班级管理模式和特色的活动方式,所带班级管理稳定有序,师生情感相融,思想健康向上,学习气氛浓厚,她以情的付出赢得了情的回报,以爱的播种获取了爱的硕果。

一、以心比心,俯下身子去爱

教师都有教好书、育好人的愿望,但有时劳力费神却效果不佳,埋怨、牢骚也无济于事。尤其是班主任工作的琐碎、繁杂,这些且不说,单是每日面对那一群年龄差不多却思想各异、性格不同的学生,处理他们因人而异的各种各样的问题,如果没有一颗真正理解他们的心,就很容易流于简单化:或者是你的千篇一律,表面上唬住他们,或者就是他们层出不穷的"花样"将你拉入无底的深渊,使你疲于奔命。但我们必须要面对客观现实,教师与学生毕竟是两代人,所具有的学识,人生阅历,各方面的修养都存在着差异,当然会产生思想、观点的不一致,看问题的角度、解决问题的方式自然也不一样。

在班级中沈老师总将心比心,想想自己在他们那个年龄时,面对老师是怎样的心态,乐意接受什么样的教育方式,反感什么样的方式。有学生不在意学校的常规要求，她并没有只是批评，而是告诉他，不要小看这些事，大凡任何做大事的人都应从小事做起，一个人的责任心、荣誉感都是从小事情上逐渐培养出来的。班上有位同学，沈老师发现他上课经常分神，成绩大幅度退步，于是找到他了解情况，告诉他可以把老师当作朋友交流，并告诉他自己非常希望帮助他。不久，他给沈老师写了一封长信，详细叙说了自己恋爱的情况及其心灵的感受和情绪的彷徨与不安。沈老师诚恳地找他详谈了一次，谈到人的一生是由许多年龄段组成的，每个时段都有其自己的特点，认真地写好人生履历的每一页，才会拥有完美、丰富的人生，才不会有时过境迁之后的遗憾。沈老师和他一起制定解决问题的办法，引领他走出困境。只有放下老师的"架子"，与学生们一起迎接欢笑，一同承受苦恼，这样才能理解他们，快乐着他们的快乐，纾解着他们的烦恼。

二、春风化雨，走入心灵去爱

教师对学生的爱源于母爱、胜于母爱，它是放射着人性光芒的理性的爱。在沈老师任教的班级里，她努力营造一种宽松愉悦的学习氛围。班里有个女孩叫王芝越，学习很好，可就是不敢在同学面前发言，只要站起来就紧张，一个字也说不出来，同学们都替她着急，她也成了班里有名的"胆小生"。为了帮助她练习胆量，沈老师经常课上提问她，都是些很容易的问题，怕她遇到难题紧张就更不敢说话了，并且私下经常找她谈心，鼓励她。当发现她的英语很好时，沈老师就在学校每周一句的英语学习中，试着让她带着大家朗读。她竟大胆地走上讲台，而且毫无羞涩地读了起来。同学们也很激动，在她的领读下，大家读得很投入，这以后语文课上的一分钟演讲，她也能够大胆地走上台来。有一位同学曾这样评价她的演讲发言："老师，今天的演讲，王芝越虽然不是很流利，但是她终于可以大胆地走到前面来了。我觉得她今天是最棒的！我们应该向她学习，勇于向自己挑战。"后来芝越同学学习更是突飞猛进，还当上了课代表。沈老师细心的关爱，就像水的载歌载舞，使鹅卵石臻于完美。

三、关注发展，多点方法去爱

记得沈老师刚做班主任的时候火气是比较大的，很容易在课堂上发脾气批评学生，有时弄得自己也很难堪下不了台，而且她发现这种方法批评学生，即使他表面上服气了,但实际上他只是摄于你做班主任的威严但心里不服气。后来沈老师在做班主任的过程中不断地反思和探索,摸索出一些行之有效的招数。

第一招"退三进一",即批评学生一个缺点的时候不妨先表扬他的三个优点。每一个学生都有自己的优点,作为班主任应该善于捕捉每一个学生身上的闪光点,虽然可能只是一个小小的闪光点,但很有可能你通过这个小小的闪光点可以挖掘出埋藏在他心里头的大金矿。苏联著名教育家马卡连科曾经有这样一句话:"用放大镜看学生的优点,用缩小镜看学生的缺点。"

第二招"以奖代罚"。沈老师认为学生违反纪律一定要受到处分,怎么样才能使受到处分的学生心悦诚服地接受处罚而不至于产生消极的抵触情绪呢?怎样将这些不好的事情巧妙地转变为好事?在班级管理中沈老师尝试着这样一种处罚方式:对违反纪律情节比较轻的学生,罚他上讲台唱一首好听的歌或者讲一个动听的故事;对于违反纪律情节比较严重的学生罚他们用正楷字写一份500字左右的说明书,描述一下自己当时的违纪心理,请大家注意说明书不是保证书更加不是检讨书。经过一段时间的实践后,沈老师发现这种处罚方式的效果比以前明显好了很多。第一,受这种方式处罚的学生一般不会对老师产生心理上的抵触情绪,因为他在上面唱歌或者讲故事时下面的同学会给他热烈的掌声,可以说他是在一种很快乐的氛围中受到教育。第二,学生在众目睽睽之下唱歌或者讲故事,大家的目光都集中在他身上,对他的口才及胆量是一个考验和训练,写说明书的学生要用正楷字来写,间接地帮他们练字和培养了组织语言的能力。第三,可以使学生的心态更加积极,可以发掘到一部分学生的潜能。沈老师这种处罚方式是借鉴了魏书生老师的方法。

当班主任很累,事情很多,很操心,有时还会很心烦,这都是免不了的。但是,当你走上讲台,看到那一双双求知的眼睛,当你看到你的学生在你教育下有了很大转变,当你被学生围着快乐地谈笑,当家长打电话来告诉你孩子变了,变得懂事听话了……那快乐是从心里往外涌的。工作着是美丽的!近观眼前满目春,放眼远处春更浓。沈老师相信:只要俯下身子,瞄准前方的路,一心为了学生,一心为了教育事业,倾情注爱,用爱心与智慧耕耘。不断学习,科学管理,不断创新,就一定能取得更大的成绩。

爱的五重奏:

三句话,一辈子

一辈子的教育事业,一辈子的师爱承诺。千言万语里有讲解,有交流,有感谢,也有误解。其中三句话却影响着、激励着彭优佳老师。

一转眼,从事教师这一行业已经有 16 个年头了。岁月也已在彭老师的脸上留下了不少无情的痕迹。回想这些年,对于教师这份工作也曾牢骚满腹,也曾彷徨迷惑,也经历过挫折失败,也品尝过困苦艰辛。可是现在要问彭老师对于教师这份工作最多的感觉是什么,她却会回答是幸福,是快乐!这都要感谢成长路上的三句话。

一、"老师打我了!"

记得那是刚毕业不久的时候,彭老师的工作热情空前地高涨,对自己的教学也是信心满满,仿佛浑身都有使不完的力量。当时班里有一个小女孩,学习成绩比较差,但是语言能力还不错,就成了彭老师发掘的"重点"培养对象。上课一有机会就提问她,课余一有时间就对她单独辅导,每天还要单独给她留任务。正当彭老师自信满满,以为努力必然会结出硕果的时候,意外的事情发生了。那一天走进教室的时候,彭老师发现那个女生不在教室,于是就询问其他同学,其他同学说她不舒服,被家长带回家了。虽然有些遗憾,感觉今天这个孩子又要落课了,但这也是没办法的事,就没太在意继续上课。可是谁知,下午年级主任却找到了彭老师,说有学生家长打电话到教委反映彭老师体罚学生了,学生都不敢上学来了。"什么?这怎么可能?"主任的话犹如晴天霹雳,彭老师一下就被震在了当场。学生之中只有那个女生没有来上学,可是没有体罚她啊!怎么,怎么会体罚她了呢?这到底是怎么回事?彭老师百思不得其解,想打电话过去质问,主任却希望息事宁人,让彭老师不要再去刺激家长。或许在主任眼中所有的迷惑都是在为自己的过失辩解,可是只有彭老师知道,为这个孩子曾作出的努力、曾经的付出有多少。毫无疑问那个孩子对家长撒谎了,而家长居然不分青红皂白选择了相信孩子,他们当然没想过这样做会对那个年轻教师造成多么大的伤害。

现在回想起这件事,彭老师知道了自己的问题所在,是因为自己逼得太紧了,那个孩子受不了了,这犹如拔苗助长,超过了孩子的承受范围,于是学生选择撒了谎，为了得到父母的支持与庇护，她找了一个这样的理由。她只是一个孩子，她找不到更好的解决办法，可是当时的彭老师却不知道，自己在那个女孩的眼中居然是一个这样的存在，她的惧怕胜过了爱戴，辛苦的付出换来了这样的一个结果。这件事犹如一把利剑斩断彭老师对学生存有的全部眷恋，犹如一座冰山熄灭了她对工作的所有热情，彭老师不断问自己到底应该怎么做？到底做错了什么？可是心情始终不能平静，仿佛那个学生不断地在说："老师，你打我了！"

二、"老师，我们想你了！"

有了第一句话的教训，彭老师对教学工作也做了一些反思，进行了一些改进。可在内心深处却始终有一根刺，与学生之间始终有着一层隔阂，虽然工作依然尽心尽力，却不愿意与他们更靠近，始终有着一层疏远。直到有一次，彭老师的爱人生病了，需要在医院陪伴照顾。适逢寒假刚开学，学生本就有一个月没有见到彭老师，开学又有十几天没有见到老师踪影，他们竟禁不住十分惦念彭老师，其实在医院中，彭老师又何尝不是十分牵挂他们。有一天，彭老师收到一条怯生生的短信，是班长发来的："老师，你什么时候回来啊？我们想你了！""我们想你了"是孩子们在想念自己，彭老师抑制不住眼中的泪水。是啊！他们只是一群孩子啊！他们的心灵是多么简单善良，他们或许会犯错，但是他们也能体会到最真挚的情感！他们的思念是世上最纯洁的思念！在关心爱护他们的同时，他们也给予了最纯真的爱恋。谁说老师们的付出是没有回报的？教师收获的是世界上最美的宝石，是最闪亮的金子般的心！

三、"老师，谢谢您！"

如果说是这简单的第二句话，令彭老师打开心结，重燃起对教学工作的热情，那么这第三句话，就更加坚定了彭老师的信念，更加热爱教育事业。

那一年，班里有一个很聪明的男孩，可是家长的教育却很不给力。家长的工作单位离家较远，对孩子的教育基本不管，孩子出现问题还找老师的原因，连家长会都几乎不露面。然而这些彭老师都没有在意，依然对这个男孩进行细心的教导，纠正坏习惯，鼓励闪光点。一年下来，这个男生各方面都有了很大的进步。学期末最后的一次家长会，他的家长终于参加了，见证了孩子的成绩和进步。会上家长没有说任何话，会后彭老师却收到了家长的一条短信："老师，我这个人不会说话，看到孩子进步这么大，我真心地想说，老师，谢谢您！"学期结束了，他的孩子即将离开去新的老师的班里，这个时候，他却给彭老师发来了感谢的短信。这不是寒暄，不是客套，这是家长最由衷的感谢！最平凡的话语，也最是真情流露。谁说教师的工作没有人认可？最真挚的感情都刻在人们的心里。

慢慢地，时间也证明了，真情的付出不会被湮没，爱的传递会不断延续。虽然彭老师还感受不到"桃李满天下"的光荣和自豪，可越来越感受到收获真情的幸福。时不时走到大街上会有已完全认不出模样的大小伙子跑到彭老师面前，亲切地喊一声"老师好！"才分开不到一年漂亮的小姑娘会突然跑过来给彭老师一个拥抱，连在公交车上也会遇到好几个孩子争抢着让座，害得彭老师只能不好意思地说："老师还不老，站一会儿没关系！"这一刻，彭老师被满满的幸福环抱着，她的心中充满了自豪，试问谁能有这样的荣耀！这样的老师能不幸福吗？能不快乐吗？

教学道路上的这三句话，有教训，有肯定，有真情流露，感谢这三句话让彭老师感受到了教育的真谛。真情不变，愿这三句话伴随着彭老师继续感受教育的幸福与快乐，一辈子！

爱的六重奏：

心有暖阳，温暖世界

都说孩子眼中的世界才是最纯粹和真实的，其实教师何尝不是这样？刘丽老师心有暖阳，她温暖着一个不一样的世界。

"天地有大美而不言，四时有成理而不说，万物有明法而不议"，刘老师对她的教育事业有着无言的大爱。作为一名班主任，刘老师乐于与学生沟通，她建了一个班级 QQ 群，关注每一个孩子的课余生活和学习问题。班里有位女同学，父母都在韩国工作，她跟着姥姥生活，周末的时候就用 QQ 和刘老师谈她家里养的花，说她妈妈只能养仙人掌，别的花养不活，刘老师就给她介绍多肉植物也耐旱，并送给这个女孩几种多肉植物的小苗。暑假这位女同学去韩国度假，爸妈上班，她自己在家起晚了饿得不行了，就和刘老师讨论鸡蛋怎么煮，讨论了几种方法，最后终于第一次自己做了顿鸡蛋羹。

班里的孩子病了，她总是嘘寒问暖。班里有个文静的女孩，妈妈有残疾，是姥姥一手把她带大的，她早晨如果不吃饭，就容易胃痛。那天刘老师发现女孩在忍痛上课,马上开车把她送到医院,检查完身体,垫上医药费,打上点滴,然后才通知她姥姥到医院,姥姥到了医院逢人便说,老师真好。

在学校里刘老师是一位优秀教育者,在家庭中刘老师是一位好媳妇、好妻子、好母亲。九年前,公公因为心脏病去世,婆婆也因伤心过度得了心梗,刘老师在医院伺候了半个月,上午看护婆婆打针换药,下午回学校上课,晚上再回来陪护。同病房的人都问她婆婆这是闺女吗?婆婆自豪地回答:"这是俺媳妇,比闺女还好。"在刘老师的言传身教下,女儿很懂事,在校勤学守纪,成绩优异,在家对奶奶也非常孝敬。

生活万般滋味,但苦中有乐,她乐在其中,乐此不彼。因为喜爱,她总是精神饱满地走进课堂;因为喜爱,她总是为学生的点滴进步而感到欣慰;因为喜爱,她总是为学生所犯错误而痛惜;因为喜爱,她无名无利也心甘。她就是这样一个有温度的人,如同一轮暖阳,温暖着周围的人,照亮了一方天地。

第二节　爱出爱返,专业成长享馨香

默默的奉献已成习惯,倾情付出从来无悔,师德花开,各呈其姿,芬芳了校园,定格成孩子们心底最美的风景。孩子们用笔记录下这份最美的师爱,让每一位师者在专业成长的同时,享受着爱出爱返的馨香。

爱的回音壁:

十里春风颂师爱

想将您比作春风,拂去孩子们心田的尘埃,为孩子们徐徐吹来炽热的温度,温暖孩子们整个春天。但是,十里春风却不如您回眸一笑,您不是春风却胜似春风,您是孩子们心中的好老师。

一、润物无声,静待花开

"嗯,这个地中海气候……"这节课是地理课,在常人看来,地理课在经纬度和海拔高度的围绕下显得那么枯燥与无聊,但在我们的地理老师唐老师的讲解下,深奥难懂的知识总能变得栩栩如生。

同学们很敬佩他,敬佩他的耐心和敬业。

一天下课,同学有一个关于经纬度的问题弄不明白,便去办公室找他。他二话不说,扶了扶那镶边的眼镜,认真而亲切地画图讲解起来。还时不时地问问懂了没有,直到弄懂为止。结果还害得他吃午饭的时间都耽误了。可是他却毫不在意,还说这是应该的,应该的。

有时同学们真怀疑他是一个机器人。因为他不需要看书,也能准确地说出课本每一章节的页码,还能寓教于乐。"我们翻到五十三页来讲一讲气候。""我们翻到八十五页看看河流。"他从山东讲到中国,又从中国讲到世界,语言简单,却饱含着丰富的哲理,有时还引到了高年级的生物或物理知识,他在讲台上努力地散发着光芒和热量,努力地滋养着孩子们一个个渴望知识的心灵。

三尺讲台,辛苦耕耘。无数个日夜埋头伏案,他抬头为同学讲题的目光却依然炯炯有神,如同阳光般温暖。唐老师,谢谢您对学生的辛勤培养,您是骄阳下的清风,您是雨中的屋檐,您让孩子们懂得了生活中的知识也可以像大海一样深邃,像天空一般辽阔。

二、真水无香,大爱无痕

时间如沙漏,点点滴滴在不经意间流走,但一些难忘的影像,又似乎越来越清晰。唐老师就像学生生命中的贵人,在教知识的同时,也深深地影响着孩子们的人生。

上学期,一个阳光明媚的午后,班级开展了入学以来的首次综合实践活动——探秘天鹅湖生态环境。去之前老师特别叮嘱同学出门在外不能调皮,但孩子们心中的激动的萌芽早已破土,完全没有听进去。老师带着同学一起欢快地说笑着,到了烟墩角天鹅湖边,学生玩起最得意的绝活打水漂儿,因为忘乎所以,有个同学不小心踩着鹅卵石脚下一滑就直接坐在了水里。眼看着他在海水里脚踩不稳慌里慌张地要躺下去的时候,只见说时迟那时快,老师一下跳入水中,一把抓住他奋力拽向沙滩。上岸了,精疲力竭的老师却被冰凉的海水弄湿了鞋裤。如今半年已经过去了,忆起那一幕,心头不禁一阵暖热。

三、诲尔谆谆,听我藐藐

别看老师课下对同学这么慈爱,关于学习和做人,那可是铁面无私啊!"你过来一下。"学生低着头,心里却是忐忑不安,静静地等待劈头盖脸的臭骂。"看来能力挺强啊,都会用手机给别人传作业了? 你觉得你这种行为是在帮助同学是吧?"孩子深知被揪住了小辫子,低着头大气不敢喘一口,"传作业多不过瘾,以后同学的作业你全包了,替他们写得了!"这是老师第一次冲孩子发火,望着唐老师铁青着脸,不带一丝一毫的笑意,孩子感到脸颊发烫,无地自容,悔恨的泪水再次夺眶而出。"你可能本意是好心,帮助同学解决苦恼,但你想过没有,你传作业给他们,他们在学习上就不思考,不动脑,就会养成懒和依赖的坏习惯,学习就会一落千丈,你这是害了他们呀。如果你真有心帮助同学,你可以给他们讲解疑惑,帮他们讲解知识要点,这样既是帮了别人,也丰富了自己。记住了吗?"老师耐心地开导着,教育着,班上此后再也没有出现过帮同学传作业这样的低智商错误。

严厉又不失温柔,严肃又不失亲切,这便是唐老师。如星光一般点亮孩子们的人生,如柳絮般轻抚孩子们的烦恼。三尺讲台三寸笔,三千桃李塑栋梁。亲爱的唐老师,或许,当学生们成为国家栋梁时,当纤纤幼苗长成参天大树时,当孩子们稚嫩的双肩擎起一片蓝天时,您一定会舒心地笑着,笑着。

十里春风颂师爱,您陪孩子们一程,惠孩子们一生。

长情的陪伴,暖暖的师爱

她声声熟悉的嗓音,引领同学们走向数学殿堂;她飘飘洒落的学识花瓣,酿成了求学岁月里最芳醇的酒;那日日长情的陪伴,将暖阳洒满心田。她是一位平凡的数学老师,一个看似矛盾却又那么自然存在——亲爱的班主任张静老师。

一、大嗓门下裹着最温柔的心

绝对不是吹,你在三里之外听她的声音绝对跟现场直播是一样一样的。记得刚刚踏入初三一班的教室,兜头而来的就是她的大嗓门,不知道多少个分贝的声音,显得那么严厉刺耳。天哪,这位老师得有多厉害啊!心里不禁有了怯意。上课了,每一道题的讲解,都少不了她的大嗓门做作料,当然讲题正酣,她也会在高分贝的声音里再提几个音阶,什么"谁谁谁要睁大眼睛好好听讲""谁谁谁别神游千里之外""谁谁谁听懂了没有"诸如此类,吼得某位同学常常一个激灵。幸而学生们适应很快,头脑一点点的小拐弯就明了她只是大嗓门而已。

学校体育节,班级分到了操场西北位置,阳光正炽,坐下来不消一会儿,脸上就开始冒汗,但一个接一个的体育项目精彩着呢,谁也顾不得毒太阳。突然,一声炸雷响起,"不能往墙边阴凉地儿坐坐吗? 顶着个大日头,不怕晒化了?"你瞧,连说句关心爱护的话,大嗓门都不掺半点水。运动场上烈日啊,早就晒化了她貌似严厉的坚冰,此刻她急切的爱意在初春的太阳下正扑腾扑腾开了锅。

已然习惯了她的大嗓门,习惯了她课堂上大嗓门的叮嘱解题思路,习惯了课间她大嗓门地催促同学到室外清醒头脑,习惯了她在餐桌旁大嗓门地提醒去添饭不浪费,习惯了她在打扫卫生时大嗓门地俯身子做示范,习惯了她在晚点的铃声里强调安全重于山的严肃认真。其实孩子们是习惯了,也享受着她大嗓门下温柔爱意的包围。

二、细致的批改里有最敬业的心

桃李盛开,心血滋润,种花容易树人难。不曾知道也无法计算,她从教以来批改了多少作业、小测和试卷。可孩子们却知道每一次作业对钩错叉里都洒满她用时间累计的汗水,每一份小测批改里都有她忍着腰背酸痛的不适,每一份试卷批改里都是她单纯盼望学生进步的热切。这样的批改不是一次两次,不是一年两年,而要二十年三十年,无法想象她怎样不知疲倦地去做这些超出常人想象的工作。

记得那一次期中考试结束,走过办公室门口,门开着,班主任还在,一个人呼啦呼啦地翻卷子的声音像她的大嗓门,无遮无挡此刻却那么动听。这就是亲爱的张静老师,加班加点也许不会被经常发现,但平日那么多的小测和试卷不加班又怎会一一批改过?

不想用崇高这样的词语来形容老师,总感觉那样的评语遥远而不可企及。而亲爱的班主任和其他所有老师一样,做着他们认为最平凡的工作,奉献着他们认为最平常的心力,他们和孩子们离得最近,也最让孩子们感受到他们的辛苦和不易。

三、无隙的陪伴是最长情的爱心

"草在结它的种子,风在摇它的叶子,我们俩站着不说话。"在顾城的诗里,陪伴就是这样简单而美好。

因为是班主任,她自然是班级所有学科的编外辅导员,还真是真人不露相啊!自习课上课余时间,时不时班主任就指点江山"这个单词不是这样读的,看准音标读!""历史题怎么背得这么费劲,不应该这样分析一下吗?""这个物理题,不是可以用数学知识帮忙解吗?"虽然压低了声音,但是常常惹得周围同学一阵阵惊叹,这就是张静老师,会物理,懂英语,精化学,善语文,时不时还要对同学们的唱歌点评一番,而她的主业却是数学!天哪,这才是名副其实的学霸!是同学们身边的"百度"啊!临近史生会考,她更是早早就来到教室,陪学生们啃基础知识,伴孩子们提问考察,和大家一起模拟检测,因为她不允许一个学生掉队。

夏天荷花盛放,秋天菊花飘香,冬天雪花纯洁,春天柳絮飘洒,而今又迎荷香,她已陪孩子们走过四季。时光老人,你慢一点,让她可以陪同学们久一点,她的爱,同学们怎么也尝不够,这份贪心你可晓得?

您辛苦了,张静老师!道一声感谢,道一声珍重,道不尽孩子们对您的爱!

第二章

梯级专业引领,助力成长主线

　　教师是学校发展过程中的重要元素。学校的可持续发展离不开优质的师资。为提升教师素养,我校教育科研与名师效应两手抓。教育科研是学校新课程改革的"助推器",是引领教师专业成长的重要平台,是全面提高教育教学质量的重要手段。我校坚持"科研兴校、人才强校、质量立校、特色名校"战略,采取"制度保障,课题引领,督研促进,常规入手,立足校本,全员参与,重在落实"的教科研策略,获得了非常宝贵的经验和优秀的成果,发挥了积极的辐射作用。同时,我校注重名师的带动作用。名师的成长除了教师自身的努力,还需要学校的引领、培养和塑造。名师的课堂教学往往是他们教学理念的体现、教学经验的凝结和教学智慧的展示,能够给其他教师以思考和启迪,有利于提高他们的业务素质和教学能力。名师效应会影响和带动更多的老师,使他们不断提高专业本领,不断向名师靠拢,最终成为名师。

第一节 学校引领,专业成长稳步行

"在我做过的所有事情当中,最重要的是把那些为我们工作的人的才能协调在一起,并把这些协调在一起的才能引导向某个目标",这是沃尔特·迪斯尼先生的一句名言。一所学校的发展离不开教师的发展,一所学校的成功也离不开教师的成功,任何一项课程改革的设想,最终都要靠教师在教学实践中去实现、去完善。"学校是船,教师是帆",只有建立一支素质优良的教师队伍,认清形势、理顺思路,以创新的思维引领专业发展,才能促进学校持续健康地发展。

一、培训引领,让专业成长全速迈进

(一)学校引领:按需培训,力促教师全面提升

1. 点对式培训,促入门教师快成长

(1)入职第一课。利用暑期,校长亲自组建"第一课"观察团,对每一位新调入的教师的上岗前试讲进行综合打分,写出观察报告,下发各分管主任,作为三维培训的参考。

(2)三维培训。即分管主任、学科教研组长、年级备课组长对新教师进行的三个维度培训。分管主任负责课程理念培训,教师先自学《走进新课程》和本学科的《新课程标准》,分管主任以问题研讨的形式开展培训,主要为新教师确立"以生为本""先学后教""以学定教"的课堂理念。教研组长结合学科教学,为新教师讲解学校和本学科组现有的特色课堂教学模式,主要是以讲座的形式,辅以案例展开。年级备课组长进行专业知识培训,包括导学案设计、教学案编写、文本分析等,利用每天备课组的教研时间来手把手教授。三维培训根据新教师"第一课"的观察报告,确定培训的侧重点。

(3)实践培训。学期初,教研组为新教师进行"三个一"培训,包括"一份示范教案""一节示范课堂"和"一次示范听评课"的展示。希望通过备课、上课、听课、评课这四个方面进行细致的、实践性的、有针对性的培训,让新教师不是学空头理论,而是让理念的提升扎根于教学实践的沃土中,实实在在,不浮不虚。

(4)"青蓝工程"。实行师徒结对制度,每位新教师在教研组中拜"教学师傅",签订"师徒合同"。师傅要将自己的教学理念、心得体会与徒弟分享,徒弟可以随时走进师傅课堂,随时请教专业问题。师傅一般由教研组长、备课组长或骨干教师担任。

(5)学校主题教育培训。针对"入门"级教师专业发展的无限可能性的特点,每年学校都组织"青年教师论坛",包括邀请学校的"名班主任"以工作交流等形式进行班主任工作培训;结合"师德年建设"活动,通过讲座、演讲比赛等形式,进行爱岗敬业师德培训;结合"书香校园"和"读书节"活动,在校园网上开设教育名著读书论坛,每月完成青年教师培养手册的内容,撰写并上传一篇读后感,每月由学校领导推荐教育美文,教师摘抄感悟;每年6月中考后,邀请参加中考阅卷的教师做学科考情分析,进行专业知识和考情培训;利用每周固定的学科教研时间,听评骨干教师展示课或威海市级优秀课程资源录像课,进行专业知识及教学基本功培训;粉笔字、钢笔字、毛笔字和普通话都是教师必备的基本功。为了帮助教师提高书写毛笔字、粉笔字、钢笔字和说普通话的水平,学校举办专门培训活动,每周学校统一设置笔字的内容,教师进行书写,在办公楼内进行展示。要求在校园内、课堂上说普通话,定期举办专题演讲比赛,评出一二三等奖。这样的活动,为老师提供一个展示自己、锻炼自己的平台,为教师今后的全方位自我提高奠定基础。

学校层面的培训,可以说能够帮助新教师提升理念迈出扎实的一步,但要全面提升,还需要为新教师提供更广阔的学习平台。听课,特别是听优质课,对新教师的提升是迅速的。我们充分利用"1751"工程提供的项目指导学校和县域内联谊校的有利条件,先后邀请山东大学附属中学、济南稼轩初级中学、博兴县实验中学、青岛黄岛泊里镇中学等多所名校的三十多名优秀教师来校送课;邀请"1751"对接学校博兴县实验中学的学科教研组长三次来校进行学科教学经验交流。在请进来的同时,我们也充分利用各级各类学科教研的机会,将"入门"级教师派出学习。威海作文教学研讨会、现场会、威海优质课评选、市教研示范校展示活动、荣成市优质课评选,荣成市实验中学说课标说教材展示,荣成市实验中学、蜊江中学联片教研笔记展评活动等,我们都选派"入门"级教师观摩学习。另外,荣成市实验中学、荣成市蜊江中学、荣成市好运角中学等兄弟学校,在教育教学方面都有很多值得借鉴的地方,我们也利用各种联盟活动派"入门"级教师去观摩学习。培训后,我们要求教师结合自己的授课实际,写出至少3个提升点,并相应找出自己的 1 个以上的改进点;结合学习所得,上一堂有明确提升"主题"的展示课。学科组集体听评,既是学科组学习成果共享的课堂,也是对新教师的指导课堂。

在联盟校之间的观摩学习中,我们特别关注青年教师的成长,举办了青年教师展示课。我校非常重视青年教师培训后的每一次"主题"展示课,针对展示课中的问题做细致剖析,及时发现他们专业发展的突破点。荣成市实验中学联盟校还举行了师徒结对活动,大批优秀有经验的教师和青年教师结对学习,为青年教师的专业发展提供了舞台。这些活动的开展,为青年教师成长为"骨干"教师开了好头。

2. 菜单式培训,促骨干教师快提升

和新教师的拉网式培训不同,骨干教师对自身的专业发展优势和缺漏有着较为深刻的认识,那么培训就需要有针对性。

(1)力邀专家做专题培训。专家是某一领域的研究权威,对教师专业素质理念的引领作用无可替代。我们针对骨干教师反映强烈的专业成长问题设置出专业培训菜单,力邀专家到校做专题培训。比如学校根据同课异构研究需要,邀请山东省教育厅课程中心李秀伟研究员来校进行讲座;为突出"先学后教""以学定教"的先进理念引领,先后邀请荣成市教研中心的马华威主任到校做了三次报告,特别是金字塔理论和三步五查课堂模式,给教师留下了深刻印象;为解决课题研究中的如何选题、如何展开研究、如何撰写研究报告等问题,我们邀请王玲主任到校指导;为解决教师写论文无从下笔的难题,我们聘请了《威海教育》的主任编辑张燕老师进行写作技能培训,从一篇好文章必备的几大要素以及如何给稿件选准栏目、以哪些方式投稿等进行了一次系统的培训;邀请威海市教育教学研究中心的张涛主任做了"基于课程标准的教学目标评价一致性研究"和"指向核心素养的构建生命化课堂实验研究"的专题讲座;邀请张斌博士针对写作教学进行课堂模式构建培训;邀请教研室的李吉龙主任到校进行"三线备课"的培训……每次专家和教研员来校,我们都要先行一步主动进行沟通,贴近骨干级教师的发展需求,参与设计培训内容和方式。所以,我们的专家培训能够做到组织一次成功一次,教师反响热烈。

(2)走进省内外先进校观摩培训和研修培训。"骨干"级教师想得到更大的成长空间,就需要在更大的平台上汲取营养。潍坊广文中学、博兴县实验中学、山东大学附属中学、济南稼轩初级中学、临淄区高阳中学、潍坊诸城龙源中学、泰安实验中学、茌平县杜郎口中学、烟台第一中学、胶南市第一中学、济宁运河实验中学、济宁市第十五中学、烟台开发区第一中学、青岛作文研讨会等，都有我们骨干教师观摩学习的身影，我们派遣外出学习的骨干教师超过 200 人次。特别是博兴县实验中学，作为"1751"对口的项目指导学校，我校派出了五批，共计 106 人次，前后近两个月，深入课堂，和博兴县实验中学的师生一起上课、听课、评课，学习效果非常显著。近几年来，随着教育改革的深入，我们继续聆听教育拔节的声音：菏泽山东大学附属中学的"基于核心素养的课程建设和课堂教学交流"、聊城市实验中学的"山东省初中道德与法治优秀课例展评"活动，北京翠微小学的"明德至翠，笃行于微"，烟台第十三中学的"初中语文名师精品课展示暨核心素养培育研讨会"，青岛的"观摩全国英语优质课大赛"和"新课堂性教学新学习与教师创新能力提升高级研修班"，重庆、长沙的"中小学教研员、骨干教师教研能力与实践策略高端研修"等，这些对于我们更是丰富的营养大餐，让我们紧跟教育变革和更新的脚步，感悟教育智慧，提升教育能力。

对"骨干"教师的培训，我们充分发挥"以点到面"的作用，放大培训效果。一是做好保障工作。外出培训的教师，学校在调课、安排代班、代课上由分管领导负责安排，免除教师后顾之忧。二是做好资料收集。在培训中积极收集视听、文本资料，及时记录收获和思考，购买光盘等，以便回校后为其他老师提供更多一手资料。三是做好"培训推广"。学校出台了《教师外出培训学习规定》，要求外出学习的教师回来后要通过写一份学习体会，做一次专题讲座，上一节主题研究课等形式，使外出学习汇报成为一次全员参与的校本教研活动，有效地实现了资源共享，使他们的学习不仅仅停留在学的层面，学者变"行者"，起着榜样示范的作用，达到了以点带面的辐射效果。

3. 精耕式培训，促"名师"变专家

要想名师变专家，必须在专业发展上凸显"精"和"深"。我校推行"精耕"式培训，精心选择培训项目，力促名师由"名"向"专"的转变。

首先以科研为先导，"名师"进行教育科研，结合自己的教学特长确立课题，学校在智力投资、经费援助上给予一定支持。通过科研攻关，取得新成果，促进了"名师"教学风格的形成。学校县市级以上课题，主要是由学校名师、名班主任担任主要研究任务。

支持名师成立工作室，发挥示范引领作用，开展帮教学术活动。每名"名师"

确定两名帮教对象,在帮扶中,名师的教学理念、教学特色、教学经验和好的做法与更多教师共享,对帮扶者是一个成长的机会,对名师自身也是一个提高。

特别值得一提的是,在外派培训人员的安排上,我们一般搭配三个培养层的教师共同参与,保证了同一次培训中能形成不同层次的培训感悟。新教师、骨干教师和名师关注点各有侧重,这保证了交流时能够形成层次,查漏补缺,实现教师间自动地帮携和提升。

(二)教研组引领:按需培训,力促教师练精兵

1. 强化教研制度,注重实效

学校全面推行每周半天集体教研制度,设立了相关考评机制。学期初设计课程表时把每个教研组的教研时间进行分配,分管主任、学科教师全员参与,有不到位或者请假的教师,学校在每周下发的周简报中予以通报公示。教研地点设在录播教室,将教研过程全校直播,便于学科间互相借鉴和监督。

集体教研有固定流程,每周有教研主题,分管主任带领教师按照教研流程认真开展教研活动。一般分为以下内容:一是总结上周工作,查摆问题,提出改进建议,布置下周相关工作事宜;二是教师提前一天通过抓阄的方式进行讲课,大家听课,讲课人说授课思路,然后大家按照评课维度表进行评课;三是以备课组为单位到电子备课室进行下周教学内容研讨,在个人备课的基础上进行集体研讨,改进优化后上传教学设计。

每学期初的第一次集体教研,会进行本学期教学计划的交流研讨。教研组长根据教研室和学校的工作计划制定教研教学工作计划,各年级组根据本年级的实际情况制定本年级的教学计划,每位老师都明确本学期的工作重点和教学内容,大家针对自己的计划进行交流学习。

2. 课堂达标,展示成果

听课、评课是教学研究的有效手段。在倡导大力开展校本教学研究的今天,大力开展听课评课活动、研究并改进教学中存在的问题显得尤为重要。课堂教学直接影响着新课程改革的进程,并且能引导课改走向深处。它的主要目的是帮助教师提高教学设计和组织水平,提高课堂教学实效。每学期我们都要进行教师的课堂达标活动。首先是学校布置本学期的课堂达标的时间及要求(按照每个学科的课型进行授课,积极体现生命化课堂和学科核心素养的理念);然后分管主任将具体内容布置给教研组长,老师通过抓阄决定讲课顺序和时间,教研组长将课堂

达标配当和要求分发，让教师做好准备。一位专家说过："你讲给我听，我是要忘记的；你做给我看，我说不定记住了；你若让我参与，我肯定能够学会。"听课，必须伴随着思考才能有进步、有提高，一边听、一边思考这样一些问题：教师对教材为何这样处理？换成自己该如何处理？教师是怎样把复杂问题转化为简单问题的？他的教学有什么值得自己学习的？重难点是怎样突破的？自己应怎样对"闪光点"活学活用？听课过程中教师按照评课维度表进行评课，要按照一条优点一条改进建议的形式进行评课。这样的听评课，可以将别人的课和自己的备课思路进行对比分析，大胆地去粗取精，扬长避短，不提升自己的授课水平。

3. 中考双向细目表，绸缪引领

回顾近几年的威海中考题，重点知识重点考、重点知识反复考。平日里，大家认真做好筛题选题的工作。中考前我校所有备课组教师制定与交流了中考双向细目表，并邀请了教研员来我校进行指导，每个教研组对近三四年的中考题型进行了全面的归类与总结，并对今年的中考命题方向进行了评估。其他年级也对重点知识进行筛选，并对习题设置进行优化，对易错题进行归类与反复练习，这种绸缪引领对成绩的提高有很大帮助。

（三）备课组引领：精细培训，力促教师齐步走

1. 集体备课研磨，形成资源

集体教研以备课组为单位到电子备课室进行先周备课。2015 年新学期后，学校投资建立电子备课室，电子备课室分隔成若干独立空间，每个空间可以容纳一个备课组教师。墙上悬挂电子屏幕，便于集体备课时的展示和研讨。备课主要做好三方面的工作：一是对已完成的上一周课堂教学进行反思，分析研讨教学中的优点与不足，根据学生的学习情况分析是否有共性的典型的错误需要加强与复习。二是对已备好的下一周教案在电子备课室进行再加工，认真阅读、分析、研讨教材与教案，进行补充完善，优化导学案，并考虑对于不同层次、不同班级的要求，将分层教学落实到位，并将整理好的共性电子教案上传到学校云盘，实现资源共享。即实现每周同课异构个人备课—试讲—集体备课—重构改进—上传云盘—同课同构—个性修改—完善提升的过程。三是备课组长指定专人负责下一周的备课任务，共同分析这部分内容在教学时的重、难点（重点讲什么，将知识延伸到什么程度都要详细说明）、评价设计、典型问题和易忽视的内容，同时由备课组长将备课配当发到校园网，让每个老师明确自己的备课任务。

先周备课实行跟进检查制度。每周六学校组织领导检查打分,占40%,每月组织教研组长、备课组长分文理两大科检查打分,占60%,最终得分计入考核。"备课设计"注重质量,不定期举行优秀案例评选,实施典型引领。

2. 听评课重反思,共同提高

课堂教学是学生学习成败的关键,是学习过程中最关键的一个环节。我们要努力做到上好每一堂课,精讲多练,做到"三必讲":核心问题,思路方法,疑难之处必讲。做到堂堂测、堂堂清。为了提高课堂效率,我们做到:①组内听课公开。备课组内老师有一个约定,无论什么时间,相互之间听课开放,这样既有利于教师之间的交流,也有利于年轻教师提高业务素质。②同课异构观摩。备课组内经常开展同课异构活动,同一节课,不同的演绎过程,教师和学生的风采尽情绽放,极大地提高了教师的授课艺术和水平,教师们受益很大。③课后反思提高。每上完一节课,授课老师将自己录的课反复观看,自己照镜子,要对自己的课堂从三线建设上进行教后反思,如本节课的目标任务是什么?你的设计思路是什么?你是通过怎样的方式或方法让学生达成目标的?从每个环节你是怎样体现学科的核心素养的等方面进行阐述,备课组其他老师按照听课前的分工从六个维度中的一个角度进行评课,评课时要提出一优点一缺点及一建议,再由授课老师整理心得上传至云平台。

二、全面引领,专业成长硕果香

(一)营造了浓厚的专业成长氛围

学校根据教师的特点和潜能,给予教师施展才华的空间,为成长架桥,读书、学习、培训成为教师专业成长的必需和常态。每周四的"教师大讲堂"成为教师成长的必修课,学校为教师搭建与他人分享成功体会、分享心灵成长收获、分享幸福快乐感受的平台。一人外出学习,全组、全校教师受益;一人读书学习,大家共同体验分享,营造了浓厚的专业成长氛围。

(二)打造了有特色的学校教研模式

我校校本教研坚持"以学生为本"的教学理念,以课程改革为立足点,以教学为中心,坚持教学、科研、培训三位一体,每周的集体教研定时间、定地点、定流程、定主题,以听课评课为主、兼顾前一周的电子教案、手写教案总结、学科组相关工作总结、优秀教案展示,本周的课堂计划、教案设计、学科课题研讨等,形成了与时俱进、有活力、有特色、高效完备的学科教研组工作及活动模式,开辟了一条富有特色的校本教研建设之路。

(三)喜获各级各类专业大赛成绩

回顾工作,我们收获了很多,我们本着"以人为本,因材施教"的教育思想,扎实开展教育教学工作,加强了教研组的建设和运作,严格管理教学常规,促进了教师队伍的建设。辛勤的努力收获了相应的成效,我们成功举办了多次联盟校教研活动、全市的学科观摩课活动,受到了大家的一致好评。各个学科组的优质课、优课、课程资源有200多节,其中生物组的李晓静老师参与了省级优质课的比赛,取得了第二名的好成绩。英语、化学、政治组被评为荣成市优秀教研组。

有人说:"一个人能走多远,看他与谁同行。一个人有多优秀,看他有什么人指点。一个人有多成功,看他与什么人相伴。"还有人说:"一个人可能走得更快,但只有一群人才能走得更远。""我 + 我们 = 完整的我",这是著名心理学家荣格提出的理论,意思是说,一个人只有把自己融入到集体中,才能最大程度地实现个人价值。总之,教育改革、教学研究是教育事业发展的一个永恒的主题,我们将在今后的教学工作中大胆探索,不断创新,使我校的教研工作更上一层楼。

团队互助引成长一:

幸福工作幸福生活

毕宏伟,英语教师,从教20年以来,一直工作在教学一线,她的座右铭是"和学生一起成长,快乐每一天,幸福每一天。"在一次次的讲课、评课、磨课的过程中,毕宏伟老师从成长走向成熟。在教研组内,她成长着,幸福着。

一、来自团队的幸福

在荣成二十七中工作,毕老师是幸福的,因为这里有一个团结的大家庭,备课组长带领着每个年级组亲似一家人。多年来学校倡导集体备课,每个年级课程进度和教学内容都是一样的,老师们没有私心,大家共享所有的教学资料,随时推开一个教室的门听课,老教师都会无私地手把手地教会你这堂课该如何去上。

今年毕老师就用自己的经历鼓励王老师参加优课比赛,把当初同事们对她的帮助毫无保留地传递给王老师。在毕老师的指导下,王老师喜获二等奖,他对毕老师感激不尽,但毕老师总是谦虚地笑笑。英语组这个大家庭就是不让任何一个人落后,哪个老师阶段成绩差了,同组老师就会积极地帮助他分析原因,寻找对策。在这个团队里,年轻老师们有着毛泽东"到中流击水,浪遏飞舟"的豪迈之情,他们成长很快,因为集体的力量是他们成长的强大后盾,同事之间是互助和谐的,师生之间是团结友爱的,校园是美丽友好的,我们是快乐幸福的。

二、来自工作的幸福

在荣成二十七中学的工作充实又紧张。有人问毕老师:"你不感觉累吗?"毕老师总是淡淡地笑着说:"累。"在外校老师的眼里,荣成二十七中的生活是忙碌乏味的,而毕老师却感到很充实。"人生在世,不索何获",学校为了尽快提高教师的专业水平,组织备课、评课等各种活动,提倡老师们在有限的时间内发挥自己的能力,实现自己的价值。在这些活动中老师不断奋斗,不断进取,把自己变得更强大,在这里毕老师体会到了超越自我的勇气,体会到了超越永无止境的意义,当然也收获了累累硕果,充实是一种幸福,她充实并快乐着。

幸福是一种感觉,可以画在脸上、描在眉间、唱在嘴上,还可以写在心里,毕老师将继续幸福地舞蹈,唱响幸福的歌谣。在荣成二十七中,团结、充实、和谐、温馨、有成就感,这些让每个老师时刻体味着暖暖的幸福。

团队互助引成长二:
山重水复疑无路,柳暗花明又一村

于晓洁,青年语文老师,工作认真,责任心强,善于钻研业务,虚心好学,在教研组的引领和帮助下,迅速成长。

曾几何时,每节课前都会在指导老师的班级里听课的于老师,挥动着笔杆,记下了一节又一节课的流程、环节、评语……听完课,原样复制粘贴。毕业后的第一年就去小学支教的她,回归初中后,由于教学方法的改变、知识体系的脱节等原因,使于老师的课堂存在节奏拖沓、内容讲解不细致等问题。渐渐地,于老师发现不管听哪位老师的课,她只知道这节课讲了什么内容,但讲得好与不好,却是"雾里看花,水中望月"了。

光阴如梭,转眼和于老师同年踏上讲台的同事们纷纷取得了可喜的成绩,每每一个人时,她就会反思自己为何这样碌碌无为。付出了大量的时间听课、备课,可是课堂效果却收效甚微,此时她感到了深深的迷惑,只觉得"山重水复疑无路"。

所幸学校领导一直很重视对青年教师的培养,王主任更是多次在百忙中抽出时间指导于老师的教学。一次,王主任听完于老师的作文课《让人物动起来——动作描写指导》后,为于老师指出了授课中的不足,如:提前让学生写一段动作描写,课堂上每讲解一个描写方法,马上让学生动笔修改自己的文章。整堂课下来,学生就基本掌握了动作描写的技巧。王主任还语重心长地对于老师说:"晓洁呀,你要多去听听我们同组老师的课。听课并不是一件简单的事情,你作为一名青年教师,听课并不是简单地听其他老师的教学内容而是领会教学意图、教学设计,在听课的过程中要认真观察并做适当记录。听课不仅要听,还要看,捕捉老师和学生的每一个动作、语言和表情,记下每一个教学环节和方法。在听课之后更要及时思考,客观地评价各种教学方法的优劣,结合自己的教学实际,取长补短。我们学校评课有不同的维度,结合着维度去评课,才能找出问题所在。你看毕老师的课,细致入微,每一个环节,每一步都有的放矢,多去听一听,慢慢就成长起来了。"听完王主任的话,于老师瞬间明了自己的不足在何处,也明确了接下来的目标。

之后的听课中,于老师细心观察授课教师的教学意图和教学方法,毕老师执教的《风筝》一课让她印象深刻。鲁迅的文章想要讲解细致,让学生深刻理解文章内涵并不容易,但毕老师却别出心裁地从文章中几个小故事入手,层层深入,通过一系列的学法指导,让学生读懂了生涩难懂的文章,这让她叹为观止。除了根据评课维度来认真听课外,于老师还认真倾听了其他老师的评课,每个老师讲课各有风格,评课更是各具特色。"祥子的性格不是软弱,是老实,并且还有些狠。暴雨前天气如此闷热,暴雨来临时如此狂虐,在这样恶劣的环境下,祥子还出来拉车,可见他对自己非常狠……"这是邵老师在评价董老师执教的《骆驼祥子》中对人物性格分析的内容。每每听邵老师评课,仿佛又听了一节精彩纷呈的课,因为邵老师总能发现不曾注意的细节,并且根据作者生平更加深入地解读文本,让人耳目一新。

慢慢地于老师发现自己能看出每堂课的优缺点了,并且能针对优缺点做出客观的评价,她也在听课过程中,慢慢成长起来了。这学期的课堂达标中,于老师执教的《鲁滨孙漂流记》得到了同组老师的肯定。

通过听课,于老师开阔了眼界,但想要把同组老师的优点都学到手并变成自己的教学方法,于老师觉得自己还有更长的路要走。这使于老师更加明确了今后教育、教学的方向、方法,也更加深刻地体会到作为一名教师任重而道远,应不断学习、提高并完善自我,在今后的教学工作中更上一层楼。

团队互助引成长三:

引领,让我慢慢褪去青涩

曲妙妙,语文老师,怀着对文学的热爱和痴迷,工作中一直爱生敬业,勤于钻研,勇于探索,善于反思,在教研组和备课组的引领下,她突破自我,多次在学校及联盟校教研中上公开课,去创造自己专业成长路上的奇迹!

曲老师今年初次担任初三的语文教学工作,由于之前多年在低年级教学,对初三学生的学情不了解,对教材、教学特点、教学方式更是生疏,很多方面都摸不着头脑。庆幸的是今年同组的老师是分管语文教学的王主任和来自荣成市实验中学的毕老师,她们都是非常优秀的语文教师,在日常工作中,她们给曲老师无私的指导,极大的帮助。新学期伊始,王主任就鼓励曲老师要多学习多听课,以听课促成长,尤其要向来自荣成市实验中学的毕老师学习。本学期几乎每节新授课曲老师都会去听毕老师的课,毕老师总是笑着欢迎,从不厌烦,总是说什么时候想听,尽管过来听。通过听课,曲老师发现真正优秀的教师驾驭课堂的能力原来这样强,一节高效的课原来应该这样上。

踏进毕老师的班级,学习就开始了,课前所有的学生都在积极准备,教室里是朗朗的读书、背书声。每节课前,老师都点评课前预习情况,前一天晚上的作业情况,并小组计分评价,以此督促学生自觉预习。授课过程中,各个教学环节紧密衔接,有任务就有落实有评价。在毕老师的课堂上,每个知识点讲完或任务下达,学生们都紧张积极地巩固,因为紧接着就是抽查落实,毕老师会及时给予评价。整堂课上不会看到学生有松散的样子,真正实现了高效课堂。通过听课,曲老师慢慢学习,自己的课堂也改进很多,抓好课前预习不再是空话,课前一定检查评价。课堂上一改自己以前的慢性子,讲解或下达学习任务时语言尽量简洁干脆,不再拖拉。所进行的学习任务一定要落实,及时掌握学生的学习情况并进行评价,调动学生学习的积极性。这学期通过听课学习,曲老师在教学方法、课堂组织能力上都有很大提高。

而让曲老师成长最多的还是备课组两位老师在教学设计上给予的指导与帮

助。一堂好课的关键在于教学设计，课备得不好，把握不好教学重点、教学方法，教师能力再强也上不出一堂好课。今年局里对青年教师进行考查，曲老师执教的《云南的歌会》，在教学设计上一直没有突破创新，这时王主任和毕老师给了她极大的帮助。她们抽出时间给曲老师听课，一边听一边讨论记录，上完课后，王主任肯定优点的同时，也给出了指导性的建议，毕老师也提出了一些自己的看法。在两位老师的指导帮助下，曲老师树立信心，重新备课。最终，曲老师的课得到了教研员的好评，特别是采用知识树，落实学习重难点及对朗读训练的指导等都得到了肯定。曲老师明白了设计一节优质的课的不易，需要付出怎样的努力，需要在哪些方面下功夫。老教师给曲老师指引了方向，传授了方法，曲老师用心钻研，不懈努力，收获成长。

为了青年教师能更快地成长，学校方面更是给青年教师提供各种机会，每次外出听课学习，学科主任、年级主任都极力支持，时间再紧张、课再难调也都尽力挤出时间，调好课让青年教师参加学习。曲老师就在学校领导的鼓励支持下考取了心理咨询师。5月份，曲老师跟随荣成市教育局领导刘主任及教研中心的关老师，到北京参加了为期三天的箱庭疗法（沙盘游戏）的培训课程。在这三天的学习过程中，曲老师认真聆听、记录，用心感悟体验，学到了很多全新的知识理论，也了解了箱庭疗法的具体操作方法，收获了很多。学习回来，学校便让曲老师将学习所得在全体教师会上交流分享，让曲老师又有了一次锻炼的机会。

身在荣成二十七中这个大家庭中，曲老师深感荣幸，尤其作为青年教师，她由衷地感谢学校提供的各种有利条件，感激同事们的热心帮助。在这样一个温馨、不断创新与发展的团队中，曲老师暗暗发誓一定要更加虚心学习、潜心钻研，在一点一滴的细微之处改变。

第二节　名师引领,专业成长加速度

"名师"的特点就是术有"专"攻。他们中有的具备教学管理的专长,有的具备专业引领的高度,有的是跨学科的复合型教师,有的在发表论文、总结提炼经验上有独到之处,能够对本专业或其他专业教师起到辐射引领作用。名师的课堂教学往往是他们教学理念的体现、教学经验的凝结和教学智慧的展示,能够给其他教师以思考和启迪,有利于提高他们的业务素质和教学能力。名师效应会影响和带动更多的老师,使他们不断提高专业本领,不断向名师靠拢,最终成为名师。

名师和名师课堂都是学校的第一资本,学校的发展离不开教师,好的教师就是一所学校的旗帜,名师则是一所学校的名片。只有拥有德才兼备、充满爱心、甘于奉献的名教师群体,才能办出最好的学校,才能推动教师群体的专业成长。

当然,名师都是从普通教师成长起来的,名师之所以能成为名师,除了自身的努力外,更离不开学校的引领、培养和塑造。"3 年入门,5 年骨干,10 年名师,15年专家研究型教师"一直是我校教师的培养目标,在教学实践中,我校将"名师引领"和"打造名师"作为新时期学校承接新机遇、迎接新挑战的工作重点。

一、名师引领,明确专业成长的方向

(一)身边名师,引领专业成长第一步

1. 发挥校内"名师"的引领作用

利用校内资源对教师进行多方引领培训,发挥"名师"作用。学校将教龄在15 年以上、专业水平在县域范围内有一定的知名度和影响力的教师,确立为校级、县级、市级"名师"人选或后备人选。

每学期初,学校都会确定两位名师(文科、理科各一位)在学校内部上公开课,并全程录像。要求所有没有课的教师都去听课,对于当堂有课不能去现场听课的老师规定要及时观看录课视频进行观摩学习,并且在听课结束后,每位教师要写出听课真实感悟并上传到校园网,让名师在自身素质得到提高的同时,通过他们的教学思想、方法、智慧和艺术,为全校教师的专业发展提供可供参考的范例。

2. 发挥各学科组、备课组内部"名师"的引路作用

学校将每学科组在上学期的"课堂达标"活动中表现优异的老师统一进行安排，在每学期的课堂达标活动之前为学科组的老师上一节示范"树标"课，所有的分管领导和学科教师都要参与。听课结束，学校领导会针对学校制定的听评课的四维度量表进行评课，其他教师则根据专业水平针对本节课采用"1＋1"（一条优点，一条建议）的模式进行评课。备课组长都为校级及以上名师，在研读课标、说课、备课、上课及导学案设计等方面对年轻教师或者新任教师负有帮带责任。

3. 充分发挥好"联盟支教"工作中的"名师"作用

近几年在市局领导和校领导的重视下，我校每年都有荣成市实验中学的老师支教，充分利用好宝贵的人才资源，请实验中学的老师谈谈本学科教学方面的先进经验，请他们多上几节示范课，借鉴他山之石。本学年荣成市实验中学的毕春华老师带来的小组捆绑式激励评价方式得到了全校领导和老师的肯定，并在学校进行推广。

4. 发挥教师成长论坛中的"名师"作用

每周四的活动课是开展教师素质提升活动的时间。以教师成长讲坛和课改论坛为主线，通过名师、名班主任培养工程、读书工程、青年教师成长工程、小课题科研、学科核心素养培育、硬笔书法、知识树思维导图绘制等项目的开展，实现了教师素质的整体提升。以一批和二批"四名工程"人选为龙头，以"五个一"工程为突破口，即拜一个市级以上的名师，上一节市级以上公开课，带出一个校级名师（有市级以上优质课），参与一项市级以上课题，发表一篇市级以上论文，带动了一批青年教师快速成长。实践证明，教师成长论坛活动的开展对老师综合素质的发展起到至关重要的作用。

（二）域外名师，引领成长深一步

1. 走出去，学善其身扩视野

教师培训是名师队伍建设的一项长期工程，而高层次培训更是名师成长的必经之路。学校领导敢于创新，善于抓住机遇，有计划地安排教师积极参加国家、省、市级培训及各级各类培训，并定期派骨干教师赴全国名校参观学习，学习名校名师的成功经验。外面的世界很精彩，教师的视野不断扩大，除了到"1751"片区学校活动之外，我校还组织教师到山东大学附属中学、青岛第二中学、济南稼轩初级中学等名校学习，提升了教师教学理念，完成了教学思想的质的飞跃。

只要有学习的机会,学校就会抓住机遇,加大投资,派遣一线教师学习。对于参加威海市内的学习的教师,校领导在接到学习通知的第一时间,在确定了外出学习的人员之后,全年级组的领导和教师均为外出学习的老师在课程调节和安排上"开绿灯",领导做好调课工作,同一备课组的老师做好代课准备,确保外出学习的老师能够在学习当中"无后顾之忧"。参加威海市以外的"名师"学习的教师,我校则采用"毛遂自荐"的方式,所谓"毛遂自荐"就是首先由教师们自己报名,对于报名的人员要求是学校级别的"名师"并且要冲击县级或者是市级以及更高级别的各级课堂类的大比武活动的教师,对于报名的教师学校都会尽量满足,当报名人数较多不能全部满足要求的时候,学校领导则通过协商,对近期要参加比赛的教师优先考虑。在2016年度优质课评选活动中,我校一线课任教师外出学习率达到百分之百,其中各学科参加省级优质课学习观摩的老师也达到了一半以上,各年级组参加"全国名师大讲堂"活动的老师多达40人次。在加大教师外出学习和培训力度的同时,外派学习回来的老师要在周四的成长论坛上进行二次培训和示范课展示,并将培训的资料及示范课的设计上传到校园网及教育网盘,供其他教师学习使用,其他教师在二次培训结束后的三天内将学习心得体会上传到校园网,保证资源的共享。

2. 请进来,他山之石攻己玉

仍清晰地记得2011年11月,"1751"活动在山东大学附属中学举行,其中的初中数学学科《平均数》一节的"同课异构"教研活动,以及2012年在我校举办的初中语文诗词赏析《茅屋为秋风所破歌》一节的"同课异构"的教研活动的惨痛经历:尽管选定了心理素质较好、业务精湛、教学质量突出的老师,经过多次"研磨","举全校之力"打造,但在实际的课堂上,学生完全不跟着老师的思路走,备好的"方案""不对路"了。省课程中心专家给出的评价是:课堂模式陈旧,过多注重学生题目练习,对学生提出的一些问题引导不够。会课的失利、专家的点评让老师们认清了自己的差距,更让我校领导认识到,故步自封只会阻碍老师的发展,所以学校领导大胆创新,勇于改革,每年至少两次邀请山东省教育厅课程中心专家团队到校听评课、做报告,学校每年至少四次邀请对口联谊学校——博兴县实验中学骨干教师来校送课指导,展开"同课异构"活动。我校把"名校""名师"先进的课堂理念、成功做法、创新精神引进学校,使其在教师的心中生根发芽,开出奇异之花。

省课程中心专家团队的听评课,以及"1751"博兴县实验中学的到校送课,让大家意识到了走出去、请进来的重要性。学校领导又针对教育改革的热点及"共性问题"及时邀请名师专家们到校为老师们指导。

每学期,为了能快速提升老师们的素质,校领导都会多次邀请县级、市级教研员到校听评课,为教师提出宝贵的建议;每年中考前一个月,学校会邀请所有的教研员到校为教师详细指导分析点评"双向细目表",为中会考复习课堂把脉诊断;除此之外,音体美学科邀请专家走进课堂,进行现场吹奏和动作指导,不仅会使特长生在比赛中取得优异成绩,而且对老师的发展也起到了重要的作用。

二、打造名师,让专业成长走向名师

名师必须有过硬的基本功和教学技能,学校的校本培训就是促进教师专业成长和持续发展的平台。

(一)实行五段式听评课制度

"五段式"听评课,即听评"诊断课""提高课""达标课""创新课""常态课"。"诊断课"是学期初针对新分配、新调入和新改科的青年教师展开的听评课活动;"提高课"是在第三周开始,教师要根据"诊断课"来了解自身的特点,并进行改进完善,主动邀请主任、学科组长听课,以做到学科的课堂教学达标;"达标课"是对全校教师按照新的课堂教学的评估标准,进行"地毯式"听评课;"创新课"是每学期在课堂教学达标活动的基础上,每学科组选出 1-2 名成绩优异的教师,参加校级"示范课"的展示,充分发挥典型引路作用;"常态课"即要求所有教师开放常态课堂,教研组或其他教师"推门听课"。实践证明,"推门听课"既能对讲课教师起督促作用,也让听课教师获益匪浅。

(二)启动"三个工程"

照"镜子"工程即为每位教师录制一节随堂课,教师针对自己的课堂表现,深入反思,查找问题,制定"个人课堂教学改革发展方案",学校分管主任、教研组长、备课组长进行跟踪督导;亮"面子"工程是为教师录制一节精品课("面子"课),作为每位教师的"面子"课,实行"集体会诊",为每个教师的课堂下发"集体诊断报告",教师针对反馈意见,提升自己的课堂教学水平;创"牌子"工程是充分利用与山东大学附属中学、博兴县实验中学、济南稼轩初级中学等省内知名学校联谊会课的机会,将各学科探索的高效课堂创新教学模式进行对外展示交流,创出学校的"牌子",提高知名度。

(三)开展师徒结对"同课异构"活动

让每一位名师担负起学校教育教学的接力任务,以"即知即传人"的方式与一名青年教师结成师徒对子。通过开放师傅课堂、走进徒弟课堂、师徒同上"精彩一课"等形式,加强名师梯队建设。每周利用教研的时间进行"同课同构"展示,评课时每位老师根据学校设计的四维度评价量表,抓住一两个观察点听评。评课中不说优点说建议,不说表扬说提升,杜绝当好好先生,让授课和听评的教师都能在挖掘教材、课堂讲授、听评课上获得提升。集体教研评课后改进的教案均上传到校园网及网盘专门文件夹,方便教师照镜子。

以"同课异构"为重要载体,以"扩大交流、切磋研讨、共同提高"为宗旨,有效抓好校本教研培训工作。做到"四个结合",即"自学与集中培训相结合,校本培训与校本教研相结合,自我反思与自我提高相结合,专业引领与自我发展相结合",注重实践性,促进教师专业化水平的提高。

(四)提供赛课平台,秀出成长成果

为充分发挥评价机制的激励和导向作用,学校搭建了多种展示平台,让教师成长秀出来,这不仅仅是对教师个人的肯定,也对其他教师专业成长起到引领效果。

对青年教师,主要提供校内展示平台。每学期期末评选三个五佳:"五佳说课能手""五佳教案设计能手""五佳课堂教学能手",给青年教师30%的名额比例,评选结果计入教师考核,与教师评优选模挂钩。展示平台还包括荣成市教研示范校展示时,我校开放了全部新教师的课堂。

对骨干教师提供市级以上展示平台。在参与市局优质课比赛、说课标说教材比赛、同课异构展示、教研示范校验收展示中,我校根据教师在课堂及专业成长中的表现,推荐骨干教师进行展示,让这些教师的影响不仅仅局限于荣成二十七中校园,更向区域推进,为骨干教师成长为校级以上"名师"做好准备。同时,学校为了发挥教师的积极作用,凡是对参加各级优质课评选的教师提出建议和帮助的教师在百分考核中都予以体现。

(五)培植打造各级优质课、优课的措施

推进"集体打造"和"一课三研"主题磨课活动的开展。"名师""名课堂""优质课"的打造离不开集体的力量,在优质课评选过程中我校充分发挥集体的力量。

"集体打造"具体操作程序是:独立钻研,写好导学案、教学案—说教材、说思路、说导学案设计—集中听评,提出建议—集思广益,集体备课—课堂施教,集中听评—反思改进,重构再上课—反复修改,形成教案。"一课三研"具体内容是:一研,设计"导学案";二研,优化活动过程;三研,形成教学特色。三研将重点放在了彰显教师的教学风格上,这一环节也为学校打造"名师"培养种子选手,同时也让我校的优质课评选在各级各类比赛中绽放光彩。

青年教师李晓静老师在山东省优质课比赛获奖后这样感叹:作为农村的年轻教师,以前想都不敢想能参加省级优质课评选,更不敢奢望在省级优质课比赛中获奖,现在我们有了省课程中心专家的跟进指导,学习了指导学校和兄弟学校的先进经验,再加上学校教研组团队的锻造和自己的不懈努力,参赛不拿奖,都觉得对不起学校、对不起自己。

三、全力推名师,做发挥名师效应的"红娘"

以科研为先导,促"名师"进行教育科研,结合自己的教学特长确立课题,通过科研攻关,取得新成果,促进了"名师"教学风格的形成。

支持名师成立工作室,发挥示范引领作用,开展帮教学术活动,对帮扶者是一个成长的机会,对名师自身也是一个提高。在校领导的重视和栽培下,我校涌现出一批县级、市级以上的名师、名班主任和名课程团队,如张霞、苏晓娜、李红莉、孙翠翠等老师。作为名师的她们明确了今后的专业发展的方向,坚定了向专家型教师努力的信心。我校原校长李志东同志被评为威海市级名校长,现担任荣成市第三十五中学校长;我校原"1751"改革创新项目学术秘书张启胜主任,属于"名师"培养层,在"1751"工程和学校培训模式的培育下,他迅速成长,先后获得省级优质课,带领学科团队研究课题获得威海市创新成果奖,在省市核心期刊发表多篇论文,荣成市教育局提升他为校长,就任于荣成另一所学校——荣成市第二十九中学。

在过去的2016年中,我校获得荣成市级优质课、课程资源40多人次,威海市级优质课、课程资源20多人次,发表威海市级以上论文20多篇,省级以上创新类奖项6个。

名师需要推介,要尽可能多地组织名师参加上级教科研等主管部门组织的教育教学交流研讨活动,让"墙内开花,墙外也香"。如:扶植教师参加省市课堂教学大赛,组织名教师参加"校际交流""送课下乡"活动,积极向上级教育部门推荐名师的科研成果等。让那些学有专长、教学有特色的名师,有机会去与外地同名师交流、学习与竞争,并从中开阔视野,增长才干,提高知名度,并通过名师的外围效应提高学校办学的品位和影响力。

学校要不断创造优质环境,努力营造争作名师的浓厚氛围,让校园真正成为培育名师的苗圃,最终打造一支高素质的名师团队,实现"百花齐放春满园"的梦想。

荟萃名师风采:
赴一场春天的约会,共享一次智慧的盛宴

王迎军,教务副主任,任教语文教学 23 年,她积极参加各级各类学习和培训,结合新的课改理念,积极应用于课堂教学,形成了自己亲切幽默又不失生动实效的课堂风格,她认为自己的语文教学是从邂逅全国名师程翔老师开始的。

三月,草木初萌,余寒未尽,王老师一行六人共赴烟台,参加初中语文名师精品课展示暨核心素养培育研讨会。研讨会专家云集,其中对她影响最大的是程翔老师。

曾经,初见,程翔老师改变了王老师对语文和语文课的认识。王老师是 1994 年初识程翔老师的,那是在威海举办的省级优质课大赛上,程翔老师不是作为选手而是作为特邀教师为大家带来一节展示课《孔乙己》。这节课其他的细节王老师都不记得了,但是程老师指导学生读书的一句话让王老师印象深刻。这句话是酒客们嘲笑孔乙己的一句话——"什么清白?"王老师曾一度觉得,这句话很平淡地连读就可以了,在程翔老师的课堂上,学生们也的确是这样读的。可是程翔老师却纠正孩子们应该读作:"什么? 清白?"这样处理之后,人物的语气语调的变化,让王老师猛然觉得把当时人物的心理和神态一并呈现在她的面前。也就是在这节课上,就在这个看似简单的领读里,她这个非中文专业的语文教师突然认识到,原来语文课是需要深入理解和挖掘文本的,原来课本上的文字是表情达意的而非仅仅是呆板文字。

而今,再见,程翔老师带给王老师更深的思考。这次程老师为大家带来了《风筝》的展示课,没有提前熟悉学生,也没有刻意地去做什么准备。鲁迅的作品向来

是难讲的,意蕴深刻,每句话似乎都有着无穷的阐释,挖掘到什么程度才是最恰当的,从来都是令人头疼的。一本书,一只粉笔,一个人,一群学生,这就是课堂。淡淡的笑容背后是亲切,徐徐的话语里满是谦和。学生领会了,程翔老师就和学生一起笑,孩子们说不下去了他就不疾不徐地引导,课堂如小河流水,没有丝毫的晦涩,没有理解上的强拉硬拽,也没有绚丽华美的课件,但一切都恰到好处,自然流畅,甚至会让人觉得,这个课堂可以搬到任何一个老师的课堂上,任谁都能驾驭得了。可是细细再品味,会发现这堂课却给不了对文章字句循循善诱的引领,这是一个语文大家经历了几多寒暑打磨后才有的睿智和深度,不是一朝一夕的功力,更不是我们东施效颦可以企及的,这其实已然达到人与文字、人与课堂相契合的至境了。

展示课后,程老师做了关于"探索学理观照下的语文教学之路"讲座,主要是从阅读和写作角度谈了自己从缺乏向往学理,到探索拥有学理,再到研究和运用学理的过程,在这个过程中的思考和尝试。程老师与在座的老师一起分享了"教教材和用教材教"的区别,帮助他们学习解读文本,并和在场的教师一起探讨文学语言和非文学语言的区别,劝诫每一位语文教师要帮助学生用文学思维看待文学,而非用理性的眼光去看待文学作品及其中的文学形象,提出了语文老师要培养专业读者的目标,倡议写作课单独设置课时和教师,开发独立教材,有相应的评价标准。

来也匆匆,去也匆匆。时间感觉那么短暂,其实不是时间变短了,实在是因为程翔老师的展示和讲座紧紧抓住了每一个人的心,让人感受不到时间的流失。春风拂面,智慧花开,期待这样的邂逅再一次敲门。

荟萃名师风采:
新课堂,名课堂,理想的课堂

孙宏妍,初二年级数学组备课组长,从教二十多年来始终工作在教育第一线,默默付出,曾获得荣成市优秀教师、荣成市优秀备课组长等荣誉称号,参加过多个课题的研究工作,在市级及以上教育刊物上发表多篇论文。

2016 年 5 月 13 日至 14 日,学校安排孙老师赴诸城参加了市教研培训中心组织的"2016 齐鲁新课堂博览会"的观摩学习。短暂的学习让孙老师获益匪浅,深受感触与启发,在观摩学习中,她不断地思考着、收获着、反思着……

走进龙源中学的大门,孙老师就感受到了浓郁的校园文化氛围,充满生机的校园彰显着"活力教学"的理念,让来参加观摩学习的人感受着、思考着、疑惑着。究竟什么是"活力教学"理念? 在听了刘花兰校长做的《活力教学探索》报告后,孙老师茅塞顿开、豁然开朗。刘校长的报告让她印象最深的是"三活三力"理念,三活是教师活、学生活、办法活;三力是学习力、创造力、合作力(包含老师和学生)。怎样让自己的课堂活起来,怎样让学生积极参与到课堂教学中,这是所有的一线老师一直思考的问题。在日常的教学过程中,教师经常会因为担心学生讲不清,讲不好,耽误时间而代替了学生的主体地位……刘校长的"活力教学"理念让她深受启发,让她对自己的课堂改革有了深深的思索。教师作为课堂的组织者、实施者,只有精心地设计、准备每一节课,做到备教材、备学生,设置适合学生特点的探究问题,才能让学生在课堂上活而不乱、学有所获。

在观摩该校张汝军老师执教的《二次函数的应用》一课后,孙老师有了更深的感悟:张老师"五字"教学理念的演绎,孩子们精彩独到的讲解、质疑,课堂学习的浓厚氛围,得到了学习观摩者的高度评价,令人折服。

亮点一:设置的问题层层递进、环环相扣。每个问题都是前一个问题的延伸,学生结合导学案上的问题,自主探究解决,同学们大胆展示自我,主动对问题进行讲解、质疑、点评。学生的讲解条理清晰,重难点的处理到位,每个问题都在课堂上得以落实解决。

亮点二:在张老师的组织引导下,每个学生都参与到课堂学习中,老师只是在适当的时候进行点拨和总结,整个课堂显得活而不乱。

亮点三:张老师注重对学生的"评价"到位,善于捕捉学生身上的闪光点,并适时地鼓励学生,调动学生参与课堂学习的积极性。如一个学生在讲一道题羞于启齿,缺乏信心时,张老师立马对全班同学说:"这是我们班的体育明星,在这次的体育考试中得了满分,相信在学习上也会有好的表现,大家掌声鼓励一下。"在张老师的鼓动下,这个学生满怀信心、兴致勃勃、声音洪亮、条理清楚地说出了自己的解题思路。

总之,此次学习让孙老师学到了名校的前瞻教学理念,目睹了名师的教学风采,分享了教育教学智慧,在交流学习中碰撞了思维的火花,点燃了"走向行动"的热情。身为一线教师,课改不能仅仅是挂在嘴边上讲,更要落实到行动中去做。

坚持理论联系实际的原则,把此次学到的理论与平日课堂教学有机结合起来,积极探索"活力课堂"教学模式,锐意创新,勇于实践,更好地为自己的课堂服务,努力让自己的课堂富有活力,绽放精彩!

荟萃名师风采:

名师引领,一路前行

杨丽丽,学校管弦乐队指导教师,从 21 岁到 39 岁,她已经在音乐第一线工作了 18 个年头,由一个普通的音乐老师,一步步成长为音乐方面的名师。18 年来,她凭着对音乐事业的热爱,把自己的青春、愿望和抱负全部倾注在她所热爱的事业上,用自己的实际行动赢得了学校的认可,家长的信任,孩子的喜爱,而这一切都来源于她孜孜不倦地学习和多位名师对她的引领。

"路漫漫其修远兮,吾将上下而求索!"自毕业至今,工作已 18 年,杨丽丽老师一直希望自己能成为一名优秀的音乐教师。从 2008 年起,杨老师正式开始接手学校管乐队,在不知不觉中她已带领乐队走过了九年的风雨历程。在这九年里她在各位名师的指引下经历着,磨炼着,也成长着,正向着成为一名优秀指导教师的目标奋进。

带领杨老师成长的第一位教师是本校的李老师。虽然李老师在别人眼里可能称不上名师,但是就是这位普普通通的老师耐心教杨老师从最初如何挑选新队员,培养新队员,到整个乐队的管理等,使她从最初的一无所知成长到慢慢了解,直到有成就。

杨老师的第二位老师是著名的吴义虎老师。是吴老师引导杨老师从最初的器乐保养到熟悉每一种乐器的使用方法,再到每一种乐器的演奏方式方法,吴老师严谨的治学态度对杨老师影响深刻,让她收益匪浅。在吴老师的指导下,杨老师慢慢总结出了自己的一套队员的选拔、管乐队的训练、乐队的管理、队员的教育、合奏训练的方法。

杨老师的第三位老师是著名的张政委。张政委曾经是九三大阅兵的总指挥,为了提高学校乐队的整体素质,校领导请他来指导,他的到来让杨老师受益匪浅。张政委有腿疾上下楼梯不方便,但他仍坚持上四楼进行指导,他的敬业精神令人十分敬佩。在张政委身上还有许多值得学习的地方:首先,富有感染力的指挥。

张政委的指挥方式同学们特别喜欢,他富有感染力的指挥可以迅速调动学生的情绪,使学生在演奏的过程中感情更加深入,更富有激情。其次,幽默诙谐的语言。在对作品处理的过程中,为了让学生对乐曲的情绪有更加深刻的理解,张政委总是会用一些幽默诙谐的语言来激发学生的学习兴趣,比如在处理《军威进行曲》的时候,后半部分长号与其他声部交替演奏时,为了突出长号音色,让同学们把长号的音色发挥得更出色,张政委用了一个"滚"字。学生初听这个字的时候是哈哈大笑,可就是这么一个字,让长号组的同学们找到了感觉,记住了乐曲此处的情绪。第三,丰富的表情。在乐曲的演奏过程中,张政委除了用他那富有感染力的指挥带动学生的情绪以外,他还有丰富的面部表情。在指挥的过程中他随着乐曲的情绪变化面部表情会随之改变,生动诙谐丰富的面部表情使学生对乐曲的情绪有一个感官上的体验。第四,细致的处理。张政委对乐曲的处理大到每一个乐段,小到每一个节奏,每一个音符都非常细致。总之他的一举一动,甚至是一个眼神都值得我们去学习。

有一种学习,没有参与,你不会知道精彩纷呈;有一种对话,没有深入,你不会体会豁然开朗;有一种信仰,没有执着,你不会知道任重道远。名师引领,成为了杨老师前进的动力,她在感受教师魅力的同时,更多的是自己的思考,她将努力地用自己的热情和无尽的关爱,关爱她的事业和学生,在名师的引领下,一路前行,努力成为一名有魅力的老师。

第三章

促动教育科研,架设成长导线

　　教育科研是推动教学发展、促进教师专业成长的宝器、利器,有助于课堂的进步、教学理念的提升、教师专业素养的提高。一线教师做科研难,做好科研更难,只有经过研究反思,才能觅得教育"真经"。"教师专业发展多元化路径"研究有效整合了教师专业成长的基本途径,是教师专业成长的有效载体,能促进教师自主成长,提升教师的自我更新能力和可持续发展能力,最终使学生获益。教师进行课题研究可以吸收前人的经验,在模仿专家、同行研究路径的基础上积极创新,充分利用网络平台资源。我校注重课题研究工作,积极创建机制为课题研究工作提供机会与保障,倡导"草根式"课题、"问题式"课题、"小微式"课题研究,致力于构建富有特色的教育格局的新思路。

第一节　小微课题,专业成长有扶手

曾在威海市中小学教师教育科研能力培训会议上,董主任将教科研比作"冬虫夏草",想一想这比喻,放在科研上真是再贴切不过。虫草一体,象征着科研理论与实践结合;虫草经历时间的孕育,象征着任何的研究都要经过时间的历练,才能完成质的飞跃,隐喻着教育科研要耐得住寂寞,慢慢积淀;而虫草又是中国的物种,也为中国人所看重,隐喻了教育科研要追求原创性,具有本土特色。

除了这些之外,虫草是宝贝,那么是不是隐喻着科研正是我们课堂教学之宝,是教师专业成长之宝。要将教学中出现的问题多追问几个为什么,细追寻其解决之道,那就是科研。这样的过程必然会促进教学的发展,课堂的进步,理念的提升,专业素养的提高,这就是撬动教学难题的支点。从这一点来说,科研之于教学就如同虫草之于人的健康,是我们教育教学和教师专业成长的宝器、利器。

其实说起课题,有的老师想当然地认为困难。是的,作为一线教师,做科研难,做好科研更难。日常教学工作的千头万绪,要分身做科研,有一千个借口一万个理由可以拒绝,这都无可厚非,毕竟人的精力有限,时间有限。但不得不说,众多的困难之中,最大的困难却是人的不自信。课题? 太高大上了,这是一线老师能做的吗? 普通老师有那个水平吗? ……诸如此类的疑问在我们身边比比皆是。是的,没有人是天生的专家,所有的教育专家都是经历了无数次的寻找探索、研究反思之后,才觅得教育的真经,才成了引领老师们前行的榜样。所以不要想着能不能研究,要问自己有没有以研究的态度对待课题研究。老子有言,"天下大事必作于细,天下难事必作于易"。现在课题研究已经积累了相当的经验,有很多专家和同行研究的路径可以模仿,也有网络平台资源可以利用,所以课题研究首先需要跨越心态不自信的第一步。

教师要认识到课题是作为教学领域里具有普遍意义的,有明确而集中的研究范围,研究目的和研究任务的研究项目,它有效整合了教师专业成长的基本途径,是教师专业成长的有效载体,能促进教师自主成长,提升教师的自我更新能力和可持续发展能力,最终使学生获益。我们倡导的是草根式、问题式、小微式课题研究。

一、"草根式"课题

教育家苏霍姆林斯基说过:"如果你想让教师的劳动能多获得乐趣,天天上课不致变成一种单调乏味的义务,那就应引导每一位教师走上从事教育科研这条幸福的道路上来。"

反思过去,课题研究往往存在着"假、大、空"等不良现象,实效欠佳,初中教育科研工作具有自身鲜明的特点,教师必须结合教育教学工作的现状和实际,突出课题研究的针对性、实效性。这样才能真正尊重教师的优势,让教师的研究更贴近教育教学实际,利于提高教育教学质量,促进教师自身发展,因此我校倡导在教师中开展"草根式"小课题研究。教师可以没有大课题,但应该有自己的小课题;可以没有系统的研究方案,但应该有自己结合实践工作的反思和记录,这是教师成为研究者的必需。

"草根"一词具有乡土气息,蕴涵着丰富的生活共识,充满鲜活的生命力。就是从小事、小现象、小问题入手,以小见大,自主性强。但是应特别强调,"草根式"小课题研究的过程要充实、切实。原始资料如果不及时记录,到需要时再去追忆、收集,则为时已晚。况且,所有这些真资料也将成为教师撰写论文最生动有力的素材。因此,教师要注意原始资料的收集与整理,做过的事情,教师要随时注意记录、反思和总结,要特别注重教育教学过程中一些有意义的细节。对细节的反思与改善,可以提升教学实践水平,这样更能注重实效,立足于教师个人的特点、兴趣和爱好,着眼于解决问题,改变思维方式,服务于日常教育教学,服务于教师专业发展。

"草根式"课题研究对教师发展具有重大意义,例如通过教育叙事、论文、课例报告、经验总结等形式的操作,能很好地解决工作与研究的矛盾,是教师教育教研活动的重要载体。其实在讲述成果的过程中,教师可以产生新体会、新发现、新认识,进行新思考。"草根式"课题研究切近一线教师的实际,所研课题是在正确的价值导向下,教师所感兴趣并需迫切需要解决的有价值的问题。教师只需具备基本的研究知识,并通过比较自由的行动研究,改进教育教学工作,提高研究者本身的能力,增强研究结果所具有的实践意义和应用价值。

二、"问题式"课题

问题即课题。我校很多老师对于教学有很多的困惑难题,将之整理出来就是课题,解决的过程就是研究的过程,寻找答案就是课题的成果。

同样的老师授课,教案相当,课堂时间相当,为什么学生成绩会有高有低?是什么因素影响学生前进的一致性?是教师的关注力度还是学生学习态度方法?为什么自习课上班级大部分学生能够集中注意力,而总有几个学生孩子会东张西望?影响他们专注力的因素是什么?是教师自习内容设置的问题还是学生自制力的问题?为什么同样的小组合作,有的班级同学们能够积极参与,发挥小组合作良好的奖惩功效,有的班级坚持一段时间就坚持不下去了?是老师的奖惩标准制定不合理,还是小组合作形式产生了问题进而引起了学生的抗拒?为什么有的班级学风正班风正,有的班级一盘散沙,连个带头回答问题的都没有?是班主任治理班级策略的问题,还是学生凝聚力的问题?当你面对课题研究的时候,不要想着堆砌一大堆资料拼凑文字课题,而应该从自己的教育教学中发现问题,将问题变成课题。遵循选什么问题研究,为什么要做该研究,用哪些方法研究,怎么做具体研究,如何展示成果的规律。在课题研究后可以提出以下问题:如何开展研究?得出什么结论?想出什么建议?遇到什么困难?诸如此类。

"问题式"课题研究类似于"草根式"课题研究,都是从小处着眼,但对教师专业成长意义却不小。第一,具体而微。小问题的视野和切入口比较小,它研究的问题具体细微,只是教育教学过程中的某个环节或某个点,可以具体到某堂课的授课导入方式、课堂提问技巧、作业设计策略等;它研究的范围小而有限,只是聚焦于教育细节中的某个因素的实质,某种关系的矛盾,或是某个处理的疑难等。当然,这些细小问题又绝非一己的、个别的问题,而应是那些可以由点及面,推而广之,实现"类型化"而予以持续关注的问题。第二,灵活便捷。小问题课题研究的内容、时间、方法等自由自主,组织形式灵活多样,可以独自开展研究,也可教研组、备课组、年级组组建课题组,实施过程简单实用。在教育实践过程中,发现了问题就可以确立选题,开展研究。这种研究存活于教师日常的教育生活中,没有固定的研究模式,没有统一的操作流程。第三,求真务实。小课题研究立足于当下真实的教育教学情境,针对所遇到的盲点、热点、难点、疑点问题,开展实实在在的行动研究,并在教育教学实践中尝试解决,努力做到教中研、研中教。其所得的研究结果不拘一格，可以是教学案例设计稿、听、评课稿，教育案例、教育故事，也可以是研究小报告、访谈记录、调查问卷及报告等，但都要求真实可信、优质可研。并且它在实际工作中解决具体问题，一个问题解决了，就可以转入到下一个问题的研究，因而速度快、效率高。我校极力倡导研究问题式小课题，这样能不断形成和增大研究者的"深度"。

三、"小微式"课题

长期以来，中学教师对教科研总是"雾里看花"，心存误解和疑虑，总认为课题一出手就是大制作，大手笔，其实不然。其一，课题越小越有研究的意义和价值，因为它来自教育教学的小视角，小维度。教育无小事，从教育小事中挖掘容易忽视的问题，而容易忽视的问题一定是经常性出现，见怪不怪了，任由其发展可能影响的不是一个学生，而是一届学生，甚至一代或几代人，所以小问题不小，将小问题钻研下去可能解决的是教育的大问题，普遍性问题；其二，"小微式"课题研究，是教师基于解决自身的教育教学困惑或具体问题而进行的一种微观的应用研究，致力于使所有老师都可以参与，甚至以一己之力就可以研究并获得研究成果，不需要组建什么课题组，不需要多大的资金支持，在日常的工作中去探寻和摸索，解决之道可能就在不远处。所以，我们倡导小微课题，倡导教师建立小微课题的研究，倡导用小微课题解决教育的小问题，小微课题研究对教师专业成长的意义不言而喻。

首先，微型课题研究有助于减负增效，提高教育教学质量。众所周知，要提高教育教学质量无非靠两个因素：一是靠延长教与学的时间，二是靠优化教与学的方法。优化的教学方法从哪里来？从研究中来。小微课题研究有助于教师解决当前教育教学过程中迫切需要解决的问题，有助于提高教育教学质量。小微课题研究的过程实际上就是教育教学的过程，就是解决问题的过程，它的即时效应主要在表现在教学状态发生了变化，教师不再自我封闭，悲观失望，而是积极对话、广泛合作、共同研究，享受进步的快乐。

其次，小微课题研究有助于教师专业化。在微型课题研究过程中，教师的实践、总结反思、探究、改进的生活经历会形成特定的"个人知识"。这种"个人知识"会直接影响教师对教学、学生、师生关系的理解，以及对教育活动的意义、方式的构建。教师从事研究的过程，也是他自己反思教育行为的过程。这一过程帮助教师积累了生活经验,丰富和提升了教师的实践智慧。长此以往,我校教师的教学会收到事半功倍的效果,我校教师也会体会到研究带来的甜头。另外,当一个小微课题研究的成果真正有效时,它的及时推广、持续应用,会内化成教师的专业素养,从而提高教师的专业水平。小微课题研究成果的表达方式也很多样,适合老师在教学生活中操作,如"教育日志""教育叙事""教学案例""教育反思"等。

总之,为促进教师的专业成长,应该使每一位教师都有参与教育教学研究的机会,引导从普通教师向研究型教师转变。

小微课题研究案例:
"三段五步三查"课堂教学模式实践探究

一、问题的解读

(一)问题的提出

课堂教学改革涉及问题很多,其中模式构建是其中重要的一环。说起课堂教学模式,可能有些教师会本能地排斥:教学是一种灵活多样的,充满创造性和艺术性的活动,还需要固定模式吗?是的,课堂教学本身的确不需要刻板的、固定的模式,但教学中存在客观规律,这些客观规律经常以这样那样的具体教学形式和方式表现出来,而某种教学方式的稳定化、系统化和理论化就是一般所说的教学模式。教学模式通常是将一些优秀的教学方法加以概括、规范,使之更为成熟、完善,并上升为一种行之有效的理论体系,具有较强实践性和独特的个性特点,便于教师直观、迅速地把握和领会其本质,便于推广、优化。在课堂教学改革的初级阶段甚至更长时间内,研讨形成教学模式,可以更好地把握教学关系,促进教学活动的优化,可以大面积提高教学质量;再者,任何一种成功的课堂教学改革,必然会为更多学校提供借鉴和参考,而模仿往往从学习课堂教学模式开始。

当然,教学模式不是固定的、一成不变的,它势必在"探索—构建—完善—应用—禁锢—重构——探索—构建—完善—应用—禁锢—重构"中螺旋式上升,教学模式是结合自己学校的教学实际,是"本土"的,是与学校不断追求教育教学高质量、"内涵式"自主发展"相伴而生"。荣成 27 中是山东省"特色项目向特色化转变的行动研究"和威海市"优势项目向特色项目转化实验研究"课题实施学校,"彰显课堂教学优势,打造高效课堂"是我校承接新机遇、新挑战的工作重点,学校教学改革的重锤坚定不移地敲在课堂改革上,为将课堂更多的自主空间还给学生,我们探索构建了"三段五步三查"课堂教学模式。

(二)核心概念界定:

"三段"即"三个阶段",是指分成"课前、课中、课后"来抓促。课前抓集体教研,年级主任、学科组长亲自参加年级学科的集体备课,确保集体备课不流于形式,为构建高效课堂做好充分的课前准备;课中抓细节落实,注重学生的课堂规则训练,将学生良好学习习惯的培养渗透到每一个课堂每一分钟,注重学生知识的掌握和能力的提高;课后抓延伸,根据课堂过关检测,有的放矢地进行跟进辅导,巩固有效教学效果。

"五步三查":指课堂环节。

"五步"五个基本步骤。

第一步:独学;

第二步:对学、群学;

第三步:组内小展示;

第四步:班内大展示;

第五步:整理学案,达标测评。

三查:指课堂上的三次关键性的学情调查。

一查:在学生独学时;

二查:在组内小展示时;

三查:在整理学案,达标测评时。

二、成果的意义与价值

"三段五步三查课堂教学模式实践探究"的课题的开发、设计与实施在促进课堂教学、教师专业成长、学生自主学习意识及学校发展等方面显示极其重要的意义:

(一)理论价值

"三段五步三查"课堂教学模式,是在"先学后教""以学定教"的学本理念指引下的实践探索,它立足于我们已往的模式基础,不断进行修正完善,是符合我校甚至是本地区教学实际的、地域气息浓厚的课堂授课模式,它具有简洁明了、可操作性强的特点,有利于教师理解、掌握和运用,将会极大丰富本地区课堂教学的理论体系。

（二）实践价值

1. 课堂方面

（1）促进了学科课堂教学模式渐趋完善

在学校"三段五步三查"教学模式的引领下，各教研组群策群力，纷纷构建并完善了具有学科特点的教学模式：

①语文学科阅读教学"四步"教学模式。

②数学学科的"三层五步"课堂教学模式。

③英语学科的模式：听说课模式和阅读课模式。

④物理学科"三步三环节"教学模式

⑤化学学科的"五步探究"教学模式。

⑥地理学科的检测引路→地图纵贯→讲练相间→分段反馈模式

⑦历史学科的新授课和复习课模式。

（2）有助于课堂教学的高效开展

课堂教学是学校教育的主阵地，高效课堂包括教师课堂指导的高效率和学生学习的高效率。"三段五步三查"的课堂模式，充分尊重学生的主体地位，以学生自主学习为基础，让学生带着学习收获和疑问进课堂，课堂环节配合学生的学情来展开，将课堂建构在学生"学"的基础上，一切的教学活动都围绕着学生来展开，课堂教学秩序井然。而教师在课堂上也不再以讲授者的身份出现，而成为观察者和引导者，及时发现学生学习中的困难，小组合作中出现的问题，做必要的点拨帮助，助力学生完成学习任务；再者随时把握学习进度，为下节课的导学案设计和学习内容进行信息收集和准备，保证每一次课堂教学达到最有效。

（3）有利于积累丰富的教学资源

首先，与"三段五步三查"相辅相成的是每课必备的导学案，导学案的设计积累成册，既是教师教学智慧的结晶，是学生课堂学习的资源，汇集成册就是我们宝贵的校本课程。

其次，在推进高效课堂模式运用的过程中，我们启动"照镜子——亮面子——创牌子"三个工程，为每位老师录制了授课实况，供教师查找缺漏，为其他教师提供学习和借鉴的素材，也可以作为各级各类课程资源评选的储备。

第三，学校鼓励教师积极参加优质课评比、公开课展示、课程资源开发等，这些都极大丰富了我们的教学资源库；学校鼓励教师随时将自己的所见所闻、所思所悟记录下来，有的老师将自己的随笔投稿并发表于《荣成教研》《威海教育》《山东教育》等各级各类报刊，不仅总结了自己的成长足迹，也启发和鼓励着其他教师；学校的经验也多次在国家省地级各类报刊杂志交流推广。

2. 教师方面

（1）提升了教育理念

教师既是课堂模式的操作者，更是高效课堂的参与者。构建"以学定教"的高效课堂过程中，学校首先通过外派学习，邀请专家讲座，集体教研学习，校长教师周四论坛等多种途径让每个教师亲身感受高效课堂的魅力，学校100%的教师都参加了省地市级等不同级别的教育培训，让每位教师在教学理念上得到了极大提升。

（2）提供了成长平台

"五步三查"高效课堂教学模式中，导学案是学生学习的"路线图"。导学案从无到有，从有到细，从细到优，从优到精，这个设计的过程对教师的专业素养提出了极大的挑战。无论是环节的设计，资料的查找，学情的分析，与课堂模式的结合，课件的展示，拓展资源的链接……这一切都来自每一位老师竭尽心力地查找、筛选和设计，而挑战的同时也为教师专业成长提供契机。

（3）构建了教师成长模式

学校为保证高效课堂的有序开展，在教师专业成长上做足文章，推行了"三级四步阶梯式"成长实验探索。针对不同培养层教师因才培训，设计了一系列的活动，包括专家诊断、理论学习、实地取经、课堂锻造、各类展示等，致力于提高教师的专业知识、课堂驾驭能力、班级学生的管理能力、沟通协作能力、自我反思能力等。在诊断分析、学习观摩、设计讲授、合作互助、听评反思中，不同层次的教师都实现了自我改进和提高，推动教师专业成长迈上了快车道。

3. 学生方面

学生是课堂学习的主体，"三段五步三查"课堂教学模式中独学、对学、群学是学生学习的基本方法，而这些方法都强调学生才是学习的主体。充分尊重学生的主体地位，是课堂回归生本的开始，使学生有了更多的学习时间和空间。自主学习、独立思考、个性化理解、自由表达，大大地解放了学生的个性和潜能，使学生的主观能动性和创造性得到充分的发挥。在这样具有生活性、开放性、生成性的课堂环境里,课堂即社会,蕴含着自主、合作、沟通、竞争、创造、自由、批判、挑战等等,这些都是学生一生发展不可或缺的宝贵品质。

4. 学校方面

课堂教学是学校教育的主阵地,担负着提升学校的教育质量的重任,有了高效课堂,才可能有领先的教育教学质量,有了领先的教学质量,办学水平才能得到家长、社会的认可,才能保证学校的长足发展。而我们在课堂教学改革上下足功夫,革新课堂教学模式,提升课堂教学质量,才会得到较好的社会反响。

其次,通过模式创新,学校积累了大量的课改经验,深化了省级、地市级特色化课题研究,创新了教师专业成长模式,规范了课程开发,也形成了一系列各类课型的评价细则、小组合作规则等规章制度,为学校的长足发展奠定了基础。

第二节 跟进引领,专业成长有后盾

长期以来,荣成市第二十七中学的课题研究工作一直进行得如火如荼,学校领导致力于创建富有特色的教育新格局的新思路,也为课题研究工作提供了更多的机会和保障。

一、营造氛围,夯实研究基础

作为一所乡村中学,学校课题研究的基础和氛围良好。"以创新教育促进师生自主健康和谐发展"是学校的办学特色。2001 年我校"创新教育课堂教学模式实验研究"曾获得山东省首届科研创新成果三等奖,2011 年 3 月我校又被确定为山东省"1751"改革创新项目示范学校。学校先后走出了数位地市级名校长,锻造了一支善研究、勇进取的骨干教师队伍,大部分教师经历了"十五""十一五""十二五"课题的磨炼,在多年的教学工作中积累了丰富的经验,撰写了大量的教育教学的科研论文及专著,有很强的科研能力和强烈的研究愿望;学校于"十二五"期间承担了省级课题"学校特色项目向特色化转变的实验研究",并于 2016 年 6 月顺利结题;学校于 2016 年度被评为"威海市教育科研先进集体"。

学校又是一所省级规范化学校,教室、实验室、图书室、心理咨询室、录播室、电教媒体等各项软硬件设施齐备,足以支撑课题研究所需的条件。为了便于课题的研究,学校专门为教师购买了有关的书籍,建设了教育信息网络中心,开放了大量数字化的网上教育信息资源库,为课题组成员的课题研究提供了快捷方便的信息服务。在研究经费上,学校领导给予了充分的支持,为课题的有序研究打下良好的基础。

二、建章立制,加大引领力度

为推进课题研究,学校在选题研究等方面加大引领力度,建立了一系列的制度保障研究的顺利进行。

（一）管理保障

荣成市第二十七中学是一所极为重视教育科研的学校，通过多年的科研实践已经积累了大量宝贵的科研经验，已经形成了一套以校长挂帅，各主任分兵把口，各教研组长具体负责的科研管理体系，设立专门的科研室，制定课题研究奖励机制，在百分考核中专门予以体现。

（二）专家引领

为提高教师课题研究能力，学校多次邀请市科研处的马华威、王玲主任到校做报告和讲座，为教师如何进行课题研究和书写研究报告进行专业指导。

（三）二次培训

校长亲自带队参加一年一度的科研会议，及时将会议精神传达给学校教师。我校积极选派教师参加各级各类科研培训，让教师能够与课题近距离接触，消除距离感。每位教师参与培训后将培训内容及自己的感悟反思带回来，在教育教学大讲堂上对所有老师进行二次培训，培训内容挂到校园网上共享。特别是对倡导的草根式、问题式、小微式的课题进行专门解读。

（四）选题指导

对于课题的选题，学校教师实行取之于民用之于民的思路，实行课题"海选制"。每位教师根据自己的教育教学实际选择问题作为课题上报备课组，备课组上报教研组。教研组在集体教研的时候研讨筛选，重构改进形成教研组课题，推选至学校申报校级课题；每位分管主任根据工作实际，分别选报一个课题申报校级课题。课题申报则将校级课题组织评委进行海选，得票多的即推荐申报县市级及以上课题。在十三五课题申报中，英语组的《基于学科核心素养的中学英语语篇教学有效性研究》在县市级评选中得票最高，获得推荐申报。剩余课题则继续作为校级课题进行研究，根据研究情况适时推荐。

（五）经费保障

学校为教科研拨出专门的经费，专款专用，保证课题研究的顺利推进。

三、发挥优势，扎实深入研究

无论哪个课题，从课题选定，组建课题组确定人员，到确定目标，分配任务，学校都一丝不苟，严格要求，争取达到课题研究的最合理化和成功的最大化，以威海市十三五主题课题"生命化理念下基于核心素养的初中生学习方式变革研究"

为例。

(一)组建课题组,确定人员

此课题是威海重点课题,也是校级课题,全校上下非常重视。学校对于人员要求更为严格,根据实验方案的内容与要求,课题组组成了由校长担任主持人、副校长为组长,各主任和教研组长以及部分研究骨干为组员的研究小组。优秀教育力量的配备为课题的顺利实施打下了强有力的基础。

(二)开题立项,专家指导

在申请课题上,学校教师认真解读生命化课题开题报告,分析学生学习方式中存在的问题,结合各学科对学生核心素养的要求,邀请了市科研室的张涛主任、李吉龙主任亲临我校指导课题研究工作。专家组结合我校以往的高效课堂的优势为老师们做了如何深入进行课题研究的建议和意见,丰富了理论,这样既能够从高屋建瓴看待研究,又引导老师们将研究和实践结合起来。课题开题会之后,课题组的成员在一起共同修改了课题的开题报告,确定研究目标。

(三)制定目标,明确分工

首先,课题负责人做开题报告,与实验教师共同学习课题实验方案,了解课题提出的背景与所要解决的主要问题,明确研究目标、研究内容与研究方法,制定了课题研究制度。要求课题组成员通过浏览报刊、杂志及上网查询与本课题有关的理论成果及实践成果,提高实验教师的理论水平,为实验的顺利进行做好准备。

研究方法方面,在课堂创新模式上采用教师诊断法、行动研究法、经验总结法等,在评价机制上采用行动研究法、实验调查法,在科技创新方法上采用经验总结法、实验研究法,在学生全面发展方面采用行动研究法、观察法、调查法、合作交流法。

研究过程分为四个阶段:准备阶段、具体实施阶段、深化研究阶段、汇总阶段。

其次,从课题能更好地服务于学生入手,组织开展学情分析及家长、学生、教师的调查问卷,及时掌握来自家庭、教师和学生的第一手资料,为课题的顺利开展打下良好的基础。

再次,制定个人研究计划,每位研究成员需要在大课题下确立自己的研究方向。

(四)加强学习,扎实研究

第一,坚持学习。课题确定以来,学校坚持实行两周一次集中研讨与分散学习相结合制度。

第二，深挖课标。为保证生命化课题的研究质量，进一步提高教师解读新课标、理解运用新课标的能力，提高教育教学水平，学校在阶梯教室组织全体教师进行"新课程标准"知识考试。此次考试内容主要以最新修订的各科课程标准、教材教法为重点，有对三维目标的理解，有对学科特点的整体把握，有常规教学与课改情况下小组合作教学的对比分析，更有对教学过程中预设与生成的处理。考试既包含了新课标的基本知识，又着重考察教师对新课标的应用，注重教师对新课标基本理念以及运用新理念进行教学实践等方面的考查。本次新课标知识考试，进一步促进了教师将业务理论与工作实际的有机结合，有利于引导教师掌握新课标，并依据课标要求组织开展课堂教学研究活动。提升了广大教师对新课标的理解与掌握，促进了教师主动学习和运用新课标的积极性和主动性，让教师在专业成长上受益匪浅。

第三，在课题研究热潮中注重向各级领导、专家请教，派老师外出参加生命化课题研讨会，学习回来后进行二次培训，并将学习资料在课题组会议上进行学习共享。对于联盟校邀请张涛主任做了"生命化理念下基于课程标准的课堂教学"的讲座，学校共派出了70多人次参加，基本做到了一线教师全覆盖，大力推动课题研究的深入扎实开展。

第四，加大核心素养研究力度。各个学科确定素养培养点，语文组的四个一素养（一手好字、一篇好文章、一副好口才，一个品读习惯），英语组的会表达、会交流，数学组的建模能力的培养，思品组的公民素养培育，生物组的从事实记忆到概念理解，历史组的培养历史时空观、价值观，地理组的图文结合、以图导学，物理组的透过现象探究原理，化学组的宏观看世界，微观究本质。通过这些学科的核心素养的提炼，制定培养实施方案与课程体系，从而让学生达到学科核心素养的要求。制定学科核心素养实施方案，在教研组长论坛英语、化学、语文、数学分别做了核心素养培育经验交流。

初一年级进行了两次学科核心素养展示活动。初一各班级以前5号同学全部参与、其他同学以抽签决定的形式参与展示，展示的方式因学科而异。语文学科，学生从五个命题作文中抽签确定自己的作文题目，二十分钟内完成不少于300字的写作，然后按顺序现场朗读，评委老师根据朗读、书写、写作情况分别打分。数学学科以讲题大赛的形式进行，老师提前准备ABC三个层次的题目各5道，参赛同学抽签确定题号,自主准备十分钟后利用多媒体展台演示讲解,评委老师根据解题思路及表达能力给参赛选手打分。英语学科以双语演讲比赛的形式进行,抽签的同学用汉语和英语进行三分钟即兴演讲,评委老师按照语法和熟练程度进行打分。此次活动营造了浓厚的核心素养氛围,激发了学生的热情,为他们搭建了展示才华的舞台。参赛的每个选手都精神饱满,落落大方,展示活动气氛严肃紧张,教育意义深远,使同学们对学科核心素养有了更为深刻的了解,达到了全面提高学生学科核心素养的目的。

第五,进行生命化课堂学科比武活动。推选优秀课堂进行校级展示,安排全程录像,没有课的老师现场观摩,有课的老师登陆校园网录播平台点击观看视频。进行生命化课堂联盟和校际研讨活动。仅仅2017年上半年,我校承办了语文、地理、综合实践的联盟研讨活动,接受了荣成市第九中学及石岛联盟各校的观摩展示,代表市局承办了荣成市初中中层干部"市内观摩"交流研讨活动,活动不仅得到了联盟校及兄弟学校的认可,也得到了市局领导的高度评价。通过活动的开展,促进了校际间的相互交流与合作;通过听评课及教学经验交流,使入会的每位教师都学有所得,为教师的个人教学水平的提升起到了极大的促进作用,促进了教师的专业化成长。

第六,积极开展创新项目研究。为弘扬"永怀"精神,鼓励广大教师立足岗位,积极投身教育教学研究,荣成市启动了创新项目立项和评选活动。学校积极行动,共申报创新项目100多项,广大教师纷纷投身创新项目研究中,极大提高了科研创新能力。

第七,及时总结反思,上传过程性资料。每月将科研亮点及时上传科研室,课题研究材料上传到科研网站相关栏目下,现汇总上传资料达200多篇。

四、申报成果,惠及课堂

(一)课堂教学全面丰收

1. 课堂高效有特色

模式化的备课制度,提升教师课堂设计及反思的水平;"五段式"听评课模式,提升教师课堂执教水平;"同课异构"的教研模式,提升教师的课堂效率;独具特色的学科教学模式,彰显教师的课堂创新特色。

2. 教学质量领先

学校综合教育教学质量全面丰收,中会考成绩名列全市前茅,特长生比赛成绩佼佼。学校被评为威海市教育科研先进集体、山东省科普示范学校、山东省及威海市第26届科技创新大赛优秀组织奖、威海市师德建设先进集体、威海市"十一五"培养学生良好习惯优秀实验学校、荣成市语言文字示范学校等多项荣誉,1人次获得威海市教育科研先进个人。

(二)科研成果纷至沓来

我校近几年有一项省级课题、两项威海市级课题、多项荣成市级课题结题,有两项创新成果分获荣成和威海市级成果奖,现申报了三个荣成市级课题,一个威海级,一个省级课题正在研究中。2013年4月,荣成市首届教学研究示范校暨"常态高效课堂"展示活动在我校举行,来自全市的300多名教师观摩了100多节常态课,参与了我校教师评课教研活动,给予了好评。5月,潍坊市寿光县校长考察团一行50多人到校观摩了20多节"常态高效课堂"展示活动。学校总结积淀的经验成果,编辑教育专著《创新教育的研究与探索》,由光明日报出版社正式出版发行。学校课堂教学改革经验先后在《基础教育参考》《中国教师》《华夏教师》《语文建设》《齐鲁晚报》,山东电视台等国家级、省级有重要影响力的媒介上推广。2014年,学校总结课堂教学改革的专著《变革从课堂开始》《创新教学,促进教师专业发展》《创新课堂,培养学生自主能力》正式出版。以介绍学校课改风格和各学科教学模式和课改风格的刊物《课改路上》也编写和印制。近三年我校教师共发表各级各类论文有60多篇。

科研在线引领:

从研究的视角看待个人发展

张霞老师,威海市语文教学能手,荣成市名师,荣成市最美教师。从教以来,她善于学习,勇于创新,积极参与课堂改革,不断书写教学反思,在各级各类教学大赛中斩获佳绩,陆续发表各类教学论文40多篇,这些来源于她在教学中的钻研精神。科研更是她课堂教学成功的秘诀。

科研对于每位教育者来说有着不同的理解和体验,同时对每个人的专业化发展起到积极的助推作用。苏霍姆林斯基说过:"如果你想让教师的劳动能够给教师带来乐趣，使天天上课不至于变成一种单调乏味的义务，那你就应当引导每一位教师走上从事研究这一条幸福的道路上来。"

一、研究源于学习，在学习中反思，在反思中提升

华东师范大学李政涛教授说过："爱自己，就要栽培自己。"作为一名教师，培训学习便是最大的福利，所以张老师特别珍惜这来之不易的福利。每次培训期间张老师都以最积极的心态和最饱满的热情汲取着专家们前瞻的理念与教育思想，通过培训学习她开拓了眼界，丰富了学识，但更重要的是激发了她求学上进的欲望，激励了她以研究的心态在实践中继续学习和探索。

事实上每个人学习的途径很多，个人成长的主要途径在于日常学习和工作实践，需要努力保持着一种积极成长的状态，以研究的视觉参与到自己的学习和工作中。回想起自己的成长历程，不知道从何时起，张老师喜欢上了读书学习，业余的主要时间都用于读书学习，这对于丰富张老师的教育生活，引领教育教学实践起到至关重要的作用。

美国当代管理学家托马斯·卡林经研究表明："在任何一个领域里，只要持续不断地花六个月的时间进行阅读、学习和研究，就可以使一个人具备高于这一领域的平均水平的知识。"从某种意义上说，一个人的精神成长史决定于一个人的阅读史。阅读量的增加、阅读范围的拓宽，丰富了张老师的各类专业知识，更新了教育教学理念。张老师对于她所承担和分管的工作开始变得游刃有余，生发出许多新异观点，也不时地进行总结、提炼，将越来越多的文章在各类报刊上发表。叶澜教授说："一个教师写一辈子教案难以成为名师，但如果写三年反思则有可能成为名师。"在张老师看来，成为名师不敢奢求，但却要争取做一名优秀的研究者。正是基于此，张老师倍加珍惜工作中的每一份收获与体验，不时地将自己的喜怒哀乐用深刻的语言记录下来，反思在学习与教学中的点点滴滴，让自己的教育教学水平提高到一个新的高度和境界。

二、研究源于兴趣，在兴趣中探究，在探究中发展

现实中往往存在着两类不同价值取向的人，有人将工作偷闲、耍懒视为一种享受和乐趣，也有人将积极工作视为一种志趣；有人业余时间沉迷于麻将，打麻将娱乐等便是自己的业余爱好，也有人业余时间都用于读书学习，看书便是自己的

乐趣。不同类型的人常常很难理解对方,为什么要那样去做,甚至觉得这样活得多累或者没有意义,真是不可思议。在一次与好友的交谈中,张老师发现自己平时累就累在做事太认真,认真做每件事需要花费的时间就长,耗费精力,工作起来格外忙碌,可想放一放,不那样去拼命时,又觉得草草了事不是自己的处世态度,会于心不忍,反而更难受。由此,张老师觉得认真做事也是个人的一种处世态度,回想从教以来一直都能保持着一种旺盛的精力和积极的状态,主要源于工作并快乐着的处世态度,更是兴趣所致。

张老师的教学专业是语文教育,多年来工作的扎实推进和成果的不断涌现,主要受益于长期以来语文教育专业中积淀的深厚专业素养,让张老师从事各项工作都带着一种研究的兴趣,以至发展到现在,形成了以科研为轴心的学习与工作一体化格局。张老师凡事都会从研究的视角去思考、去实践,在工作中享受着研究的乐趣。这种快乐是从教育的原点和焦点思考问题,从学科的核心和外围思考问题,经历和感受着认真与执着所带来的情感与成功体验。张老师一直认为,工作是美丽的,在研究状态下工作是幸福的。

每年的暑期研修,张老师常感叹于专家们高屋建瓴的学识和扎实务实的学术研究作风,他们的研究可谓"真研究",深入教学一线,建立实验基地。一些教授对于取得的阶段性研究成果还通过自己直接执教公开课进行展示和研讨,讲座中的内容都非常贴近实际、有价值。张老师感觉到,对比自己的课题研究,许多专家务实的研究真可谓独树一帜。

智慧的本质在于正确的行动。立于实际,张老师回首走过的"研究"之路,感觉虽然有过许多收获,但也有着诸多迷茫,这些迷茫有来自于"研究"中的困惑,更有来自于培训学习中的顿悟。吴亚萍教授在《课堂教学转型变革的策略研究》报告中点到的教师课堂教学中容易出现的四点不开放现象:没信心、不放心、不关心、没耐心的问题,以及追求表面的热闹、将知识内容局部割裂等问题,这些问题都非常切合实际。张老师反思自己的教学在每个方面或多或少都存在着一些不足,在今后的教学中应该如何去改进,她认为还依然需要虔诚地去探索和追寻!

张老师总拿一句名人的话来激励自己,"努力保持着一种最积极的成长状态,对自己提出高标准的要求,不断发现自己的专业发展生长点,不断挑战能力极限的边缘,只有不断挑战自己,才能提高!"

第三节 模式构建,专业成长全覆盖

一、问题的解读

(一)问题的提出

教师的专业成长是指教师的学科业务素质、设计教学案和导学案能力、驾驭课堂教学能力、班级管理能力、沟通协作能力、教育科研能力、自我反思能力、辅导学生能力等的改进和提升。教师的专业成长不仅仅是教师个人发展的诉求和愿望,也是学校、课堂、学生发展的基础和保证,有助于提升教师专业自信心和职业幸福感,能够让教师挖掘潜能去创造性地完成教育教学任务,推进学校各项工作的有序、高效开展。

实践中我们发现,教师专业成长中存在诸多问题:其一,学校引领"大把抓"不够细化,活动不少但形式单一,教师成长和进步不大。其二,教师个体差异显著,主要表现为从业时间不同,同一学科教师的底蕴差别较大,教育理念深度不一,教师自我发展紧迫性的不同更使差异越拉越大。其三,我校位于城乡结合部,优秀教师进城、新教师补充,教师流动比较大,经常"青黄不接",急需一种加速教师专业成长的高效机制。在分析了种种影响因素之后,通过科学论证与积极实践,我校确立了"三级四步阶梯式引领教师专业成长"的研究方向。

我校是山东省"特色项目向特色化转变的行动研究"和威海市"优势项目向特色项目转化实验研究"课题实施学校,我们将引领教师的专业成长作为切入点和子课题进行了深入的研究,通过调查问卷摸清教师的成长需求,通过邀请专家把脉自我诊断确定专业引领方向、发展目标,通过多样活动和多项措施来切实锻造和提升教师的专业素质,帮助教师实现学校引领、伙伴互助和个人学思三个维度下的专业成长,取得了一定成效。

(二)核心概念界定

"三级"即根据教师入职时间长短、专业素养的现状、个人发展潜能等将教师划入三个培养层中,即"入门级"教师培养层、"骨干级"教师培养层和"名师级"教师培养层,针对性设立培养目标。"入门级"教师,即刚参加工作不久,在课堂教学、教学管理等方面初识门路,心存疑惑的年轻老师;"骨干级"教师,指在本年级、本学科已取得一定成绩,但教学理念、教研思路缺少专业引领的老师;"名师",就是在市级及以上范围内学科或班主任管理领域有较高声誉的老师。

"四步"即打造专业成长的四个步骤,分别是"全面诊断知问题","按需培训提理念"、"课堂教学锻尖兵"、"展示活动秀成果"。

"阶梯式"指促进各培养层教师逐级跃升、快速成长:将"入门"级教师向"骨干"级引领,将"骨干"级的教师引领成长为"名师",将名师培养为"专家型"、"研究型"教师,形成教师专业成长的阶梯式发展轨迹。

"三级四步阶梯式"立足于教师、课堂教学以及学校的发展需求,关注教师想要什么、课堂需要什么、我们能给教师什么,这样的思考着力教师的专业成长实际,具有极强的针对性和实效性。

二、成果的意义与价值

"三级四步阶梯式引领教师专业成长"课题的开发、设计与实施在促进教师、课堂教学、学校发展方面等方面显示极其重要的意义:

(一)理论价值

"三级四步阶梯式引领教师专业成长实践探索"课题,能够开辟教师专业成长新途径,拓宽专业成长渠道。以往学校在引领教师成长方面,往往局限于邀请专家做做报告、听听观摩课优质课等,没有触及教师内心深处的自我成长需求,也没有和课堂教学的需求及学校的发展的大局结合起来,没有形成有特色的促教师专业成长的模式。尤其是针对如我校这样教师流动性较大的状况,新教师要如何迅速适应本校环境、本校教师如何迅速提升顶替调走的优秀教师岗位,是很现实的难题,如果能够将引领教师专业成长形成一套行之有效的机制,将会极大丰富关于教师专业化成长的理论体系。

(二)实践价值

1. 教师方面

(1)有助于促进教师专业阶梯式成长

教师的专业成长既是教师自身的渴求,也是教育教学工作的必须。没有教师的成长,也就没有了课堂的高效和学校的发展。在引领教师专业成长中,我们设计了一系列的活动，包括专家诊断、理论学习、实地取经、课堂锻造、各类展示等，都致力于提高教师的专业知识、课堂驾驭能力、班级学生的管理能力、沟通协作能力、自我反思能力等，这些活动要求教师全员参与，在诊断分析、学习观摩、设计讲授、合作互助、听评反思中，不同层次的教师都实现了自我改进和提高。

（2）有助于课堂教学的高效开展

教师应该像一棵大树，只有自身枝繁叶茂了，课堂教学才能蔚然成景，而专业成长就像是大树不断汲取土壤中的养分。我们为教师成长提供了不断学习的条件，设计了课堂"三段五步三查"模式，打造了学科教学模式，启动"照镜子——亮面子——创牌子"三个工程，推行"五段式"听评课活动等，都是以课堂教学为立足点提升教师专业素养。在"三级四步阶梯式"培养下成长起来的教师，以前瞻的教育理念、完备的专业知识、精心的课堂设计、高超的课堂艺术、严谨的教学态度、负责的职业精神来引领课堂教学，教师教得自信，学生学得快乐，课堂效率稳步提高。

（3）有利于积累丰富的教学资源

"三级四步阶梯式"教师专业成长的研究不仅在提升教师专业素质方面有一定的指导意义，对各学科的教学也起到了极大的促进作用。

我们启动"照镜子——亮面子——创牌子"三个工程，为每位老师录制了授课实况，供教师查找缺漏，为其他教师提供学习和借鉴的素材，也可以作为各级各类课程资源评选的储备。

学校鼓励教师在专业成长中，参加优质课评比、公开课展示、课程资源开发等，这些都极大丰富了我们的教学资源库；学校鼓励教师随时将自己的所见所闻、所思所悟记录下来，有的老师将自己的随笔投稿并发表于《荣成教研》《威海教育》《山东教育》等报刊，不仅仅总结了自己的成长足迹，也启发和鼓励着其他教师；学校的经验也多次在各级各类报刊交流推广。

2. 学生方面

教师只有具备了丰富的学科专业知识，才能随时随地为学生解惑答疑；只有具备了管理辅导学生的能力，才能为学生创设良好的学习环境；只有具备了自如的课堂驾驭能力，才能利用课堂情境和学生资源，为学生带来精彩的课堂；只有具备了前瞻的理念，才能真正起到"导"的作用，充分发挥学生的学习主动性和积极性，还课堂于学生，还学习的权利于学生。

教师在提升专业素养的过程中付出努力和汗水,在潜移默化中向学生传递正能量,影响着学生对待学习及做人做事的态度,这种影响不可小觑,作用不可估量。

3. 学校方面

教师是学校发展的关键所在。一所学校的办学水平能否得到家长、社会的认可,很大程度上取决于教师在课堂内外的表现。每个教师都是学校的缩影,教师的专业素养无疑就是这种评判的尺度。

有了专业素质高的教师,才可能有高效课堂;有了高效课堂,才可能有领先的教育教学质量;有了领先的教学质量,才能保证学校的长足发展。一所学校要想获得发展,必须加强教师队伍建设,必须在提升教师专业素养上下功夫、做文章。因为只有每位教师都在专业发展上奏响小音符,才能合成学校发展的大乐章。教师是流动的,而教育教学质量不因随着教师的流动而降低标准,所以,怎样锻造高质量的教师队伍,三级模式提供了一个可以借鉴和参考的范例。

三、解决问题的有效经验和做法

(一)"三级"分层培训系统的构建

在研训结合的培训模式下,我们首先进行了细致而严谨的"三级"分层。

1. "入门"级

"入门"级教师,包括新入职或入职年限在 5 年以内的教师、新调入教师、新改科教师,他们共同的特点是:站在一个新的起点上,有很大的发展潜能和可能,但都面临专业急需提升的局面。

"入门"级教师里还有一类特殊群体,就是入职时间超过 5 年但表现平平的老师。他们没有在本专业的各级各类优质课、课程资源、公开课等平台上展示,甚至连校级公开课都没有上过,教学成绩不理想,专业成长基本陷入停滞,需要静心分析问题的根源,找出解决的对策。一般每个学科有 1 – 2 名这样的教师。

"入门"级教师现在共有 21 名,其中新教师 8 名。

2. "骨干"级

"骨干"级教师的任职时间处于 5—15 年,他们是学校的"骨干"教师,是教学的中坚力量,也是目前三个培养层中人数最多的群体。

他们的共同特点是:专业知识基本形成体系,基本能够胜任初中学段不同年级的教学任务;在学生管理、专业课展示、课程资源开发、课题研究、评课反思等某一方面或几个方面表现优异,能够对其他教师起到示范带动作用,是各类专业成长活动的主角;教学成绩良好稳定。

目前学校35位教师处于"骨干"级培养层,他们是"名师"后备军。

3."名师"级

"名师"级教师,一般教龄都在15年以上,专业水平在县域范围内有一定的知名度和影响力,为校级、荣成市级、威海市级"名师"人选或后备人选。

"名师"的特点就是术有"专"攻。他们中有的具备教学管理的专长,有的具备专业引领的高度,有的是跨学科的复合型教师,有的在发表论文、总结提炼经验上有独到之处,能够对本专业或其他专业教师起到辐射引领作用。

现在学校的"名师"培养对象共15位。

(二)"四步"提升的具体实施

1. 专家把脉自我诊断,寻根溯源找问题

我校是山东省教育厅确定的"1751改革创新工程"项目学校,借"1751"东风,我们邀请山东省课程改革中心专家进驻我校指导,随机课堂听课、抽取师生问卷调查,之后,专家们开出了"诊断报告":

在这里,传统课程观念还是占主导地位,教学方法单一,创新意识和实践能力不是很强。"模仿型""教学型"教师多,"科研型"教师少,教师科研能力还不能完全适应新一轮课程改革和素质教育的需求。教师流动性太大,仅2008年以来就有40多名骨干教师考入或调入市直学校,而新分配来的青年教师由于缺乏教学经验,不能完全适应新课程改革的要求。师资力量相对薄弱,需进一步提高教师的教学能力,教师当中缺乏名师引领,教师自觉进修学习的人数还不多。

专家的诊断点中我们的软肋,也让我们警醒,建立一套促进教师快速成长的机制、激发教师自觉成长、将教师向更高层次引领,成为我们的新时期奋斗目标。结合专家的诊断,我们在全校范围内开展了自诊自查活动,学校为每个培养层教师开出诊断报告,教师为自己开出个人诊断报告。

(1)"入门"级培养层诊断报告:"入门"级教师,有着较为系统的专业基础知识;头脑灵活,接受新事物的能力较快;有冲劲有活力,工作中敢干敢拼。缺点是对本学科课程改革现状及学校本学科发展状况了解不深,认识不够;缺乏系统的专业知识;缺乏课堂管理艺术和驾驭能力;对自身优势劣势缺乏冷静全面的剖析;

缺乏清晰的专业成长目标。

(2)"骨干"级培养层诊断报告:"骨干"教师,专业知识较系统,基本能够胜任初中学段不同年级的教学任务;他们在教育教学的某一方面或几个方面表现优秀;教学成绩良好稳定。但多为"教学型"教师,教学方法单一,创新意识和实践能力不是很强;缺乏成长规划,缺乏成长的动力,有的教师甚至滋生骄傲自满情绪,闭门造车,形成定式思维;因为工作和生活压力较大,职业的倦怠感明显,导致教育理念不能与时俱进;绝大多数教师没有形成个人的教学风格。

(3)"名师"级培养层诊断报告:"名师"术业有专攻,在教学、科研等某方面或某几个方面有专长,在专业上有一定的影响力和辐射引领作用。但缺乏专家指导,专业发展方向不明,缺少求精求深的自信和底气,在向研究型、专家型教师的方向努力上还有一段路要走。

(4)个人撰写诊断报告:学校要求教师个人对照专家和学校的诊断报告,分析自己专业发展上的优势劣势,找出制约自己专业成长的问题,写出反思;提出自己在专业成长上需要得到的具体帮助,制订自己的专业发展长远目标和学期阶段目标,比如上一节校级以上的公开课、优质课,或开发一个课程资源,或参加课题研究、发表论文等。

(5)学校制定引领教师专业成长三年规划

计划经过三年锻造,使"入门"级培养层教师,在课堂理念的提升、专业知识的系统化、课堂调控能力、教学管理方面有大的提升,其中80%教师跃升为"骨干"级教师;使"骨干"级培养层的教师,在课堂理念的实践、课堂教学艺术、教科研、课堂激励评价、各类展示评比中有多样突破,要有60%教师成长为校级以上"名师";使"名师"级培养层的教师,要有40%成为荣成市、威海市"名师",要向研究型、"专家"级教师方向努力。

2. 按需培训,力促教师全面提升

(1)点对式培训,促入门教师快成长

(2)菜单式培训,促骨干教师快提升

(3)精耕式培训,促"名师"变专家

3. 围绕课堂教学,锻造学科专业尖兵

(1)启动"三个工程",专业成长有镜鉴

学校启动"三个工程",不断拓展研课路径,激发各培养层教师研课、磨课的积极性。

照"镜子"工程。主要针对"入门"级培养层。为教师录制一节随堂课,教师针对自己的课堂,进行深入的课堂教学反思,查找问题,制定"个人课堂教学改革发展方案",学校分管主任、教研组长、备课组长、教学师傅进行跟踪督导。

亮"面子"工程。主要针对"骨干"级培养层。为教师录制一节精品课("面子"课),教研组为教师的"面子"课实行"集体会诊",为每个教师的课堂教学下发"集体诊断报告",教师针对反馈意见,改进提升自己的课堂教学水平。

创"牌子"工程。主要针对"名师"级培养层。充分利用与山大附中、博兴实验中学等省内知名学校联谊会课的机会,将各学科探索的高效课堂创新模式进行对外展示交流,推出"名师",创出"牌子",提高学校的知名度。

"三个工程"既有很强的针对性,又不绝对局限,"三级"培养层教师在整个工程中各有所得,课堂教学水平均获大幅提高。

(2)依托"讲听评"课,专业成长有氛围

"提高课堂教学质量,引领教师专业成长"为目标的培训过程中,我们还进一步实施了"五段式"听评课活动,"五段式"听评课,即"诊断课""提高课""创新课""课堂达标课""常态课"。

"诊断课"是学期初针对"入门"级教师展开的听评课活动。由学科组长、年级组长、教学师傅和"骨干"级、"名师"级教师组成听评课小组,对他们的课进行听、评、议、改,使之在最短的时间内融入本校学科教学中。

"提高课"是在第三周开始,"入门"级教师根据"诊断课"所查找的问题,主动邀请校长、分管主任、学科组长和自己的教学师傅听课,进行改进完善,以迎接学科的课堂教学达标。

"课堂达标课",即对全校教师按照新的课堂教学的评估标准,进行"地毯式"听评课。先是学科组推荐"骨干"级和"名师"级教师各一名进行"树标",典型引路,再全面铺开。达标中着重做好"评改",促使课堂教学水平的整体提高。

"创新课"是每学期在课堂教学达标活动的基础上,每学科组从三个培养层中各选一名成绩优异的教师代表,参加校级"示范课"的展示,充分发挥骨干、名师的典型引路作用。

"常态课"即实行推门听课制度,由正副校长牵头定人,在上课前5分钟通知听课教师和全校其他教师,没课的同学科其他教师都要参加听评课。常态课面向三个培养层级的全体教师。实践证明,推门听课对三个层级教师规范教学行为,提高课堂效率,都是最有效的督促。

在评课上,不同培养层级有不同的评课侧重。

对"入门"教师,在评课内容上,着重看课堂是否体现以"生"为本的理念,是否体现"先学后教"的思路,导学案的设计是否科学,课堂语言是否简练,课堂驾驭能力怎样等。在评课形式上,先多表扬后提不足,在激励的氛围下,让"入门"能够不断增强专业自信。

对"骨干"教师,着重看能否体现以学为主的教学理念,是否注重对学生的激励性评价、是否能够运用课堂即时生成、教育机智如何等。在评课形式上,主要以查找问题为主,让骨干教师在课堂打造上精益求精,向名师靠拢。

对"名师"课堂,则重点评价教师如何指导学生学习,在效果的呈现上如何体现最优化,学生的主体地位如何呈现,教学风格有怎样的特点等方面。

我们做到每听必评,每评必改,每改必进。听课后到校长室进行评课,评课围绕导学案的使用,教师的课堂激励评价,学生的自学、对学、群学活动的有效性,课堂效果等基本方面展开。对于评课中反响不够好的教师课堂要重新听评,对于发现的典型学校搭建平台进行展示。

(3)革新课堂模式,专业成长有扶手

当教学研究发展到一定的阶段,总能呈现和总结出一定的规律性经验,在全校的教育教学中起到有效的统领作用。我校注重基于学校经验与新课改理念相融合的深度规律的探索与实践,以此引领教师专业成长。

在课堂模式的创建上,不同培养级教师担负不同任务。

名师级——担负课堂模式构建的专业引领部分。从管理学的角度来看,管理的真谛就是"借力"。名师的工作方向在于探明规律,指引路径,示范方法,过程诊断,指导重建,如此,课堂模式的构建就会少走弯路。对名师的要求是思想理念能够"上天",实践操作能够"入地",能够行走课堂,敢于以身示范。

骨干级——担负课堂模式构建的实施、推广、总结,对过程中材料进行修改、收集和汇总,对出现问题思考、研讨,不断提高、不断完善。重点完善学科导学案的集体设计、合作学习小组的合理构建、课堂星级评价机制的不断完善、课堂教学效果的及时反馈。为骨干老师搭建舞台,让他们在展示过程中体验成长,享受尊严。

入门级——课堂模式构建过程中的记录员、观察员和学习者。接受名师安排的初备任务，提前研究课标、教材以及其他参考材料，依据实际情况完成导学案的编写，交名师商讨和修改，从而让入门级老师能明确导学案中应有的学习目标、重点、难点和方法提示，对不恰当环节增减相关的内容。同时，在深入名师课堂学习的过程中，当好观察员和记录员，通过观察量表的分析，学习先进课堂教学经验，及时进行反思和交流，从而使自身业务水平得到快速提升。

（4）制定多维评价，专业成长有激励

教学评价在教学管理中起着重要的激励与导向作用，我校一贯重视评价这一有效载体，实行多元化评价，让不同培养层的教师能够把握准教学的方向，积极参与到教学改革中来。

完善多课型课堂评价细则

各学科在探索创新"课堂教学模式"中，针对不同的课型、不同的教研视角，修改制定了《荣成二十七中新课堂教学评估细则（新）》：

《诊断课课堂评估细则》。针对"入门"级教师制定。主要侧重于是否有明确的教学目标；课堂能否基本围绕目标进行；普通话表达是否流畅、能否根据不同的情境采用不同的语调、语速；表情自然大方，能否和学生进行心眼的交流；能否体现学生的主体地位，不照本宣科；板书文字规范，能较好地完成教学任务等。

《常态课课堂评估细则》《课堂达标课课堂评估细则》针对所有培养层教师制定。

《常态课课堂评估细则》侧重：是否灵活运用教学模式，关注学生的"学"；是否能在教学过程中关注学生听课状态、适时采用多样的教学方式和手段提高教学效果，教学授课时间是否超时；是否关注学生学习效果，合理运用教学评价；小组合作学习是否得当等。

《课堂达标课课堂评估细则》主要侧重于：学习目标设计是否明确、恰当、全面；学习方法选择是否得当，是否突出学法指导和学生主体地位；教学程序设计是否合理、具体、巧妙、实用；教材处理是否突出重点，突破难点，抓住关键；师生活动设计是否突出自主、合作、探究学习；板书设计是否主次分明，有启发性；教师课堂讲授时间是否不超过 15 分钟；是否注重学生学科能力的培养和知识点的落实；教师组织调控应变能力如何，是否恰当处理突发事件；学生的学习效果是否良好等。

《创新课课堂评估细则》针对三个培养层中参与年终大比武的优秀教师制定。

侧重于：是否充分发挥学生的主体地位；是否创新开发利用课程资源；教学模式是否新颖、有独创性；是否注重把握课堂生成；学生的学科学习综合能力怎样等。

多维课堂教学评价，确立了"以学论教"的课堂教学评价体系，学生的参与状态、交流状态、思维状态和情绪状态，成为课堂教学评价的重点，也让不同培养层教师有了课堂评价的抓手，能够有的放矢地审视自己的课堂。

实施"捆绑式"教师评价

评价首先落实到备课教研组。我们引用比值评价法，承认分班时同学科存在差异。在差异的基础上，我们提出班级之间的平均分差不能超过 3 分，这样就使得备课组必须要在专业成长中引领帮携入门级教师。另外备课组长一般都担任青蓝工程的师傅，也肩负着引领入门教师成长的任务。

评价另一方面，将中考成绩与相关学科教研组的每一位教师的考评挂钩，而不是专门针对初四老师，真正做到学科教师"一荣俱荣，一损俱损"。这样使得不论是"入门"教师、"骨干"教师还是"名师"，无论任担任的是哪个年级的教学工作，都不能局限于学生发展的某一阶段，而是从学生四年甚至更长久的发展角度来考量自己的备课和授课。这样的评价使得每个培养层级的教师在专业成长上有着紧迫感和责任感，使学科教研组工作置于可持续发展的良性循环中，保证了学科教学的连贯性和一致性。

4. 提供展示平台，秀出成长成果

为充分发挥评价机制的激励和导向作用，学校搭建了多种展示平台，让教师成长秀出来，这不仅仅是对教师个人的肯定，也对其他教师专业成长起到引领效果。

(1)"入门"教师，主要提供校内展示平台。每学期期末评选三个五佳："五佳说课能手""五佳教案设计能手""五佳课堂教学能手"，给"入门"培养层教师30%的名额比例，评选结果计入教师考核，与教师评优选模挂钩。展示平台还包括荣成市教研示范校展示时，我们开放了全部新教师的课堂；2013 年 11 月，在"1751"化学学科同课异构活动中，我们同时进行了课堂教学展示，共有 14 名"入门"级教师代表学校对外展示；对石岛湾中学的联谊展示中，有 3 名"入门"培养层教师进行了展示；在校长的推门听课活动中，表现优异的丁晓丽老师被推选为课改典型进行了全校展示。

(2)骨干教师提供市级以上展示平台。在参与市局优质课比赛、说课标说教材比赛、"1751"同课异构展示、教研示范校验收展示中,我们根据教师在课堂及专业成长中的成绩,推荐骨干教师进行展示,让这些老师的影响不仅仅局限于二十七中校园,更向区域推进,为他们成长为校级以上"名师"做好准备。宋丽丽老师是英语教学骨干,送过初四毕业班,业务能力强,但讲课胆怯,曾断言自己坚决上不了公开课和优质课。在列入骨干教师培养层后,学校和学科组积极为她搭建展示平台,首先在教研示范校的展示中让她有机会上公开课。她上完课后,摸着汗水浸透的衣服,深有感触地说:"没上课时觉得太紧张了,不过讲完了感觉也没什么大不了的!"在本年度的优质课评选中,宋丽丽老师主动报名参加,获得了片区第二名的好成绩,并被推选参评威海市优质课。这样的进步让宋丽丽老师对成为"名师"充满自信。

(3)"名师"提供省级展示平台。"名师"都经历过优质课、优质课程资源评选的锻造和打磨。作为荣成市化学名课程团队的唐洪志老师,学校推荐她在"1751"化学同课异构活动中授课,得到了听评课专家的肯定和指点,明确了今后的专业发展的方向,坚定了向专家型教师努力的信心,也进一步提升了知名度。我们的市级名班主任人选孙翠翠老师,荣成市名师孙君霞、校级名师孙明艳、王翼老师等先后都在省级平台上进行展示。

第四章

增强互助合作,畅通成长热线

　　教师的成长,离不开同事间的互相帮助、互相学习。我校为教师搭建交流平台,帮助他们自如地分享自己的教学经验与教学感悟,在分享中成长,在总结中提高。教学中的同伴互助小范围是指两个或两个以上同一层级的教师之间发生的,以专业发展为指向并通过多种手段开展的,互相支持解决共同面对的教育教学问题的专业生活方式。我校的同伴互助主要以校本教研、联盟教研、县域教研、轮岗交流等形式展开,不同的方式对教师的专业成长起到了不同的促进作用。在教研过程中,我校建立先周备课制度,细化三步集体教研思路,打造精品课程资源,邀请专家进行指导。同时,开办教育教学大讲堂,举行赛课活动,力争教学研究的每一个步骤都能实现教育利益的最大化,在节省教育资源的同时,帮助教师们实现自我能力的提升。

第一节 学科教研,引领成长专业化

教学中的同伴互助小范围是指两个或两个以上同一层级的教师之间发生的,以专业发展为指向并通过多种手段开展的,互相支持解决共同面对的教育教学问题的专业生活方式。在我校的同伴互助促教研发展方面,主要以校本教研、联盟教研、县域教研,以及轮岗交流等形式展开,不同的方式对教师的专业成长起了不同的促进作用。

一、学科教研对教师专业成长的意义

(一)校本教研

校本教研,就是为了改进学校的教育教学,提高学校的教育教学质量,从学校的实际出发,依托学校自身的资源优势和特色进行的教育教学研究。学校是教学研究的基地,教师是教学研究的主体,促进师生共同发展是教学研究的直接目的。以校为本的教研,是将教学研究的重心下移到学校,以课程实施过程中教师所面对的各种具体问题为对象,以教师为研究的主体,理论和专业人员共同参与。

学科组每周安排学科校本教研,设立活动主题,让教师集体参与、听评课堂、质疑问难、展示经验、备课组内说课,这样的同伴互助可以在教学过程中汇集不同的思想、不同的观念、不同的教学模式、不同的教学方法,可以弥补教师个人备课以及授课中的多种局限性,实现教学资源的共享。一位教师从踏上讲台的那一刻开始到熟练驾驭教材,再到在教中求变,在变中求发展,从一个教学新手快速成长为教学的主力,适应课堂教学,站稳脚跟,少走弯路,这离不开个人的责任心和不懈的努力,更离不开同学科伙伴之间的互助和教研组的帮助以及学校教研的大环境影响。因此,教师同伴互助在校本教研中处于重要的地位,对教师的专业发展具有重要的作用,使得同伴之间的"传帮带,赶帮超"都有很好的氛围。

(二)联盟教研

如果说校本教研是充分开发和利用学校资源,那么联盟的学科教研就是教师外出学习的第一步。不同学校教师将校本教研的成果进行展示,是交流更是学习,每学年根据市教研中心的安排,荣成二十七中先后加入蜊江教研联盟和实验教研联盟,每学期每个学科组都积极认真地准备和参加联盟教研,联盟教研的内容大致有课堂展示、教学经验交流、读书心得展评、技能大赛等。

另外一种联盟教研是轮岗交流。每学年都会有部分教师参与轮岗交流,通过轮岗交流实现了教师资源的均衡发展。参与轮岗的教师带着自己的教学经验和方法融合到轮岗学校的教学工作中,同时也学习了所在学校的先进教学经验和课堂改革的精髓。2016 年,实验中学 6 位老师到我校支教,他们经验丰富、知识渊博、责任心强,学校在年级的师资配备上充分发挥支教老师的帮带效能,督促同学科组的教师走进名师课堂观摩,促进了教师专业水平的提升。语文组的毕春华老师不仅帮带年轻的曲妙妙老师,随时开放自己的课堂,还在学科组和学校范围上展示课,将自己在小组合作的先进做法带到了荣成二十七中,惠及学校课堂教学。荣成二十七中也有 6 位教师到实验中学去顶岗,他们带着一片赤诚的心去,无论是做班主任还是科任老师,都是兢兢业业,一心扑在工作岗位上。无论是班级管理工作还是教学工作,他们都得到了实验中学的同行和领导的肯定,同时他们也虚心向市直学校的伙伴们学习,努力争取将他们的先进经验带回来,真正实现联盟轮岗交流的意义——走出去,带进去,共同提高。

(三)县市级学科教研

每学期为促进新学期各学科的教学工作的有效开展,找到教研教改新的发力点,荣成市教研培训中心及威海市教研培训中心会分别召开各学科教研会议,学校分管领导及相应教师都积极参加会议。

在教研会上,大家会认真聆听来自教研教改成功学校所进行的课堂展示和经验交流,包括课堂教改、中考复习策略、思维导图的应用等。通过典型引路的方式让大家学习借鉴,共享了教研教改、高效课堂建构的成功经验。各学科教研员也会全面分析总结上学期的教学工作,对中会考试题进行有效解析,肯定部分学校的创新教法,深刻剖析教学中存在的问题,有针对性地提出了教学建议,并对新学期教学、教研重点工作进行部署。通过这样的学科教研学习,让教学有的放矢。

(四)省级学科教研

自 2011 年 3 月荣成二十七中学被确定为省"1751"改革创新工程项目第四片区实验校以来,荣成二十七中学和山东大学附属中学、济南稼轩初级中学、博兴县实验中学、青岛黄岛泊里镇中学、莱州市金城镇中学结成省内联盟校。本着"提升课程理念,引领科学发展、促进教师专业发展,打造一流师资队伍、优化课程结构,创新课程体系、打造高效课堂,提升教育质量、加强教研组建设,发挥集体智慧、改进改进教学评价"的主旨,实验学校之间多次组织文化学科的"同课异构"主题活动和特色活动。

参与"1751"省内联盟校教研以来,学校发生了翻天覆地的变化。我校着眼于课堂的高效、学生的实效,逐渐形成"两会三维六有效"特色教学:"两会"即在课堂上学生要做到"会学"和"学会"。"三维"是指在学校、学科团队、教师三个层面要有不同的目标要求。"六有效":"有效定位学习目标""有效讲解""有效练习""有效探究""有效互动""有效评价"。根据学校教学改革总目标,各学科已探索出部分课型的教学模式:语文学科的"四步教学模式"、数学学科的"三层五步"课堂教学模式、物理"三步三环节"教学模式、化学"五步探究"教学模式,此外,还有英语学科的多课型教学模式等。各学科教学模式探索以课堂为载体,根据学科特点和教师的个性特质、班级风格、教学内容等灵活使用,从而实现共性个性相谐的局面。

二、学科教研的具体做法

(一)校内学科教研

1. 细化先周备课制,唱响教研奋进的主旋律

有一句话说得好:"天下难事必作于易,天下大事必作于细。"先周备课要落到实处,我们必须在"细"字上下功夫。

首先,设立专门的电子备课室。2015 年新学期后,学校投资建立电子备课室,并将电子备课室分隔成若干独立空间,每个空间可以容纳一个备课组教师。墙上悬挂电子屏幕,便于备课时展示和研讨。

其次,实施先周备课制度化。各备课组要提前两周制定配当,上传到校园网"集体教研"栏。提前一周集体教研时将每节课的备课设计上传教育云盘"集体教研"文件夹。先周备课实行"组内分工—个人初备(导学案、教学思路、课堂检测、教学困惑)—集体交流—优化导学案—安排配当—组内听评—改进优化"的七步流程,内容要求做到"五备"(备大纲、备教材、备学生、备教法学法、备练习)和"五统一"(统一教学进度、教学目标、重点难点、前置性作业、课堂检测)。

其三,实施先周备课跟进检查制度。每周六学校组织领导检查打分,占40%。

每月组织组长、备课组长分文理两大科检查打分,占60%,最终得分计入考核。"备课设计"注重质量,不定期举行优秀案例评选活动,实施典型引领。

其四,完善先周备课的教学设计思路,构建多课型模式。我们首先完善了上传教学设计的各个环节要求,包括四大步:设计思路、教学目标、重点难点、教学过程。在备课中,我们发现语文课的课型多种多样,集体研讨后,新授课、复习课、专题讲评课、写作课及写作讲评课、名著阅读课模式构建应运而生。多课型模式的确立使教师的课堂操作模式更加全面和细致,避免了课堂内容水土不服的现象。

2. 细化三步集体教研思路,打造精品课程资源

(1)落实制度,规范教研活动。学校落实半天集体教研制度,加大了集体教研中听评课研究的力度。将教研时间分三步走:其一,第一、二节课进行组内听课赛课活动,前一天活动课由教研组长和备课组长到分管主任处抽签,确定同课同构教师人员及课题。评课时先由授课教师按照三线建设,说自己的目标设置、教学思路,说学法指导和活动达成目标,个人说课后教研组按照评课维度进行评课;其二,第三节课由分管主任总结上周工作,查摆问题,提出改进建议,布置下周工作事宜,一般控制在30分钟内,剩下15分钟,抽取一位教师对下周的备课进行说课,重在说评价设计和学法指导,教学过程重在说环节设计、设计意图及每个环节的具体学法指导;其三,第四节课拿出10到15分钟进行本学科课题研讨,然后对上周备课进行学习打分。在手写备课和电子备课中适时加入思维导图和知识树内容。

(2)及时跟进,汇聚精品课程资源。扎实的集体教研,让教师专业成长之路越走越宽,随着课堂改革的不断推进,又伴生了诸多精品课程资源。我们统一开设了360云盘资源库,云盘使用受限后,我们在校园网设置内存盘,各个学科的云盘内容都在不断丰富。每周同课同构的每一堂课都经试讲—集体备课—重构改进—上传云盘—同课同构—个性化修改—完善提升的过程。通过这样的备课流程之后,每一份教案都凝聚着备课组、教研组教师的智慧和汗水,都是精品资源。

3. 邀请专家,修正方向引领提升

每学期学校都会邀请各学科的教研员来学校进行课堂指导,对青年教师的课堂进行剖析,然后对症下药,齐心协力让青年教师更快更好地成长起来;同时也对常规课堂进行检查督促,让"优质课常态化",让每一位教师都是"有备而上",提高课堂的利用率。听课的时候全组参与,然后在教研员的引领下对课堂中各个环

节提出意见和发表见解,形成共识,讲课的老师要及时将自己的授课反思整理上传,这样既可以对自己课堂授课进行深入反思也可以供同学科的老师进行学习。

每年的5月是中会考前的黄金时节,由中会考学科的备课组长牵头制作双向细目表,然后在组内交流,大家提出补充和修改的意见之后,我们会邀请教研员来校进行双向细目表的分析与指正。通过这一环节既让授课教师更加深切的体会到中会考试题的命题思路,把握命题的脉搏,对即将到来的中会考有了提前的预见,更加高效地实施复习。

(二)联盟教研

每学期的联盟教研一般会以以下方式开展:课堂教学展示、成果汇报交流、实物图片展示。每次教研前各教研组都安排人员参与展示课的准备,在准备的过程中教研组整体出谋划策,全力打造,集全组的智慧锻造课堂。其实随着教研的不断深入和常态化,课堂教学也逐渐趋于"优质课常态化"。与同行伙伴一起参与研课磨课,在联盟内相互听评课,在这样的活动中取长补短,吸收先进的教学方法,领悟教学理念;"读书心得"交流让大家深切体会到活到老学到老的真谛。联盟教研以"优质、共享、均衡、发展"为主题,以深化联盟内学校教研改革为目标,以课堂教学为主阵地,通过多视角、多方位的系列活动,总结课改经验、探究教育方法、促进合作交流、展示教师风采、交流各学校教研方面的亮点和特色,达到了"碰撞、借鉴、共享、共赢"的共同追求。

2017年5月为了切实加强联盟内校际交流及教师队伍的建设,加大青年教师的培养力度,发挥实验中学联盟学校骨干(优秀)校长、教师的示范引领作用,为青年校长、教师提供一个专业成长的平台,荣成市实验中学联盟开展了"师徒结对"活动。活动中各学科有自己的"师徒对子",签订师徒结对同盟书,这无形中也强化了联盟教研的力量,为青年教师的发展提供了更好的平台和机会。联盟教研中各学校在校内教研盘点的基础上,围绕高效课堂、高效学习方法、分层作业、分层教学、三线备课建设、复习课构建、试题命制,提高学生学习积极性、主动性,养成学生良好习惯等方面,发掘教师个人、备课组、教研组的典型做法和亮点,开展有针对性的展示活动,展现教学生产力。

(三)县市级学科教研

每学期荣成市教研培训中心及威海市教研培训中心分别召开的各学科教研会议,学校会安排分管教学的领导带领相应教师参加会议。荣成市教研会是全员参与,威海市教研会是各年级骨干教师和初四老师参与,学校对此高度重视,要求教师认真学习,填写培训记录,领会会议精神,回来后二次培训,将每次的学习心得体会整理上传到校园网,优秀的体会还会在教师交流微信群中进行共享学习。

在每学期的教研会上我们学校都会有部分科目的教研组长代表学校做典型发言,交流我校的教研经验和成果。几年以来我校的语文、英语、数学、物理、化学、政治、生物等学科都参加过典型交流,很好地给兄弟学校起到示范带头的作用。

(四)省级学科教研

自 2011 年被确定为"1751"项目学校以来,学校十多次参加第四片区学科教研活动。如何充分利用省级教研平台,"撬动"学校的课堂教学改革? 我校抓住时机,利用教育教学大讲堂的时间和全体老师一起观看教研活动的视频录像课,让老师们对照自己的课堂进行反思,进行课堂教学改革。教师对课堂教学改革的看法不一,怎样取得大家的认同呢? 老师们能认识到自己课堂的问题吗? 学校当即决定对教师的课堂随机录课,"照镜子"诊断课由此开始。

现在录制课堂已经成为常态,每个学期教师要到录播教师录课两节以上,学校将实录发送给教师回放观看,教师对照自己的课堂找出自己的"课堂优势",查找"无效"教学环节。学校集结了全体中层领导和学科教研组长,在观课基础上,对我校教师课堂的现状进行了深度剖析,学校领导凝聚共识:要改变目前教师的课堂现状,就要下大气力,切实转变教师的观念,变教师"霸占"课堂为学生"自主"开放课堂;变教师提出问题为激发学生自己提出问题;变教师单一评价为学生自主参与的多维评价;变教师"单一"作战为年级备课组"集体"作战;变无视学生学习效果的"散光"课堂为深入激活学生思维的"聚焦"课堂;采取多样方式,挖掘学生潜能,促使学生"乐学""会学""学会"。我们故步自封的头脑清醒了,我们的高效课堂改革就此拉开序幕,我们转变的脚步更正了我们专业成长的航向,我们教师的课堂理念、教学模式、小组合作、导学案使用等逐渐成为课堂常态,由观望拒绝到积极探索创新,由半信半疑到坚定不移,我们的课堂、教师、学生、学校迎来了转变后的黄金发展期。

三、学科教研取得的成果

(一)各级各类的学科比赛,成绩骄人

因为有了扎实务实的教研,大家都能齐心合力,近年来我们的教研成果累累,

各学科都能积极主动地参与,并且都取得了较好的成绩:

语文:荣成市优质课6节、课程资源优课7节;威海市优课2节、课程资源2节

数学:荣成市优质课2节、课程资源6节;威海市课程资源2节、优质课1节

物理:荣成市优质课5节、课程资源6节;威海市课程资源2节、优课2节、优质课2节

化学:荣成市优质课3节、课程资源9节;威海市课程资源6节、优课3节、优质课2节

历史:荣成市优质课3节、课程资源5节;威海市课程资源2节

生物:荣成市优质课3节、课程资源6节;威海市课程资源2节、山东省优质课1节

地理:荣成市优质课2节、课程资源2节;威海市课程资源1节

思品:荣成市优质课3节、课程资源6节;威海市课程资源1节、优课1节

美术:荣成市优质课2节、课程资源3节;威海市课程资源2节、优课2节

音乐:荣成市优质课2节、课程资源5节;威海市课程资源1节

体育:荣成市优质课3节、课程资源5节;威海市课程资源1节、优课1节

心理班会:荣成市优质课3节、课程资源5节;威海市课程资源2节、优课3节

综合实践:荣成市优质课3节、课程资源5节;威海市课程资源1节、优课1节

(二)学科教研理念被认可推广

教研的目的是提升教育教学水平,从而提升课堂驾驭能力。多年来,我校教研扎实推进,教研经验先后在教研中心组织的语文、英语、数学、化学、政治、生物、物理学科教研会上做典型交流,英语组的《众志成城教研路,你我携手共成长》、化学《齐心协力,众人划桨开大船》、语文组的《且学且行且思,语文教研一路放歌》等得到与会领导与老师的肯定。教研组的教研成果喜人,教学成绩也明显提升,在中会考中我校的成绩始终名列前茅。

(三)学科教研下衍生的丰富多彩的活动

教研不是说在嘴上,更是要落实到行动中;不但教师可以从教研中获益,还可以引导学生领悟学科的学习精髓。多年来我校通过开展丰富多彩的学科兴趣活动,吟唱教研推进的协奏曲。

像语文组为培养学生的语文素养,在集体教研中提出了"善读能写会表达"的学科素养培养。围绕核心素养的培养,语文组开展的活动有:每日经典诵读、主题

诵读大赛、创新名著阅读、加大写作教学力度、设立读书月活动,这些活动都充分地体现了教研的集体力量。

(四)互学共促,教研之花常开

1.“选课走班”,我相信,我能行

“选课走班”满足学生的个性需求。在县域教研中,兄弟学校给了我们很大的启迪:山东大学附属中学和济南稼轩初级中学扎根深厚的文化底蕴开发的校本课程,高端大气;博兴县实验中学立足学生发展开发的校本课程,求真务实;青岛黄岛泊里镇中学和莱州市金城镇中学的地域特色校本课程,贴近生活。我校借鉴博兴县实验中学的经验,推进活动课“选课走班”。在学校层面设立器乐、歌咏、书法、绘画、航模、排球等各类学生社团,余下学生以年级为单位进行了“叩开创新想象之门”“英语快乐碰碰碰”“包饺子”等实践性活动的“选课”活动,初一至初三年级共计三十多个社团活动小组,不同年级开设的社团活动各有特色,全面满足了学生的发展需求。

这样的活动不仅让学生打开了眼界、活跃了思维,也让我们的教师得到了更多与学生接触的机会,让教师能暂时地抛开学科的限制,静心尽心地为学生准备一堂别开生面的“走班课”,这对活跃教师的思维,促进师生之间情感交流是一个很好的纽带。

2.“现场授课”,我自信,我最棒

2017年3月24日,我市初中学校中层领导观摩团莅临我校参观学习,全市28位中层领导参加。此次活动是对全市中学中层领导干部培训班进行的一次“现场授课”,各校中层领导干部首先自选观摩了一节文科或理科的课堂教学,由孙妍老师执教的《满井游记》复习课、冯霄老师执教的《杠杆》都充分体现了我校生命化课堂的教学模式,生动的课堂精彩地展现了我校在学生核心素养培养方面的教研成果。授课过程中,师生互动和谐,气氛活跃,效果显著,较好地实现了高效课堂的目标。同时,两位教师的课堂授课都极富感染力,分别展现了自己独特的教学风格和人格魅力,给与会领导留下了深刻的印象。

学校的学科教研也吸引了兄弟学校的目光。中层领导观摩会后,先后有荣成市第九中学和石岛联盟校等7家学校的领导老师到校观摩学科教研,我们严谨的教研模式、教研中不走过场的态度、多样的教研内容设计都让观摩的老师点赞叫好。这样的教研特别能促进教师特别是青年教师的专业发展,我们选择展示的教师多为青年教师，在校际间进行展示，对教师的备课、上课都提出了更高的要求，但这些教师顶住了压力，愉快地接受并顺利完成展示课任务，体现了青年教师敢于担当的专业意识和较高水准的专业素养。教研组的评课为这些教师指出了存在的问题，对他们专业成长起到了引领作用。无论是展示还是听评的教师，都在这个过程中有反思，有收获，有提升。

校本教研是面向全体教师的，要创造条件让肯钻研、勇于创新的有潜力的教师尽快成长为骨干教师。我校聘专家或教研员对这些教师跟踪指导、重点培养，给他们提供更多的对外交流的机会，为他们搭建施展才华的舞台，让他们逐渐形成自己的教育思想，独特的教学风格，成为学科带头人。

学科教研唤醒了教师的科研主体意识，使教师的教育观念、教学行为发生了全方位的变革，为教师的成长提供了肥沃的土壤。

聚焦校本教研：
齐心协力，众人划桨开大船

我校开展学科教研的过程中，取得的成绩有目共睹。在荣成市学科教研会上，化学教研组《齐心协力，众人划桨开大船》诠释了学科集体教研对教师专业成长的重要意义。

长久以来，荣成二十七中化学组保持着良好的教研氛围，无论是老教师还是新教师进入这个群体，都会不由自主地融到这种不断奋进、不断努力的氛围中。教研组的成员在不断地更替，但这种积极向上的作风，却一直延续了下来。2014年的新学期，化学组迎来了两位新成员，这两位教师是化学本科毕业，但毕业后教了五六年的生物。这样的情况对化学组来说，是机遇也是挑战，有喜悦更有压力。因为这两位老师头一次接触化学教学，而且是两个人分担了初三年级八个班的教学任务，任务很艰难。教材是生疏的，化学课堂的授课方法是陌生的，也没有老教师的引领，虽然两位老师有着高度的责任感，在开学伊始也是感到千难万难，一筹莫展。面对这样的情况，化学组的前辈没有置身事外，在帮助新同事成长的过程中，一起锻造了一个团结向上的教研集体。初三的上学期考试中，两位年轻教师的成绩也很突出。在她们成长的过程中教研组主要做了以下的工作：

一、有力出力，各尽其能

化学学科的知识呈现特点，不是教材中出现几点，她们讲几点就可以的，往往需要以知识点为圆点，进行外延的辐射和深度的挖掘。每点知识的传授，都隐含着一定的化学观念，而这些观念的建立也不是一朝一夕能够达成的，需要伴随每一节知识在潜移默化中传达给学生，这些是新教师在备课中遇到的最大阻碍。同时学校的课改要求是上课就要有学案，应付备课已经手忙脚乱，还要设计出合理实用的导学案，这对她们来说更是"压力山大"。

年长的老师把自己积累的经验告诉给新教师，比如化学观念的教学、知识的内在联系等；把自己用的教材，积累的资源及时地提供给两位年轻老师，从精神上去给予她们支持，让她们感觉自己不是孤军奋战。两位青年教师中午从来没休息过，除了上课、改作业，就是编制导学案。因为刚接手化学，各种素材都非常缺乏，所以教学中有了初三老师们能用到的素材，初四的老师们就都会推荐给她们，减轻她们的压力。她们的课堂教学也从手忙脚乱、没有头绪到慢慢把准化学教学的脉搏，逐渐理清了头绪。

二、全员说课，共同成长

从第一节课开始，教研组全员参与初三备课，从教学的重点、难点到教学中容易出现的问题，在哪个知识点上进行相应观念的构建，实验中应注意的事项，凡是能想到的，都一一会说到。两位年轻的教师也好学上进，有着极强的责任心。每周四的一二节是化学组教研时间，这些时间根本不能达到让她们随时质疑解惑的目的，于是经常会看到她们俩拿着书去办公室，将自己备课、习题处理、授课中出现的问题一一向老教师提问。甚至体育大课间的时间，也会在操场看到她们聚在一起，解说教学中的问题。通过这样的形式，学校组织她们进行了课时备课、单元备课，帮助她们俩及早地找到化学教学的感觉。平时她们俩会拿着听课本进入初四的课堂，感受化学学科的授课特点，也会在学校组织的教研组课堂达标活动以及课堂赛课的活动中，认真观摩自己组老师的课堂教学，学习化学课堂的授课方法。正所谓"天道酬勤"，在期末的考试中，我校初三化学成绩取得了全市第四名的好成绩。

三、同心同德，共度难关

提前备课、说课也会遇到难度大的章节——《化学实验基本技能》《水分子的变化》《原子的构成》等。每当这个时候，刘文波老师会去给她们上一节示范课，这不是领导要求的，更不是学校分派的。初四的教学压力也很大，刘老师担任三个班的教学工作，学校要求作业必须全批全改，三个班的小测要改，还有导学案的编制任务，但她从来也没有抱怨，她总说"谁都有当新手的时候"，大家都在心里为她点无数的赞！有一段时间，领导在巡课的时候发现了初三化学课堂的一些问题，为了及时地解决问题，唐老师和刘老师利用不冲突的课节听新教师的课，发现了问题及时指出，她们希望通过自己微薄的力量，让年轻人早日成长起来，早日成为化学教研组的中流砥柱。

四、齐心协力，再创辉煌

在过去的几年里，化学教研组取得的成绩斐然：唐洪志老师是荣成市优秀教师、荣成市化学教学能手，获得威海市优质课、威海市优秀课程资源、暑假研修优秀学员、优秀研修组长；孙君霞老师是荣成市第一期名师，获得威海市优质课、优秀课程资源、暑假研修优秀学员；刘文波老师获得威海市优秀课程资源、暑假研修优秀学员；周媛媛老师获得威海市优质课、威海市优秀课程资源；王珊珊老师获得威海市优秀课程资源、暑假研修优秀学员；荣成二十七中化学组也是第一期名课程团队、荣成市优秀教研组。继上届荣成市优秀教研组之后，她们教研组又再次被评为荣成市优秀教研组。这是集体的荣誉，同时也是对她们提出的更高挑战。

聚焦个人成长：

校本教研伴成长

王志昂老师在教委负责学校相关事务管理，兼任政治学科教学工作，原本对政治教学一窍不通的他，在学科教研中找到了提升的路径，在政治教学上有了长足的进步，参加优课评选获得荣成市级奖励。

最初拿到那本初一思品课本时，王老师心里对自己充满了不自信，满怀忐忑，深怕自己误人子弟。每天下班之后王老师都带着课本与教师用书回家，饭后自己看书,对着教参备课,但是这对于一个从来没有接触政治学科的人来说,无疑是天书一般,真的是一筹莫展,如果按照"划拉背"的方式去上课,感觉对不住下面那一双双亮晶晶的眼睛,他该怎么办呢?

这时同学科组的袁老师向他伸出了援助之手,袁老师让王老师跟着去听课,然后再回来备课,这无疑是一场及时雨。于是每节的政治课王老师都是拿着凳子跟在袁老师的身后,走进她的课堂认真地听,认真地记,认真地想,认真地备,经过一段时间的摸索他逐渐找到了上课的感觉和底气。

每一周的集体教研时间里,都是王老师好好学习的最佳时间。这个时间段里各年级会进行集体说课,王老师就专心地听大家对一节课的分析,从中发现自己课堂的不足。他庆幸自己能在这个充满活力和凝聚力的团队中,聆听经验丰富的"老"教师的每一节课,吸收优秀教师教学的每一个精华。联盟教研时间他也积极跟随教研组同伴,认真地聆听外校老师的授课,感受先进的教学理念,揣摩多样的教学手段。

在2017年3月,王老师报名参加"一师一优课"的晒课比赛,从确立讲课课题开始,组里的老师就不遗余力地给予帮助。政治组分管主任、教研组长以及同组的老师都给了他无私的帮助。教研组长沈老师从课堂环节的设计,到授课细节以及文字资料的整理基本都是手把手地教给王老师。第一次试讲正好是上午第四节课,讲完课后大家由郑主任带领直接在学校餐厅进行了评课,大家舍弃了中午的休息时间,帮他理顺授课思路,对课堂中的小细节提出修改意见和建议。到了录课的时候全组老师又再次出现在了他的课堂中,给他助威鼓劲。对于课堂的导入环节,在观课的时候沈老师发现可以从另外的角度利用创城的话题导入新课,临时修改重新录制。这样的一个团队、这样的教研氛围,让他不能放弃任何的机会去争取做更好的自己。未来的教研之路,必将带给他更多的惊喜和收获!

第二节 青蓝工程,引领成长精细化

学校是教育学生的主阵地,要想在当前快速发展的教育教学大潮中脱颖而出,靠什么? 靠教师。优秀教师不是自封的,也不是自生自长的,关键靠培养,而且主要靠学校自己来培养。然而优秀教师的培养是一个长期的、复杂的、系统性的重要工程,一要有良好制度的保障,二要有一批优秀的教育教学导师的带领与指引,三要靠教师个人的不懈努力。所谓"师傅领进门,修行靠个人"。总之,没有好的机制,没有一批人的帮助,没有个人的努力奋斗,就不可能有优秀教师的产生,所以我们要把学校办成名校,需要有名师。

为加大对青年教师的培养力度,指导和帮助青年教师尽快成长,努力提高青年教师的教育教学水平和教科研能力,力争用3到5年时间培养出3到5名能发挥带头和中坚作用的优秀教师,1到2名在全市有较大影响、知名度较高的专家型教师。结合我校年轻教师的名师培养计划,学校特聘部分骨干教师,充分发挥其示范作用和传、帮、带的功能,实施"青蓝工程",开展"传、帮、带"的拜师制的新路子,以加快建设一支高质量师资队伍的步伐,使每一位教师都成为"师德高尚、境界高远、能力高强、学识高深、言行高雅"的教师。

一、确定思路

目前我校教师队伍趋于年轻化,青年教师思维活跃,接受新事物快,现代教育技能强、精力充沛,敢于创新,但他们缺乏教育教学的实践经验,往往存在着教育手段粗放、教学方法单一、个人内功和素养相对欠缺等问题。青年教师的现状以极大的现实性和迫切性摆在了学校领导的面前。经过反复酝酿和讨论,校领导意识到:学校要真正关心和培养下一代的茁壮成长,当务之急是提高教师尤其是青年教师的素养,使他们跟上时代的节拍,适应现代教育的需要。学校领导也十分重视教师队伍建设,在学校发展规划中提出了实施包括"青蓝工程"在内的重大决策工程。在校领导的大力支持下,学校把实施"青蓝工程"作为教师发展的工作重点和主攻方向之一来实施。

二、确定师者

"师者,传道授业解惑也。"学校开展的"青蓝工程",由校长牵头,政教处、教务处等具体组织实施。为了配合学校职能部分常态化参与"青蓝工程"的实施,学校在特色人选上确实是动了一番脑筋。学校认为,只有选聘热爱教育事业,关爱青年一代,德高望重,有高度责任心,富有教育教学经验,身体健康,影响力、说服力、工作能力强的老教师和骨干教师,才能担负起这一重大责任。"青蓝工程"指导教师,按照教研组推荐、分管主任审核、"青蓝工程"领导小组决定的程序产生。由学校聘任指导教师,聘期一年。

指导教师的聘任资格:具有中级以上职称;师德高尚,敬业乐教;具有丰富的教育教学经验和一定的教学研究能力;少数业务能力比较突出、教龄在 5 年以上的教师,可破格聘任。

根据实际情况,指导教师与青年教师执教的课程,原则上要求同年级同学科,特殊情况可以跨年级。一名指导教师可同时帮扶 1~2 名新教师。

经多方筛选和民主推荐后,学校最终决定由资深教研组长唐洪志,优秀班主任姜海涛等多位优秀教师常年参与到"青蓝工程"的实施工作中来,为了确保工作的有效实施和落实,学校还专门设立了以校长为组长,各主任、教研组长任组员的工作督查小组,定期或不定期地对"青蓝工程"的实施内容,青年教师发展状况等进行跟踪记录与督促,并定期发布相关工作简报,使此项工程工作扎实有效地开展下去。一直以来,这些老教师和骨干教师们始终兢兢业业,坚守在自己的岗位上。他们以自己的睿智、经验和责任心,认真踏实、一丝不苟的工作作风,不计得失、任劳任怨的工作态度,交流探讨、亲和鼓励的工作方法和出色的工作成效赢得了广大教师,尤其是青年教师的赞许和校领导的认可。

三、平台搭建

一直以来,学校领导都清醒地认识到要实施好"青蓝工程",切实提高青年教师适应现代教育的素养,着力打造一支综合素质优良、富有朝气和勇于创新的青年教师队伍,必须为青年教师搭建在教育教学实践中施展才华的有利平台,进行"薪火传承",构架成长的阶梯,营造有利于他们自我提高、自我发展的良好氛围。学校决定以工作未满五年的青年教师为培训对象,采用有效手段、采取有效措施实施"青蓝工程"的培训工作,积极开展以责任、敬业、奉献为主旋律的师德师风建设,以能力、质量、创新为主题的业务水平培训,全面提升青年教师的师德水准与业务素质、教育教学与教育科研水平、新课程改革与创新能力。

（一）体系构建

加强培训工作的领导和管理,成立培训工作领导小组,由分管校长担任组长;成立学科小组,按语、数、英、理、化、生、政、史、地、音、体、美划分学习小组,开展工作,隔周定期开展学习小组成果展示活动,汇报学习成长经验,取长补短,互相督促,共同进步。

（二）薪火传承

开展"师徒结对"活动,点旺"薪火传承"的火把,着力抓好新、老教师"一帮一""以老带新"的"青蓝工程",启动导师指导责任制,把"师徒结对"的成果纳入年终考核。

学校为培训班每位学员选派(也可以自己挂钩)了同年级同学科(以同办公室为最适宜)的一名导师(均是骨干教师),举行隆重的拜师仪式。授指导老师聘任书,签师徒结对协议书,行拜师礼仪。通过拜师活动,增进了师徒情感,增强了师徒的荣誉感、责任感和使命感,使"传、帮、带"工作真实而不挂虚名,扎实而富有成效地开展起来。

（三）阶梯构架

在校领导的全力支持下,为青年教师的成长构架阶梯,创造条件。

第一,为调动广大青年教师学习成长的积极性,学校鼓励青年教师积极主动参加各级教学基本功大赛、说课竞赛、教学资源评选、微课大奖赛等各类竞赛,承担教研组、年级部、校、县市级的公开课、汇报展示课等。教师每次参加大赛、公开课及其他获奖的情况都载入个人业务档案,并在年终考核当中给予充分的体现。

第二,对业务学习认真、上进心强、教育教学实绩优秀的青年教师优先安排外出学习、听课、交流和培训,采用类似激励的措施促进学习效果,巩固学习成果,让教师经风雨、见世面,有学习、研究的机会和空间。

第三,对于那些在实践教学工作中涌现出的教学基本功较扎实,业务能力较强,教学成绩较好的青年教师,逐步安排其独立负责教学案的编写,单元检测的命题、教育教学经验的交流、讲座等工作,从而起到以优激励的良好榜样模范作用。

第四,选拔师德师风优、业务能力强、教学成绩好的青年教师直接循环往上到更高的年级任教,委以重任,让他们挑重担,得锤炼。

四、真抓实干

培训质量是培训工作的核心。提高培训质量,加快青年教师成长的步伐,使他们迅速适应现代教育的需要和学校教育教学的要求,是实施"青蓝工程"的宗旨。出于对教育事业的热爱和对年轻一代的关爱,基于十几年甚至几十年工作养成的习惯,参加青年教师培养工作的教师们把培养青年教师视为自己的一项历史使命。一接手工作,他们就确立了目标,制定了计划,研究了措施,对自己帮扶的对象有针对性地提出了既有利于个人成长又切合实际的要求。通过开设讲座、示范讲课、指导编写教案和试卷,指导撰写论文,与学员交流、谈心以及"师徒结对"等活动,把培训工作真抓实干又富有成效地开展起来。

(一)培训目标

塑造人格完善、师德高尚、教育理念新、教学能力强、业务水平高、工作成绩优的青年教师,实现学校制定的青年教师培养工程目标:即一年教学过关,三年能挑重担,五年胜任教学循环成骨干。

(二)培训期限

第一,本着"精心培养,严格要求,注重实效,鼓励先进,全面考核,达标结业"的二十四字培训工作方针,对青年教师定期培训、定期考核,并且从教学理念、教学基本功等多个方面进行考核,做到每年合格一批,结业一批,召开结业大会,发给结业证书。

第二,培训班学员实行流动制,凡不满35周岁或新调进的青年教师均须参加培训学习。

(三)培训计划

切实抓好"八个一"活动,使培训工作的开展具有实效:每两周进行一次学习笔记的展评和读书心得感悟的交流;每月上一次汇报交流课(学员的实践课)或邀请骨干教师上一节示范观摩课;每两个月进行一次师德师风的业务讲座;每学期进行一次教育教学经验、心得交流会;每学期举行一次学员座谈会;每学年进行一次说课或优质课竞赛;每学年九月中旬进行一次专业知识考查(教什么考什么);每年评选一次优秀指导教师和优秀学员。

（四）培训要求

第一,达到"三定"（定发展目标、定规划措施、定成熟期限）;"三练"（练好粉三字、练准普通话、练精多媒体课件制作）;"五过关"（学校组织的达标课过关,熟悉、掌握教材过关,熟练操作现代教育设备能力过关,家长与学生对教育教学的满意率过关,教育教学实绩考核过关）。

第二,每学年要做到"九个一":写一份师德师风学习或德育工作的心得;上一节优质展示课,写好教学心得;备一份优秀教学案;出一份高质量的试卷;作一次期中或期末考试试卷分析;写一份评课案例;写一份教育教学经验或论文,并争取能在县市级以上的媒体刊物上发表;参加县以上一个课题研究或担任校级课题研究;备一本学习笔记,撰写、摘抄、剪贴、下载教育教学经验、学习感悟等内容。

（五）内容培训

1. 指导教师根据自己多年实践的经验,结合时代发展的需要,为辅导对象制定详实而有效的培训内容。

指导教师要做到"三带":带师德——以身作则,为人师表;带师魂——爱岗敬业,进取奉献;带师能——育人艺术,教学方法。

制订学期指导计划。经常交谈,及时了解青年教师的思想动态。要帮助和督促青年教师学习现代教育理论和现代教育技术,用先进的教育理念指导教育教学实践;指导青年教师尽快熟悉教学常规,按照教学要求,规范教学行为,提升教学基本功;指导青年教师备课、上课,定期听、评青年教师的课,每学期不少于 6 次;指导青年教师布置和批改作业、出好测试卷,每学期不少于 2 次;指导青年教师组织开展课外辅导活动,每学期不少于 1 次;指导青年教师上好教研课、汇报课、公开课,指导青年教师参加各类教学竞赛;指导青年教师做好班级管理和学生思想教育工作;指导教师要开放课堂,随时接受青年教师听课,每学期要为青年教师上好不少于 3 次的高质量的示范引领课,要把自己的各项教学工作常规资料作为样板提供给青年教师学习。

2. 青年教师要虚心学习、积极上进、主动请教、尊重指导教师,诚恳接受指导,努力实现预期的目标。要虚心向指导教师学习,以指导教师为榜样,和指导教师一起学习先进的教育教学理论,不断提升自己的教育教学素养;要与指导教师一起备课,认真记录指导教师的指点意见,每学期不少于 6 次;要主动邀请指导教师听课、评课;每学期听指导教师课不少于 8 次,写出听课体会或个人见解;要自觉接受指导教师对教学工作常规资料的检查、指导,并按照指导意见,不断改进教学工作,规范自己的教学行为;要积极主动地参加各项教研活动,每学期上好一次汇报课,要积极参加各类教学竞赛,锤炼教学技艺;要向指导教师学习管理学生、教育学生的方法经验,不断提高自己的育人水平;要踏实工作,肯于钻研,与指导教师一起参与教育科研,要认真做好"青蓝工程"记录工作,每学期写好一份工程实施总结。

3. 作为学校,对青年教师的培养着重在两个方面。

(1)德育为先

德育是学校教育的核心。对教师而言,德育重在加强师德师风建设。师魂在于德,德为教之本。师德是教师的灵魂,为人师表、爱岗敬业是教师职业道德的核心。培训班实施"铸魂工程",激励青年教师塑造完善的人格,引导青年教师"志当存高远",忠诚于人民的教育事业。

学校有计划地组织学员认真学习《教师法》《教师道德规范》以及我校的相关规章制度,使青年教师牢固树立起从事教育工作的荣誉感、责任感和使命感,树立起正确的人生观、价值观和荣辱观。积极开展以"热心爱教、优质施教、文明执教、廉洁从教"为基本内容的各项活动,如"展师德风采,树师表形象"的演讲会、讨论会等。通过活动促师风,通过榜样铸师魂。老教师以身作则践行学校长期发展过程中形成的"特别能吃苦,特别能战斗,特别能奉献"的荣成二十七中精神,影响和激励着青年教师。

学校为学员开设了"怎样做一名幸福的老师""怎样做学生欢迎的老师"等专题讲座;更重要的是我们把"铸魂"的工作贯穿于平时的评课、交谈、指导、考核等活动之中。

(2)业务提升

过硬的教育教学水平和能力,是教师的立身之本;滥竽充数,必将被历史淘汰出局。我校以"业务"为中心,开展以提高教育教学水平和能力为宗旨的青年教师培养工作。

"要想给学生一瓢水,教师就要有一条奔流不息的小溪。"在课程改革不断发展的今天,全面提高教师业务水平和能力是师资队伍建设中永恒不变的主题,也是青年教师培训工作的中心。"课程改革"首先是人的思想观念的改革,作为青年教师,应以最快的速度与新课改所蕴含的新理念、新思路、新方法接轨,把学习新课程、确立新理念、探索新课改放到培训学习的首要位置。认真、深入研究新的

《课程标准》正是提升青年教师业务水平和能力的最佳方法。为此，培训班围绕实施新《课程标准》在业务培训方面认真进行了"五研究"工作。

研究《课程标准》。通过对《课程标准》的学习，让青年教师们尽快熟悉相关学科的课程性质、目标、内容、教学与评价要求，掌握《课程标准》所提出的知识与技能，过程与方法、情感态度与价值观等内容的基本要求做到知识技能、科学方法、实践创新、价值观念的有效渗透，达到课程综合、整合的效果。

研究教材。在新《课程标准》的要求下，新教材发生了根本变革，不再是学科知识的载体，而是引导学生认识发展、能力形成、人格建构的范例。我校引导青年教师研究新教材的本质，理解新教材所体现的教学目标、教学思想、策略和对教师的专业知识提出的新要求，探索运用新教材教好新教材的有效途径。

研究教学模式。为了实现《课程标准》提出的课堂教学的多维目标，课堂教学内容的呈现方式——教学模式是关键。熟练掌握不同课型的教学模式是青年教师成长、成熟的重要标志。

研究教学艺术。教学艺术就是能达到最佳教学效果的一整套娴熟的教学技能技巧，是教学方法的升华，是教师对学生具有巨大吸引力和魅力的关键所在。高超的教学艺术更是实现《课程标准》提出的"自主、合作、探究"教学方式的核心。"师徒之间"通过对教学艺术的研究和学习，在做到全面提升学生的素质的同时，也提升了青年教师的教学能力，提高了教学质量。

研究综合实践活动课程和校本课程。综合实践活动课程和校本课程以其全新的课程理念和实施方式，极大地冲击着人们传统的教学观念，给课程改革带来了新的气息。与此同时，这两种课程也给教师提出了更新、更高的要求。培训班鼓励青年学员们大胆而有计划地拓宽自己的视野、扩大自己的知识面、提高自己的工作能力和创新能力，努力成为社会实践活动课程和校本课程的研究者和实施者。

为了强化"五研究"工作，学校编印了《青年教师培训手册》等培训材料，发给全体青年教师，通过"每天七件事"——每天一个微笑，每天20个钢笔字，每天大声诵读5分钟，每天指导一个学生，每天一篇反思，每天读一篇美文，每天寻找自己一个优点等，让青年教师养成良好的学习习惯，为青年教师的成长打下坚实的基础。

为了使"五研究"工作落到实处，研究有载体，培训班每月开设一节学员的实践课（交流汇报课）或骨干教师的示范观摩课，按文理两大学科分别开设。听课后要求每位学员写出评课文稿,上交汇总。

提升青年教师的业务水平和能力的工作主要在平时,指导老师们几乎每天都要听他们的课,每次听课后执教者都会主动地带着笔记到"师傅"处去征求意见,接受指导,这已成了惯例。"师傅"对每位徒弟都能亲和耐心地进行指导,既实事求是地肯定他们的闪光点和特色,又一针见血但不失分寸地指出不足之处,提出具体的可行的指导意见和建议,鼓励他们扬长避短,迅速成长。每次交流后,青年教师都受益匪浅,不少青年教师主动上门邀请"师傅"去听课。一位刚从兄弟学校调进的青年教师说:"在原来学校从来没有人这么到位地指导过,要是早来两年,我的进步会更快。"一位青年教师在和自己大学同学介绍自己的成长情况后,同学也为他有这么好的能继续学习和成长的环境羡慕、赞叹不已。

五、青出于蓝

"师傅"们为推进学校的"青蓝工程"倾注了心血,贡献了力量,也在结出的丰硕成果中收获了喜悦。青年教师正在茁壮成长,正在朝着教育理念先进,专业思想稳定,师德高尚,业务精湛,风雨同舟、团结协作,忠于职守、爱岗敬业,淡泊名利、勇于奉献,问鼎一流、积极进取的目标进发。

学校实施"铸魂工程""青蓝工程",为青年教师搭建了展现才华的平台,构筑了自我发展的阶梯,使青年教师成长迅速,进步显著。尽管青年教师教育教学的经验不足,教育教学艺术刚刚入门,但是他们凭借与学生年龄差距小、和学生容易接近的优势,以年轻人的活力、朝气和魅力,以认真负责、吃苦耐劳的工作态度和虚心好学、勤奋刻苦的精神赢得了学生的信任和好评,赢得了校领导的肯定和同仁的赞许。大多数青年教师经过几个月的教育教学实践的锻炼,在专业素质方面有了很大的提升,很快融进了荣成二十七中的教育教学大环境,董立晓老师、王珊珊老师、曲妙妙老师、王静老师、丁晓丽老师、冯霄老师、孙峰老师、彭丽丽老师、张妤老师、梁斌老师、杨楚荃老师等十六名青年教师很快就以老练、自然的教态成为一名像模像样的教师。不少青年教师在期中、期末学校组织的大型考试中取得了良好的教学实绩,有的教师所任教的班级在平均分、及格率、优秀率等方面都超过了老教师,甚至师傅。丁晓丽老师、冯霄老师等的教学实绩几年来在年级一直保持领先水平。丁晓丽老师、彭丽丽老师等由于教学业务能力进步快,教学实绩好,直接任教初三年级的教学,而且家长、学生反映良好,这实属不易。凡是在培训班结业的学员已经基本上实现了学校提出的青年教师的培养目标。市级的教学竞赛,我校青年教师只要参加均能获奖,赛课成绩显著。截止到 2017 年上半年,我校培训班学员中已有 10 人以上在荣成市级以上各类教学竞赛中获奖。青年教师在教育科研方面也有突出的成绩,在校级课题及荣成市级以上的课题中表现良好。

对于已经结业的学员,我们仍坚持跟踪听课和交换意见,以此推动学校全体教师的业务进修和自我提高。

青年是国家的未来,青年教师是教育事业发展的未来和希望。学校在"青蓝工程"的实施和教育教学质量的提升中做了一些工作,取得了一些成绩,尝到了一点甜头;让参与其中的教师也在工作中进一步充实了自己,提升了自我。尽管培养青年教师的工作任重道远,我们在这方面做得还有许多不尽如人意的地方,但是我们看到了希望和前景,更有信心把这项工作坚持下去,不断改进,不断完善,继续开发具有特色的新领域,让我校创新建设之花绽放得更加璀璨绚丽,结出更加丰硕的果实。

聚焦成长:

虚心做好徒弟 用心当好师傅

董立晓,青年教师,曾任教高中语文,因工作需要改科政治,2016 年改回语文教学。作为青年教师,她认真向指导教师杨丽云老师学习,虚心向同年级的其他老师取经,迅速成长,代表学校在联盟教研中上展示课,得到了联盟同行的一致好评;在青年教师大比武中,得到教研中心徐老师的肯定。董立晓老师成绩的取得离不开杨丽云老师的指导帮助,更离不开她自身的勤奋努力,董老师和杨老师是"青蓝工程"中表现突出的一对师徒。

光阴荏苒,转眼一个学期即将过去,我校的"青蓝工程"正开展得如火如荼,年轻教师们在学校领导和师傅的帮助下,不断地完善课堂模式、提高教学水平,在各方面都有所进步,并且也从"青蓝工程"中积累了更多的经验,董老师亲身体会到了"青蓝工程"活动带来的益处。她总结如下:

第一,坚持听师傅的课。今年董老师有幸跟杨丽云老师结成师徒对子,杨丽云老师是有着 20 年工作经验的老教师,课堂上无论是授课还是组织学生方面,都游刃有余,而且条理清晰、节奏紧凑。杨老师的课堂容量很大,给人感觉充实但从容不迫,学生学起来并不吃力,并且还能学到很扎实的知识。董老师回想自己的课堂,总是感觉课堂容量太小,内容有些单薄,而且一节课下来,还有很多学生掌握不了。对于这个问题,杨丽云老师也给了董老师很多的建议。董老师也把这些好的方法运用到自己的课堂,取得了不错的效果。每次听完杨丽云老师的课后,董老师都会反思两点:一点是杨丽云老师这堂课的核心内容是什么,她在讲解中如何解决学生出现的实际问题;另一点是杨丽云老师在课堂上是如何组织学生,调动学生学习的积极性,使他们保持注意力的。本学期,在常规教学工作外,董老师也积极地跟着杨丽云老师学习,从中吸取一些教学经验,到目前为止董老师已听课30节左右。教师常在一起交流上课后的体会,讨论如何才能更有效地组织课堂教学,在这样反反复复的过程中,董老师受益匪浅。

第二,请师傅听自己的课。因为师傅要听课,所以在备课时董老师会格外认真,然后请师傅帮助她分析课堂中存在的问题。比如董老师讲课中语速较慢,课堂效率低,师傅教给她一些方法来提高课堂效率,让她在备课时要特别注意围绕授课目标安排教学活动,而不要为了讲内容而讲课。师傅给董老师评课时,会反馈出很多她自己没有意识到的优点和缺点,对董老师启发很大。杨丽云老师曾经一针见血地指出了董老师上课时过多地重复学生的话,这样太耽误时间。从那以后董老师就会格外注意,多反思自己教学的成功得失,尽量做到每一堂课不偏不离,紧扣大纲。不管是一篇文章还是一个生字、一个汉语拼音的教学定位都要非常准确,以听、说、读、写为主要任务,真正地体现语文味。只有这样不断地反思教学,教学才会进步。

第三,师徒共同备课。董老师在备课中遇到不懂的问题就及时向师傅请教,同时也针对自己的课堂,学习师傅备课授课的技巧。在教学过程中,遇到什么不明白的问题,就及时与师傅取得联系,征求师父的建议,积极改正不足,积累经验,进而更有效地进行课堂教学。由于杨丽云老师的悉心指导,使董老师在备课方面更具针对性。现在董老师能在课前认真研究教材的基本思想、基本概念,甚至每句话、每个字,了解教材的结构,明确每篇课文的教学目标,重点与难点,掌握知识的逻辑,知道应该补充哪些资料,拓展哪些资源,并能积极做好知识点的衔接工作。

岁月匆匆,几番耕耘,几多收获。是"青蓝工程"这样一个平台,让董老师有了方向，也因为这个平台，董老师才能迅速成长起来，她深深地感到师徒结对像一条无形的纽带联结在师徒之间，有意无意地增加了教师之间的交流和相互学习的机会，从而得到共同的提升。在今后的教学过程中，董老师决心更加严格要求自己，努力工作，发扬优点，改正缺点，在不断的学习与实践中，使自己和学生共同进步、共同成长！

杨丽云老师和董立晓老师师徒结对已经一个学期了，与其说是杨老师在努力尽着作为师傅应尽的责任，不如说是师傅和徒弟互相切磋，共同提高。尽管她们的工作多而杂，尽管心中有几许压力，但她们还是感谢学校搭建了这个相互交流，互相学习的平台。两位老师的总结如下：

首先，杨丽云老师和董立晓老师进行了教材的梳理，而后每周进行互相听课。杨丽云老师发现董立晓老师很多时候还是在牵着学生的鼻子走，通过交流，她也感受到董老师的困惑。其实，这也鲜活地再现了自己以前的经历。从年轻教师身上，杨老师仿佛看到了刚参加工作时的自己。这一个时期的教师就如同人生的孩童阶段，每天每时都会冒出数不清的困惑，渴望能被一一解答。但不是所有的人都能将问题与他们倾述的，当自己一个人默默地努力一段时间后，教育的热情会因为外在环境的冷淡而消退，从此教师将教书视为谋生的手段。但杨丽云老师能感受到董立晓老师那份积极向上的热情。听一节课，听课本所记录的内容是有形的，但在交流中产生的许多思想是无形的，而这种无形的思想也许正是影响教师改变的关键因素。

在互相切磋中，师徒共同提高。俗话说得好：师傅领进门，修行在个人。通过这一段时间的师徒结对交流学习活动，董立晓老师进步很大，尤其在教材的分析把握、重难点的理解、教学目标的设置方面都有了很大的进步。从每次的单元检测来看，学生思维发展、书写习惯、学习习惯正逐步形成。

董立晓老师每周都进行反思，整理教学思路。在此期间，杨丽云老师也自感有些长进，青年教师身上充沛的精力、旺盛的热情、大胆的创新意识，时时感染着她，感染着她的课堂。

"学然后知不足，教然后知困"，其实在师傅这"名"与"实"之间还是存在较大差距的，但既然接受重任，就只能努力缩小差距了。在提高徒弟业务水平的同时，杨老师也努力充实自己，自己也得到了鞭策、受到启发。在以后的教学中，杨丽云老师表示将更加努力，做到每一节课都在课前写下详尽的教案，做到带着精心设计的教案走进课堂，以给董老师起示范作用。

第三节　教育讲堂，引领成长多样化

进入 21 世纪，教师进入继续教育的新模式——校本教师培训，以终身教育和学习型组织等先进教育思想为理论基础，以工作场所学习化、学习过程实践化、实践过程研究化为培训理念，以灵活而多样、经济而持久、全员而实用、方便而易行为特点在我国迅速兴起。为了全面提升学校教师的专业水平，我校也采取了多种途径，邀请专家到校讲座、听课指导，外派教师取经学习等。然而这些培训形式由于受各方面资源限制，不便于持久、全面开展，要长期对全体教师进行专业培训，开展"教师教育教学大讲堂"不失为一种科学有效的校本培训途径。为此，我校坚持以人为本，立足实际，不断开拓具有特色的"教师教育教学大讲堂"，视学生的发展为己任，以教师的专业性发展引领整个学校的发展，取得了显著成效。

一、挖掘教师内部优势资源，丰富培训内容

从当代教师教育理论出发，结合校本教师培训的实际需求，我校重点抓住实践资源、研究资源等几个重要资源领域，着手发掘学校内部优势的教育资源。实践资源，主要指广大教师在教育教学实践、教育教学改革过程中不断创造并积累下来的富有成效的教育教学实践经验和教学体会，这是源于教学一线、极富生机活力、具有生成价值的教育资源。将实践经验、实践做法、实践体会作为教师培训资源，既是校本教师培训"以人为本"的鲜明体现，也符合现代建构主义理论的基本原理。研究资源是指本校教师在教育教学研究领域中所取得的一切研究成果，它既包括实验探索、教学改革、课题研究等具体行为操作，也包括研究报告、教研论文、教学著述等书面文本总结。

例如：我校的邵老师在书法方面颇有造诣，指导的学生作品多次获奖，利用这一优势资源，学校定期让邵老师对全校教师进行"三字"培训并进行比赛，教师们的学习兴趣非常浓厚；我校张霞老师是二级心理咨询师，利用这一优势资源，学校定期让张老师对全校教师进行教师幸福感提升的心理培训，收到了较好的效果；另外，学校还利用名师名班主任这个优势资源，对全校教师起到模范带头作用等。

俗话说,众人拾柴火焰高。每名教师在校本培训当中都既是接受培训的成员,也是为学校培训提供资源的施教者、责任者。每人提供一个方面的优势资源,汇集到一块,资源优势就会凸显,学校从中筛选优秀内容,实施推广,既达到了全面推广优秀经验的效果,又调动了优秀教师工作研究的积极性,促进学校逐步形成以人为本、人人参与学校管理的良好氛围。

二、开展灵活多样的培训形式,提升交流展示效果

推进教师教育教学大讲堂,采取灵活多样的培训形式更能激起广大教师的参与兴趣。当然,多种多样的活动形式,需要遵循一定的原则,主要表现在:一是理论性与实践性相结合的原则。每次课堂都会涉及一些案例,也会涉及一些理论的讲解,以备教师能够学以致用,不致于将培训或学习流于形式。二是整合与互补原则。要将"教师讲堂"与学校各类教育活动相互补充,与家庭、社会教育共同完善,综合利用各种资源,以整合和新建相结合的方式逐步开展。三是全体性与主体性原则。要求全体教师参与讲堂,每个教师每学期至少组织实施一次教师讲堂活动,积极发动教师主动参与,鼓励教师把自己的专长发挥出来,让全校教师受益。

（一）不同层次交流培训

由领导班子刚开始起步,学校分批次进行管理和业务方面的引领,与此同时,在教研层面先由优秀的教研组长和骨干教师开展,在学生管理层面由优秀的班主任开展,进行个人先进事迹的经验交流,每周一次。交流的领导、组长或班主任,为了充分展示成果,需要进行长时间的准备,将准备好的内容面向全体教职工展示,会后再针对展示情况进行反思,并上传到校园网。这期间准备、展示、反思等每一个环节,教师的自身素质都在经历着一种磨炼与成长,有业务上的,也有思想上的,更重要的是在努力中形成一种积极向上的良好品质。

（二）不同形式的专题培训

由各教研组长带头,以班主任、青年教师为中坚力量,进行一些不同方面的专题培训。例如:核心素养主题、知识树和思维导图主题、教研组实施核心素养培育主题、班主任经验交流主题、青年教师成长论坛主题、师德主题、心理健康培训等,每一次的专项培训,教师自身素质、教学功底、教学理念,都会得到一定程度的提升。

（三）不同主题的二次培训

每学期都会有不同学科教师外出学习,学习培训回来之后,学校会组织培训活动,让外出教师把学习到的优秀教学经验或理念,对全校教师进行二次培训。有的是以课堂重构的形式开展,例如:董立晓老师、毕春华老师在外出学习后,将听到的优质课,又原模原样地给学科老师展示了一遍,然后学科组老师听完课之后,对课程进行反思点评,学习优点,点出不足,重新对本节课进行感悟反思。有的是以理念呈现的方式展示,把学习到的先进的教学理念,看到的好的管理方式,对全校师生一一传达,进行二次培训。

在坚持以上三项原则的基础上,我校对教师教育教学大讲堂的方式不断拓展,坚持深入挖掘出教师内部的优势资源,实现经验推广。俗话说,"车要跑得快全靠车头带",随着大讲堂的深入推进,在人员上是骨干教师和中青年教师轮流展示,展示形式上由教师交流个人的成长经历,也逐步拓展到针对某一专题的研究经验推进等。这样外出学习的老师,自身也带有一种深入学习的责任和动力,因为如果学习不到东西,回来无法向大家交代。教育教学大讲堂的持续深入推进,让参加交流的老师和听众都在无形中得到了发展,在校园中掀起研学赛学的热潮。

三、教育大讲堂培训效果

（一）实施校内典型引领,掀起"竞先研学"的浓厚氛围

经过近几年的强力推进,学校逐步形成了"争先竞优"的良好氛围,由于活动的普及面较广,教师们慢慢发现当"老师的老师"并不是难事,如果长时间没有轮到自己交流,有上进心的老师就会感到有压力,会想法拼搏,潜心研学争取及早登上大讲堂,这无形中掀起校园良好的学习与交流热潮,推动了学校整体工作的迅速发展。

首先,研究资源具有示范引领作用。一是开发形成的《青年教师培养手册》,让新教师或新改科的教师尽快融入到良好的竞争氛围,在最短的时间内适应学校的教育生活,并在教育教学中实施。二是提升在校教师的专业水平,每次讲堂都有收获,让教师每次收获都能运用到实际教育教学工作中或者和学生的交往中去。三是教师讲堂集教师外出学习回来的二次培训、教师的教育故事分享、专业性的视频学习、教师经验分享于一体,融入多种元素,提升教师的理论化水平与实

践能力。不同的活动形式、不同的活动内容都在研究中积累经验,形成一笔笔宝贵的研究资源,这些资源具有示范意义。

其次,研究资源具有本土价值。由于相同的教育情景和教学环境,"本土化"的研究资源极具学习、借鉴的价值。从认知理解方面来看,在相同的学校环境、课程设置、教学结构、教育对象等背景基础上产生的研究行为,基本上没有认知障碍、物理空间和心理距离,研究的目标、过程乃至方法与细节都公示于众,极利于教师们学习、理解和接受。从实践借鉴方面来看,体现着新思想、新理念、新追求的鲜活生动的研究案例、课堂教学改革的实施步骤、课题实验的全程研究,每一天都在眼前发生着、进展着,研究改革所带来的新举措和新成果极易成为培训资源,并通过培训学习的渠道将教师研究的成果在本校进一步推广。

再次,研究资源具有创新导向作用。在传统的观念中,教师培训的动机在于适应社会需求和改善个体知识结构。而现代学习思想和教育理念则告诉我们:培训的真正使命不仅仅在于更新个体的知识体系和转变思想观念,更重要的是唤醒蛰伏于教师内心深处的不甘平庸、不甘人后的本能欲望,逐步树立自强自立、自励自勉的思想信念,不断强化勇于探索、敢于人先的创新精神。社会心理学告诉我们:每一个生命个体都希望自己(并的确能够)在某一方面优于他人,只是缺乏必要的机会与信心而已。如从这个角度来审视研究资源,优秀教师的研究成果不仅具有教育资源的学习价值,而且还有激励创新的导向意义。

(二)提升成果的转化应用,让实践活动经验在更大范围推广

在活动的开展中,我们采取系列措施扩大成果的推广范围。

一是通过专业系统培训,促进教师身心健康发展;

二是进行专业的视频学习,主要是将教师在教育教学中见到的好的视频,在讲堂活动中进行播放;

三是二次培训,主要包括:教师在读书活动中,将一些好的专业书,通过培训的形式向大家进行介绍,另外就是教师外出学习或培训归来对全校教师进行的二次培训;

四是促进教育故事分享和经验交流,在教学过程中撰写的教育故事,经验交流包括个案教学中的经验、教育教学中的经验、班级管理的经验等。

一系列措施的推进,提升了成果的转化,也逐步形成了一套教师实践理论,这也是一种重要的教育资源。它是影响教师的日常教学而又习焉不察的个人化教

学行为理论,它是教师习惯性思维并以观念的方式沉淀在教师的头脑中,类似某种教育理论,但又不具备科学理论的基本范式,而恰恰是这些不具科学理论范式的内隐理论在支配着教师的日常生活和日常教学。一些优秀教师的脱颖而出,固然与环境支持、个人勤奋分不开,但其中一个重要原因就是独具特色、卓有成效地嵌入其日常思维,个人实践理论在起着支撑引领的作用。

因此,校本培训尤其不能忽略实践行为——独特教育资源的发掘与利用。再次,教师实践成果是一种教育资源。实践成果是教育者辛勤工作与研究的收获,它不仅是对教师个体智慧与劳动的认可与回报,而且还是一笔弥足珍贵的教育资源。成果体现着问题发现、分析和解决的方法与策略,成果反映出研究的角度、别致的思路和独特的操作,成果记载着追求卓越、不懈努力和敢为人先的心路历程……无论是教育名流、杰出教师的自成一家的实践成果还是校内教学骨干、年轻新秀的新颖别致的实践成果,都可提炼总结、分门别类地纳入到校本培训资源中来。

(三)促进了教师专业成长,身边人激励身边人,身边事感动身边人

教师的职业是人格再造人格。教师既是学生文化的传承者、爱的传播者和人生的引路者,又是品德的示范者、心灵的塑造者和时代的推动者。我们的身边,工作和生活着一群默默耕耘、恪尽职守、甘为人梯、无私奉献的教师们,虽然他们每个人的人生经历不一样,特长各异,但每个人都有自己闪光的思想和行为。其中,有知识渊博、才华横溢、治学严谨、循循善诱的"教学能手";有学为人师、行为世范、率先垂范、以身立教的"师德之星";有敏于学习、勤于思考、勇于实践、善于创新的"好学之星";有善于研究、勤于撰写、治学严谨、教研成果显著的"科研骨干";有爱生如子、言传身教、春风化雨、润物无声的"班主任标兵";更有德艺齐修、学思并进、室存幽兰、翰墨飘香的"书香家庭"。这些平凡而质朴的"身边人,身边事",同样彰显着责任、奉献、进取、坦荡与激越的高尚品质,对生活工作在同一个大家庭中的我们来说具有很强的亲和力、认同感和接近性。学校利用身边人激励身边人,身边事感动身边人,促进了教师专业成长,

首先,通过级组和科组教师交流,寻访身边优秀人物,发掘身边各种类型的优秀人物,了解他们的奋斗历程与人生体验,收集他们的事迹材料,通过交流、整理、总结形成系统的资料。每个级组推荐"教学能手""师德之星""好学之星""科研骨干""班主任标兵""书香家庭"各2到3名候选人。

其次,根据事迹材料由评选委员会进行评比。评选委员会由行政代表、中层干部代表和教师代表共 10 人组成。学校为所有获得"教学能手""师德之星""好学之星""科研骨干""班主任标兵""书香家庭"等荣誉称号的个人或家庭建立人物专栏,内容包括照片、事迹简介,优秀人物寄语等。通过学校网站进行专题报道,以身边先进人物为榜样,广大教师通过聆听他们的故事,去感悟他们的精神,践行他们的事迹,努力探索更加有意义、更加精彩的人生路。

以上各种类型的活动,在我校都已经形成制度化,常态化。活动安排在每周四下午第四节课,并在这个过程中形成了大量资源,充实到校园网及网盘上。实践资源的开发利用,既可利用现有已出版发行的优秀教师的优质示范课、改革实验课、名师观摩课等录像制品作为实践资源,还可以在县区范围内定期举办骨干教师教学成果研讨会、教学实验示范课,并将其中优秀、独特的实践资源制成光盘或录像。更重要的是在学校内部形成教师个人优秀教育体会、成功教学经验、独特的育人智慧相互交流、相互观摩、相互切磋的运作机制,使以往内隐的、个人的、散乱的实践资源得以外显化、大众化和系统化,让优秀的资源和经验得到了最大范围的推广。

传递幸福的大讲堂:

流淌于心间的幸福

孙青华,一位在教育岗位默默奋斗了 20 年的一线教师,曾被评为"荣成市优秀班主任"。她所执教的英语课分获"荣成市优质课""威海市优秀课程资源"。她根据自己的亲身经历所写的《如何培养学生良好的英语阅读习惯》和《架起一座心之桥》分别由威海教研室和《山东教育》发表。孙老师在班主任工作方面颇有经验,经常在教育教学大讲堂上将自己的宝贵经验与大家分享。

现在大家都在讲幸福,什么是幸福? 幸福是一种体会,一种感觉,一种知足的心境,一种对生活的理解。常言道:"知足常乐"! 作为四十多岁这个年龄段的人,上有老人需要孝敬照顾,下有孩子需要陪伴引导,工作中对待学生更是不容懈怠。孙老师有时候觉得自己生活得很累,但细细体会一下,在累与忙碌的生活中也交织着让人感动的瞬间,很多时候自己往往忽略了这一感动、幸福的瞬间。人生的幸福和烦恼是等量的,就看你如何感受。

如果现在让孙老师说什么是幸福，她感觉只要父母健康、孩子平安，就是她最大的幸福。这些日子孙老师的母亲因身体原因生病住院，她每天往返于家里、学校、医院之间。在医院看着身体不适、每天煎熬的母亲，孙老师的心里也是焦急烦闷，但她还要用一种放松的心态安慰病床上的母亲。

孙老师认为，健康就是幸福，有了健康不等于有了一切，但没有了健康就没有了一切。健康就像一个玻璃球，掉下去，摔碎了，就不会重来。因为工作的特殊性和工作中存在着的各种压力，很多教师身体已经有了不同程度的职业病，很多老师都带病坚持工作。当在医院拿到体检结果后，医生的一句一切正常，才感觉到那一瞬间自己是最幸福的。有了一个健康的身体，才能更好地去服务我们的家庭，服务我们的学生，才能以更高的热情投身到我们的工作中。

孙老师曾看过这么一句话："如果你想要一辈子的幸福，就去做教师吧。"因为作为教师不但能传授知识，还能与生命一起成长，在伴随生命成长的过程中，每天都在收获着新的喜悦。作为教师有时候会因为一些原因导致心情压抑，但是静下心来想想，想要做个幸福的教师也并不难。

有时和同学聚在一起，最接地气的一句话就是"晋级了没有？一个月拿多少工资？"说真的，和别人相比，孙老师确实拿着教师队伍里最低一级的工资。但是说心里话，在工作中孙老师从没有因为收入的多少而懈怠过，只要踏进校门，就义无反顾地扑向工作。说到底，不为名、不为利，只因为她选择了这份工作。孙老师凭着自己的一份责任心对待每一个学生，凭着自己的激情参与每一项工作，幸福的精神世界让孙老师的生活一样充满着欢乐。

孙老师说："幸福在哪里？幸福不会从天而降，更不会自己找上门来，应该在平常的工作中寻找幸福和快乐。"曾经一个学生在准备历史会考期间表现一直不好，孙老师曾多次找她谈心。学生状态特别不好时，孙老师也严厉批评她。对于这个学生，孙老师是煞费苦心。庆幸的是，这个学生最后取得了令人满意的成绩。后来，孙老师在这个学生的QQ空间看见她写的一篇文章，她说："我长这么大，从来没有人批评过我，这个老师对我要求太严格了。但我不恨老师，我很感激老师。知道老师一切都是为了我好……"看着她写的文章，孙老师忍不住流下了眼泪，那是一种发自内心的幸福和感动。

工作中的点点滴滴都会让人有很多的惊喜，幸福无处不在，只要能带着一颗爱心去观察，幸福其实一直就在身边。既然选择了教师这一行业，就要有一颗热爱学生的心,就要有一种兢兢业业的态度,要有一种乐于奉献的精神。有了这些,工作就会是快乐的,作为教师才是幸福的。

回顾成长的大讲堂:

跻身专业研训 执求职涯涅槃

张霞老师,威海市语文教学能手,荣成市名师,荣成市最美教师,二级心理咨询师。从教以来,张老师善于学习,勇于创新,积极参与课堂改革,不断书写教学反思,在各级各类教学大赛中斩获佳绩,陆续发表各类教学论文近四十篇。这些来源于她在教学中的钻研精神,使她在专业成长道路上越走越远。

成长的历程是艰辛的,就像凤凰涅槃;成功的喜悦是甜蜜的,让张老师甘之如饴。行者匆匆,不觉已四十不惑,这教书育人之路,张老师也行了 17 个春秋。在这路上,有刚上路的欣喜与不安,有成功时的喜悦与自豪,也有困难时的苦恼与退缩……桩桩件件,历历在目。它们如明灯指引张老师前进的方向,如良师帮助她更上层楼,如益友为她扫清路上的荆棘……

《墨子》曰:"资之深,则取之左右逢其源。"张老师说,回首一路走过的点点滴滴,概括地说一句话:学习学习再学习,实践实践再实践。

一、学习学习再学习——让自己厚积待发

举一个最简单的例子,刚刚毕业那年她上过一个校级公开课,课题是《变色龙》。那个时候张老师自我感觉还不错,学校领导也给予了鼓励和好评,但是现在拿过来看看,自己感觉真的是肤浅幼稚。并不是说现在的水平有多高,而是现在的教育已经与 10 年前的教育大相径庭,新课改都改了好几轮了,语文课本从她毕业也已经换了好几拨了,面对时代的"变化"应该怎么办? 没别的办法,只有不断地扩充、更新知识储备才能从容应对复杂的教育教学中的每个环节。"逆水行舟,不进则退。"只有不断学习,才能跟上时代的步伐。

起初,张老师虽然也是非常努力地教学、管理班级,但总是不如别班的成绩好。张老师知道原因在于缺乏经验,缺乏良好的指导方法,不能深入浅出地让学生明白及掌握知识。于是,她便在多种教学书刊上如饥似渴地汲取养料。每一篇优秀的教案,每一个细节的处理方法,每一处教书心得都成了她学习的范例。张

老师还利用学校各种教研活动,向优秀教师、老教师学习他们的真知灼见。一切都在摸索中慢慢清晰起来,虽然步履蹒跚,但也迈出了教学之路上的第一步。此时,张老师已经开始把自己的一些教学经验感受写成论文,陆陆续续向各大报刊网址投稿,偶尔也会获得个一二等奖,这些小成绩更加给予了她继续向前的动力,不断积累,不断超越,向着目标,不懈努力。

二、实践实践再实践——让自己有感而发

(一)实践活用

课堂教学是素质教育的主阵地,课堂教学能力是衡量一个优秀教师的重要指标。张老师努力争取着每一次锻炼的机会。还记得第一次讲优质课是在2005年,和很多青年教师一样,张老师经过几多不眠之夜,反复研究课本、教参、修订教案,斟字酌句,具体到每一句话应该怎么说,再拿到学校试讲,几位主任不厌其烦地一遍遍听,张老师一遍遍改。回家后,张老师再一遍遍修改,直到达到一个大家比较满意的程度。她深切地体会到"十年磨一剑"这句话的含义。这个过程,也是她向那些优秀教师学习的过程,她把大家的意见统统内化为自己的理解,学到了不少书本之外的经验。

准备的过程是痛苦的,但辛苦的付出没有白费,张老师也收获了很多。这里的收获不仅仅是最后那张荣誉证书,她觉得更大的收获是从此有了自信,有了动力,得到了蜕变,得到了提升。也就是从那个时候开始,承担公开课教学活动成为了她专业成长的一个重要途径,认真查找资料备课—精心设计教学内容—积极进行课前准备—认真听取评课意见—积极进行教学反思这几个环节都认真对待,毫不含糊。她曾为如何更好地展示学生创造成果而伤脑筋,曾为使自己的教学语言能更精练而反复修改……在这一切辛苦之后,张老师被评为威海市教学能手,执教过省市级课程资源、优质课公开课等,她的付出陆陆续续地得到了回报。

后来,张老师又得到了更多的锻炼机会,如外出学习,"走出四合院,才知天地宽"。专家的讲座、课例展示,这些活动使书里的知识形象地展示在她眼前,她学习起来也更加得心应手。记得魏巍老师说过的一段话:"人长久处于同一环境中,思想、敏锐度都逐渐被磨平,往往不思进取,安于现状,变得懈怠,而一旦走出去,才知道外面天地的宽广,能人的繁多,发生思想的碰撞。"

的确如此,专家的培训令张老师站在一个新的高度去看待教学工作,在教学

之路上迈上了一个新的台阶。学无止境，努力探索，获得知识，如饮醇酒。

（二）反思提升

张老师有两把"尺"，一把是量别人长处，一把是量自己不足，只有看到自己的不足或缺点，自身才有驱动力，才能不断完善自己，提高教学技能。在经验越来越丰富之后，张老师就更加热衷于撰写教学反思、教学案例、科研论文等，让实践中的"感触"通过文字进一步提升。张老师先后有四十多篇论文在省市级报刊杂志中发表；她经常自觉地进行自我教学反思，寻找自己与其他老师、其他名师的差距。教学总结使张老师进步不少，同时让她能清醒地认识到自己的缺点与不足，督促着自己不断前进。

点点滴滴的成绩与进步，源自于信念的力量。领导、老师、亲人、朋友像一块块砖石铺砌成一级又一级的台阶，引领张老师迈进这个"美丽新世界"。张老师将更加努力习文、躬行、诚信、尽忠，以爱岗敬业为天职。她知道"机会总是青睐有准备的人"，要继续不懈拼搏，做一个永远"有准备的人"，一辈子做教师，一辈子学做教师。

学习提升的大讲堂：
心灵的回归之旅——箱庭疗法学习体会

曲妙妙，女，大学学历，中学二级教师，现任教荣成二十七中初三语文。从教十年来，曲老师爱岗敬业，虚心学习，荣获市师德标兵的荣誉称号。在心理教育方面，她潜心钻研，默默付出，成为了三级心理咨询师，并在心理教育方面发表过多篇论文，为学校的心理教育做出了巨大贡献。

5月26日-29日，曲老师非常荣幸地跟随教育局领导刘主任及教研中心的关老师到北京参加了为期三天的箱庭疗法（沙盘游戏）的培训课程。在这三天的学习过程中，曲老师认真聆听、记录，用心感悟体验，学到了很多全新的知识理论，也了解了箱庭疗法的具体操作，收获很多。

一、箱庭疗法——通往力量源泉的通道

人的成长发展、工作、生活都是需要能量的。分析心理学家荣格提出：人的前半生的人格显得更向外展开，致力于外部世界，后半生往往更关注内部世界。其中一个可能的原因就是母亲给与孩子的心理能量是有一定量的,在前期孩子充满能量,闯荡外部世界,在此过程中能量一点点耗尽,因此不得不转向内心世界再次寻找心理能量继续前行。这就可以解释为什么在外辛苦打拼的人会思乡、思家、怀念母亲了,其实是在自己无力的时候再次寻求能量,有了充足的能量,面临的各种问题,自己都有能力去面对、去解决。

箱庭疗法就是给人创造这样一个重回母亲怀抱、重回童年、寻求能量之源的过程。在此过程中,咨询师充当的是母亲的角色,创造自由、安全、受保护环境的氛围,给来访者足够的信任、理解、包容、保护和安全感,让他们在这样的空间中自主发现问题,自己试着寻找能量,自我成长。

二、箱庭疗法的理论基础

任何一种咨询技法能起到咨询效果,能为我们心理成长提供理论基础。

很多人不相信一个小小的沙盘,一些沙子、玩具能给我们解决问题,会有如此神奇的效果。初次涉及到这个领域的老师们也有同样的疑惑,但是真正深入学习去体验后,不得不信服,这里面是有更深层次的理论支撑的。沙盘游戏的创立者是瑞士心理学家卡尔夫,沙盘游戏的理论基础主要有三个:一个是荣格的分析心理学,一个是洛温菲尔德的"世界技法",还有一个就是东方的思想与哲学。卡尔夫在少年时期就对中国的道家思想产生了很大的兴趣,在其著作中,也多处引用了老子的著述。宋代理学家周敦颐的太极图也对卡尔夫创建沙盘游戏产生了一定的影响。卡尔夫在研究中国思想的时候,发现周敦颐的太极图与其观点有些相似之处,因此他就把这个图放在了自己的著作之中。此外,卡尔夫还深受禅学思想的影响。培训中赵会春老师具体提到了中国古代老庄的气一元论,体现出整体统一论思想。这些理论不论是东西方的还是我国古代的哲学思想,我们理解得都不够深入,还需要慢慢学习体会。但是老师说的一点我们大多人都能理解:人们产生心理问题的原因来源于分裂,不统一。例如我们常说的"理想很丰满,现实很骨感"。我们内在的精神世界和外在的现实世界是有差距的,无意识的真我和表现在外的自我是不相同的,如果我们不能将其整合统一就会出现问题。箱庭疗法就是通过在安全受保护的环境中将自己的无意识与意识整合达到统一。统一即和谐,即解决一定的问题。

三、箱庭疗法的实践

（一）环境材料配置

1. 受保护的环境：沙盘游戏工作室的一般布置

沙盘游戏室的总体要求就是要让来访者感到温馨、安全。基于这样的考虑，沙盘游戏室不应太大，也不能太小，太大会让来访者感到空旷而不安全，太小又会让来访者感到压抑。一般情况下，沙盘游戏室在15平米左右为宜。

沙盘游戏室的墙壁可以分刷成浅黄色、浅蓝色或者浅绿色，灯光也要选择比较柔和的颜色，这样可以营造出舒适、放松的氛围，使来访者比较容易投入到沙盘游戏之中。

沙盘游戏室最主要的装备还是沙盘和琳琅满目的玩具架。房间的一端靠墙的部分可以放置玩具架，玩具架成直角的一侧放置沙箱，沙箱旁边放一把椅子，供沙盘游戏咨询师陪同来访者进行沙盘游戏时使用。

2. 沙盘游戏的材料——沙箱

沙盘游戏的箱子规格为（内径）$57 \times 72 \times 7$（cm）。箱子底部涂成蓝色是为了使人在挖沙子时产生挖出"水"的感觉，箱子四侧的蓝色代表着天空。箱子是一个有边界限定的容器，四角代表着"天圆地方"的大地，大地作为母性的象征给来访者一种安全与受保护的感受。箱子的重要作用是保护来访者，使他能自由地表现内心世界。

3. 沙盘游戏的材料——沙

沙子是沙盘游戏中必不可少的。沙箱构成箱庭一个保护的外在限制的空间，而沙子在某种程度上构成来访者的一个内在释放和保护的空间，外围的限制与内在的释放有机结合在一起，对心理治疗起到调和与维护的作用。

玩沙作为一种非言语的交流方式，有助于来访者与咨询者的沟通，给人们自由、放松、休憩的感觉，提供了一个自由、释放、保护的空间。

4. 沙盘游戏的材料——玩具

沙盘游戏使用各式各样的玩具或物品，玩具或物品本身接近于现实之物。玩具是三维空间。梦、理想的境界及难以用语言表达的情感等，可以通过箱庭及箱庭中的玩具这样的三维空间表现出来。

沙盘游戏并不要求特定的玩具，只要能准备各种各样的玩具或物品，让来访者能充分表现自己即可。必须准备的玩具类型有：与原型相关、与家庭起居、交通出行、神话宗教、建筑构造、人物相关、动植物、文化风俗类、自然形态天然物质、奇特诡异的物品。

（二）操作步骤

第一，引入沙盘：自发的、不能通过言语表达清楚的、需要用的。

第二，创造世界：用沙子、玩具创造世界的过程。

第三，体验与重新配置：感受观察自己创造的世界，意识与无意识的交流时间，调整时间。

第四，讨论、治疗过程：询问、述说沙世界中的内容，创作原因、感受。

第五，记录：记录整个创造、解释的过程及细节。

第六，过渡，回到现实：沙盘世界与现实进行连接，生活与回忆连接，整合统一。

第七，作品拆除：代表自己有能力消除、补救问题，全新的开始。

四、团体沙盘体验

三天的课程安排中，每天下午都有一次团体沙盘体验活动，让体验者在实际操作中感受体验沙盘游戏带来的神奇效果。

五、团体箱庭的意义

第一，促进现实生活中的人际互动；

第二，提供和他人一样的体验；

第三，团队沟通、协调、多样性；

第四，团队合作、心灵归属感；

第五，增强责任感。

六、学习总结　反思提升

三天的学习让曲老师收获了很多，也让她发现自己的诸多不足。参加培训的很多老师在这一领域都进行了更深入的学习，有一些还积累了丰富的实践经验，而自己仍然是刚起步阶段。在心理专业的学习上，在学生的教育教学工作中，在自我成长的道路上，曲老师需要做的还有很多很多，今后她将继续努力学习探索，将自己所学的知识运用到实际教育教学去，和大家一起成长进步。

第四节　赛课活动,引领成长快速化

赛课是对各类各级教学比赛的俗称,是学校的一项重要的教研活动,可以为教师查缺补漏:优点继续弘扬,作为借鉴,推广学习;不足之处,听课教师或者教研员提出修正意见,帮助提升教师的业务素质,不断强化教师的教学能力。赛课可以成为教师专业发展的助推器,对课堂和学生都意义重大。

一、赛课活动,教师专业成长的助推剂

(一)对于参与赛课的教师而言

1. 提升课标和教材分析的能力

赛课中备课的过程其实是一项浩繁的工程。从教学目标的叙写、教学重难点的确定、教学方法的选择、教材分析、学情把握、教学环节中怎样导入,怎样过渡,怎样评价,怎样突破难点,怎样板书……都是需要教师字斟句酌,精益求精。赛课一定程度上代表的是学科组的水平甚至是学校的水平,所以对参加赛课的老师来说压力很大。在这种压力下,参赛的老师必须付出更多的时间根据命题去搜集资料,掌握素材,迫使自己分析课标,从多个角度深入教材,全身心投入到教学准备之中,也会从网络上、图书馆或者其他渠道搜集相关辅助资料,能迅速掌握到以前所欠缺的知识。在一点一点的构思、修改、打造过程中,教师头脑中对如何解读课标、分析教材、把握学情、突破重难点、调动课堂气氛、课堂即时评价等都会有深刻的体会和感悟,会不自觉地在常态课堂中实践应用,这个过程对教师解读课标和教材的能力的提升毋庸置疑。

2. 提升课堂驾驭能力

要上好一堂课,一篇好教案仅仅是基础,要想真正展现高质量的课堂,教师必须提升课堂驾驭能力,因为赛课中的环境和学生对老师来说往往是陌生的。让陌生的学生接受你,接受你的讲授,接受你的课堂,你的语言要生动有趣又不土气;态度要亲切和蔼,有亲和力;课堂内容要循序渐进,易于接受;你的活动要趣味盎然又有探究性,你的评价要及时且有激励性……对赛课教师来讲,如果你能说会道,能唱会跳,那就十八般武艺都展现出来吧,因为赛课教师所有的目标只有一个,就是竭尽全力成功驾驭课堂,想方设法成功让学生在轻松愉悦的氛围中学得会,学得好。经历了这样的锻造,哪位老师的课堂驾驭能力能不提升,而这样的提升必然惠及常态课堂。

3. 提升理论高度

赛课时教师往往会对"体现学生的主体地位"这句话有深切的理解和体会,因为如果赛课教师不能调动学生的积极性、主动性,不能让学生动起来、活起来,姑且不论成绩,也注定是个失败的课堂。所以实践生命化课堂的理念不仅仅是纸上谈兵,真正要落实到课堂教学中。赛课呈现的仅仅是几十分钟的课程,但是在这节课背后,参赛教师进行了多次的打磨,反复的修改和练习。这个过程是教师深度思考、反复琢磨、集思广益、不断改进的过程,这个准备过程带给老师的必然是知识的充实、理论的提高。

4. 提升反思能力

无论赛课成绩怎样,教师都会在赛课中会有很多次的反思。初次试讲后教案怎样修改要反思,课堂气氛不活跃要反思,评价不够多样及时要反思,课堂语言不流畅要反思,小组合作不积极要反思,课堂预设与生成不一致要反思,板书没有体现重难点要反思……反思让教师一步步走向优异,走向深入,教师的反思经过润色修改成为很好的教学论文。也正是在反思中,教师的课堂才能走向卓越。

(二)对于其他教师而言

1. 了解好课是如何打造的

参与的赛课不仅仅是赛课教师,在整个过程中,教研组、备课组的所有老师都会参与进来。一堂课从单纯文本到课堂呈现,从生涩到熟练,从简单到生动,从浅显到深入,这个过程需要教师一点一点挖掘教材,一字一句设计教案,一节一节试讲演练,一环一环点评修改,这个过程对所有老师来说都是一个成长的过程,是模板更是教学,是所有未参赛教师的学习过程,对今后参加赛课的老师起到了示范引领的作用。

2. 起到辐射和带动作用

赛课能够起到带动、辐射、激励的作用,能够督导一线的课堂教学。赛课是参赛和观摩教师难得的学习教育教学理论的机会。通过赛课,优秀的教师能够给他人提供学习的机会,分享自己好的教学经验。教师通过赛课或者听课,可以反思到自己的不足,找到自己需要改进的地方,找到努力的方向。通过观看赛课,可以学习到别人的长处;通过自身参加比赛,可以得到很多意见,不仅促进教师个体的进步,也有利于提升教研组整体教学水平。

二、赛课引领,教师专业成长催化剂

近几年我们的赛课形式从优质课,扩展到课程资源、优课及说课标说教材大赛。当然,赛课级别有差别,但学校对于赛课的引领和帮助是不变的,也是多样的。

(一)说课

说课,顾名思义就是教师用口语的方式向同行或专家阐述自己对某一节课的教学设想、教学思路及其理论依据。也就是教师对教案本身的分析和说明,是一种以口头叙述为主的教案分析。说课作为一种赛课形式,荣成市曾进行了说课标、说教材比赛,学校则以学科组为单位,将各年级教材进行梳理,按知识点或章节分给老师,通过个备—说课—评课环节,将优秀选手推选到市局参加比赛。通过各级说课比赛提高了教师对课标的掌握和理解、对教材的整体把握能力,从而提高了教师教学业务能力。

我们在这里所说的说课,是备课组之间的老师对教学设计的阐释,特别是赛课前的说课尤为重要。赛课教师将自己的教学思路和设计在备课组内解说,特别是目标设计、学情分析、教材深度挖掘、教学方法、小组合作的运用等展开,备课组其他教师集体听评,提出修改意见,赛课教师再备课,这样的说课往往不止一两次,一般持续到教案初步成型。

(二)备课

好的教案有很多标准,但一定以学生为本,充分体现学科素养培育,注重学科德育培养。在引领备课的时候,学校对每位教师提出了要求。

1. 在领会课标,吃透教材,分析教材、学情的基础上,参赛教师个人第一轮备课,主要是备教学过程,要求主线清晰、循序渐进、衔接流畅、显露亮点,教学过程准备的标准要求包括以下几点:①导语设计:既能切入主题又新颖有趣,能联系生活;②小组合作:用得适宜,用得必要,用得有成效;③课堂检测:体现当堂目标,有一定深度,有拓展迁移;④作业设计:体现开放、生活、新颖、趣味;⑤课堂语言:讲解紧凑流畅,最好幽默风趣,有感染力;评价及时到位,有激励性;

引导的语言要有启发性,让学生体会抽丝剥茧的乐趣;⑥课堂预设:尽可能对课堂中学生可能出现的问题,要多维度预设并有相应策略;⑦课堂评价:围绕目标设置评价方式和手段,灵活多样;⑧课堂板书:新颖形象,体现课堂主题,最好使用知识树或思维导图;⑨课件设计:色彩字体要主题鲜明,不花哨,要有重难点的突破的设计,最好使用微视频;⑩课堂结语:概况简练,有升华有深化,与前后的知识衔接和融会。

2. 在备课组内说课—评议—修改—重构—再议—完善,一般多次修改后才基本成型,但仍不是最后的定稿,还要经过课堂的检验,多次磨课后方基本定型。

(三)上课

课堂是教师达成教学目标、展示个人才能、实现人生价值的舞台。一堂好课如同一件艺术品,它可以精美绝伦,也可以朴实无华,但无不散发着幽兰之香,品来内涵隽永,令人过目不忘。学校制定了"好课标准"张贴在录播教室里。一堂好课五个标准。

1. 扎实的课

扎实的课就是有意义的课。它能较好地激发学生潜能,使学生深入其中,真正学到有用的东西,有强烈的情感体验,进而产生主动学习和探究的愿望。

2. 充实的课

充实的课是有效果、有效率的课。教师言之有物,学生学有所得,而且不同层次的学生都能得到不同程度的提高。在这个过程中,所有的学生均参与其中,课堂成为师生之间、生生之间交流学习、耕种收获的美好乐园。

3. 丰实的课

丰实的课是动态生成的课。它不完全拘泥于预设,而是在适当的时机,给学生自由发挥的空间。欲擒故纵,精讲点拨,期待课堂的精彩生成。既有资源的生成,又有过程状态的生成。在探究的精彩瞬间,常常有智慧的火花在不经意间点亮了教师的眸子。

4. 平实的课

平实的课是常态的课,是实实在在的课。它不刻意追求表面的形式,而是注重课程内容。它不哗众取宠,教师的眼中只有学生,所以,无论何时何地,有何人听课,教师都会把课堂看成是自己和学生的独有空间,看成是思维碰撞和智慧生成的神圣殿堂。

5. 真实的课

真实的课就是不加粉饰、有待完善、值得反思的课。真实的课必然是有缺憾的课,正因为不是十全十美,所以课堂显现着生命的原生态,也促使教师不断反思、修正自己的教学细节和教学行为,永无止境地追求教学的更高境界。

当然真正的好课不是有了标准就可以达成的,每一篇文本的设计没有最好,只有更好。作为赛课,一般都以同课异构的形式展开,所以尽管主题是一样的,但不同教师的设计和呈现是迥然不同的。

赛课前的上课是必须而重要的,在上课中,能够检验说课备课的质量,能展现一个教师良好的调控课堂的能力和应变的机智,为后期修改备课设计和进行课堂预设做了演练,所以赛课前的上课,往往要上多个轮次,上课时备课组老师要集中听课评课,随时发现问题,为赛课教师改进教学设计和课堂环节提供参考。

(四)导学案设计

导学案是经教师集体研究、个人备课、再集体研讨制定的,以新课程标准为指导、以素质教育要求为目标编写的,是用于引导学生自主学习、主动参与、合作探究、优化发展的学习方案。它以学生为本,以"三维目标"的达成为出发点和落脚点,配合教师科学的评价,是学生学会学习、学会创新、学会合作、自主发展的路线图。导学案实施的高级目标是培养学生的学习能力,为学生的终身学习奠定基础,导学案实施的基础目标是促进学生高效地掌握知识,为后续学习奠定文化基础,在导学案的实施中要两级目标并重。

赛课中导学案的设计一定要简练易操作,一定要在分析学情的基础上设计,内容不可过多过深。设计要体现引领性和指导性,引导学生一步步探究文本;要有趣味性,能引发学生探究的热情。

语文学科《下棋》一课,生字词比较多,字形字音也容易混淆。姜晓妮老师在设计导学案时就别具一格地设计了"眼力大比拼"的环节:

指出并改正错误的字音,字形。

博奕 yì　中 zhōng 肯　俏 qiào 骂　排挞 tà

鹌 ān 鹑 chun　茶寮 liáo　溆 chuò 茶

阒 qù 不见人　稽 shì 此不疲　剑拔弩 nǔ 张

嗤 chī 之以鼻　长吁 yū 短叹　自怨自艾 ài

抓耳绕 náo 腮　一枰 píng 相对　琐 suǒ 然寡味

这样的设置既是对学生预习课文情况的检测,也将字音、字形辨析融入学习中,一举两得。

(五)评课

上课的老师讲完课后,先进行3分钟左右自评,重点评自己本节课实施过程中的成功与不足,其他老师再评。我们改变评课的方式,实行维度评课的模式,各备课组长分别从教学模式构建情况、整体教学情况(包括目标设计、教学活动流程、目标达成度)、预习检测、电子导学课件(或学案)及电子白板使用与设计、课堂整体调控情况及时间安排问题设计、师生互动、评价设计、小组合作、学生展示交流、学生习惯培养、学法指导等进行维度评价,其他老师采用"1＋1"的形式,即一条优点,一条建议的方式来评课。

在具体赛课或常态课评课中,我们注意做到三点:一是重视教师的自我评价与课后反思,要把教师课后自评与反思作为赛课的基本环节确定下来;二是以发展的眼光去评价教师的课堂教学,不刻意求全,要充分肯定其成功之处,让上课教师看到自己的"闪光点";三是强化赛课后的评议和交流,做真教研、真评课、真交流,改变只讲优点、不提不足的"形式教研"风气,引导教师在课后评议中要摆正心态,做到坦诚、公正、宽容。

本学期,历史组张成宾老师上了一节示范课《甲午中日战争》,整堂课思路清晰,环节紧凑,课件中文字、视频资料充分,使同学们很顺利地了解了那段硝烟弥漫的历史,可以说是一节很成功的常态课。在评课环节,听课的老师们都指出了这堂课值得学习的地方,大家都收获不少。这时一个老师说:"张老师用钓鱼岛是中国的还是日本的这个问题引入课题,能吸引学生的学习兴趣,非常好。通过一节课的学习,学生应该有答案了,所以下课前把这个问题再问一遍,是不是课堂更完整,也能加强对学生的爱国教育?"这个老师说得很有道理,所有老师都接受了这个建议,表示以后上课也要注意课堂前后的联系,而且老师们纷纷表示这个老师听课十分用心,以后要向这位老师学习。通过评课,老师们互相学习,学教学方法,学听课态度,大家各取所长,共同提高。

(六)课堂之外的努力

课堂对教师知识、能力的提升毋庸置疑,但对教师感触最深的不仅仅是知识能力的提升。要知道每一堂课的背后还有学校及更多老师的参与,这份团队协助、这份齐心协力、这份有事共担的意识恐怕让教师感触更深,对专业成长的意义更大。

　　唐洪志老师是一位化学老师，她要参加优质课评选。在市里选拔之初，因为要用课件讲课，当时会做课件的人很少，而且当时我校各科参加评选的人很多，可苦了学校的微机老师，通宵达旦地帮忙制作课件；因为化学是以实验为基础的学科，因此实验是必不可少的，唐老师准备了分组实验，学校的实验老师也给了唐老师很大的支持，为唐老师加班准备器材；学案要在很短的时间内印制出来，油印室的老师加班加点。唐老师感觉自己即使有三头六臂都不够用了，时间紧，任务重，没有其他老师的帮助自己真的完成不了。

　　讲课之前，要运送仪器，校长借车来用，管接管送，而且讲课所需全部报销。用校长的话说，"老师是给学校争取荣誉。"讲课当天学校还派几位老师跟着去准备，像发放学案，摆放仪器，还有课件有什么问题也会及时解决，最后唐老师在众人帮助下顺利完成优质课比赛。后来李晓静老师讲省级优质课，其他老师参加各级各类教学比赛时，都得到各位老师和学校领导的大力支持。她们自己也认为其中的过程是很艰辛的，有的老师开玩笑，"这一个过程像是扒了一层皮"，但收获是很大的，成长是很明显的。所以，一节课的完成，是集体智慧的结晶。一个教师的成长，是同伴互助的结果。

三、赛课的成效

　　"赛"的目的就是为了"研"，要避免"只赛不研、赛而不研"的现象，不能只停留在评比出结果上，而是要以课例为载体进行研讨，帮助参评教师优化课堂教学，帮助教师转变教学观念及行为方式，提高教学能力和质量。

　　（一）提升了教师专业能力，促进了教师专业发展

　　赛课呈现的不仅仅是45分钟那么简单，它除了本身的目的——加强同行之间的交流，提升教师素质，探究最有效的教学方式之外，更希望有一个辐射作用。赛课是经过长时间的准备呈现出来的课堂，所以相对来说应该是比平时课堂准备更加充分和精彩的，所以针对赛课时同行、专家提出的意见，更应该重视。同行、专家的眼睛是雪亮的，他们见过形形色色的参赛老师，对于你的举手投足，哪里不合适哪里恰当都很清楚，所以他们意见具有针对性。通过赛课，教师可以很有针对性地改善自己，而不是盲目地找不到方向。赛课时有很多同学科的同行，在与他们的交流中，也可以学习到不同的教学方法、不同的班级管理经验等，这些经验

是宝贵的,是教师们经过时间的流逝慢慢积淀的,每个教师应该珍惜同行老师与自己分享的经验,利用好了,对自己的教师专业发展具有跨越式的进步。

每个经过赛课的教师,在课标解读、教材分析、教案设计、学情分析、课件制作、导学案设计、课堂调控和把握、课堂评价等方面都得到了脱胎换骨的变化。如果说赛课前是教学型教师,那么赛课后绝大部分老师都向专家型教师迈进了一大步,这对于教师个人意义重大,对于学科组在专业能力上的提升同样也是实实在在的。

(二)积累了教学素材,促进课堂教学长足发展

每一节赛课背后都积累了大量的素材,而最终定稿的教案、课件、导学案,每一部分都堪称精品,这些资源汇集起来就会成为学科组的宝贵资源。现在优质课、优课、课程资源数量很可观,学校利用云盘建立了学科资源库,专设了资源包,每个精品课都可以作为今后及日常教学的素材,在此基础上再改进利用,这样赛课的资源就流动起来,让一级又一级的教师共享优质课程资源,促进了学科教学的长足发展。

(二)获得了专业成长的认可和自信

赛课中教师积极展示,优异的成绩让参赛教师获得了专业成长的认可和自信,仅以 2016 到 2017 学年为例,我校在各级各类赛课中取得荣誉有:荣成市级优质课、优课 15 节;威海市级优质课、优课 12 节;山东省级优质课 2 节。

赛课的作用是为教师提供了一个真实的研讨情境,大家互相听课、互相借鉴和研讨,并从中找到课堂教学改革的方向,在这个过程中大家有发现的快乐,也有创造的快乐。赛课,被赋予代表一所学校或一个地区教学水平的重任,往往是倾注了全体教师及相关专业人员的集体智慧。每一次赛课学校都会成立一个备课小组,备课组总是力求完美,有时为了一个情境创设教师会争论得脸红耳赤,有时为了一句过渡语言苦苦思索、细细推敲。就这样,不断学习着身边教师的优秀经验,不断汲取着先进的思想和智慧。这是一个精心雕琢的过程,也是教师与教师之间互相启迪、全面反思自己日常教学行为的好机会,从而使自己的课堂教学日益精进。赛课一般都要经历同课多轮的锻炼,这个过程是教师深度思考、反复琢磨、集思广义、不断改进的过程,它给教师带来的专业体验和行为跟进是常态课所无法比拟的。当教师不辞辛劳地打造一堂课的时候,这堂课也毫无疑问地打造了教师。经过赛课的打磨,教师对如何把握教材、如何把握学生、如何设计课堂的每

一个环节就会变得十分清晰,上完课以后,授课教师也可以从评课老师那里知道自己的优点与不足,多了一份专业引领。如果教师把赛课写成课例研究报告,那对专业发展大有裨益。从实际来看,赛课确实也锻炼和打造了不少教学名师,赛过课的教师一般都有这样的体会:辛苦,但收获多多。可以说,在赛课的磨砺中渐渐成长,大大缩短教师的成长周期,是教师专业成长的催化剂,是成就名师不可缺少的磨炼。

赛课在线一:

一路收获一路幸福

毕宏伟老师,荣成二十七中英语教师,从教近 20 年,教学成绩突出,连续多年担任初四班主任和备课组长,获得优秀班主任的称号,她在赛课中收获着幸福。

幸福是什么? 幸福是沙漠里一眼清澈甘甜的泉水,幸福是黑暗中一盏指引方向的明灯,幸福是夏日里一席沁人心脾的微风,幸福是发自内心的一抹微笑,幸福是情不自禁的一声呼叫。回顾荣成二十七中的二十多年任教生涯,毕老师觉得可以用"幸福"来概括和形容。

毕宏伟老师一直以为自己是只"丑小鸭",不敢参加优质课的比赛。在教研组长刘老师的鼓励下,毕老师勇敢地迈出了这一步。还记得 2009 年,毕老师拿到了市优质课的参赛资格。那一夜她紧张得没睡好:该做哪些事呢? 怎么才能把课讲好? 课该如何设计活动? 刘老师看着紧张的她,微笑着说:"别发毛,多看多揣摩多学习。"听了刘老师的意见,毕老师搜集了有关英语课的视频、课件、教学设计等资料,每天下课就学习,认真做着笔记,模仿好的动作。第一次试讲课,最终以尴尬收场:课堂活动没有进行完,小组分数记错了,学生不理解老师的表达等等。还没下课毕老师就失去斗志,原来要上好一堂课是这么难。想着自己的不争气,毕老师心里打了退堂鼓,同事们的帮助让她找回自信。英语组的全体老师们不放弃,他们不厌其烦地为毕老师进行多次听课、评课,然后发表自己的意见。张老师向毕老师提供与时俱进的课堂新动态,许老师对毕老师的课堂手势、动作进行纠正,宋老师对课堂语言的精简给予意见,刘老师对课堂活动设计发表意见。看着她们为自己忙碌的身影和对自己的悉心指导,毕老师瞬间泪眼朦胧。这是一个充满关爱的集体。经过反复听课后,毕老师终于不负众望地取得比赛的二等奖。回想那次比赛,那就是毕老师教学生涯的一次蜕变。感谢优质课比赛,让她积累了更多的教学技能,揣摩了很多自己得心应手的教学"招法";感谢比赛,让毕老师感受到了英语组大家庭的温暖,收获了成长的幸福。

赛课在线二:

永远向前,路一直都在

孙明艳,荣成二十七中历史教师,虽然音乐专业毕业,工作时间也不长,但孙老师刻苦钻研,积极上进,成长很快,多次外出讲课,成绩突出,请听听孙老师的故事:

刚刚踏上教师工作岗位的孙明艳老师,接到领导派来的任务,代表"1751"教学改革工程荣成片区参加山东省各校区课程交流,作为一名改科老师,接到任务的那一刻,她既兴奋又担心,兴奋的是领导对她的信任,同时这也是一次学习的绝好机会,担心的是她代表的不只是自己而是整个荣成市的教学水平。自己能行吗? 孙老师一次又一次地问自己。只有两个月的准备时间,孙老师抛开心里的顾虑,凭着一颗初生牛犊不怕虎的心,进入了准备阶段,既然躲不过,就要面对它,接受它,克服它。

从构思到写教案,这是一个漫长的过程,期间离不开集体的力量。集体的力量是强大的,因为一个人备课时,通常会钻进牛角尖出不来,而这些问题旁观者很快就能发现并且指出问题。

第一次试讲后,孙老师对自己是很不满意的,因为她自己都觉得讲得一塌糊涂。首先,孙老师对自己的课程导入不是很满意,太冗长了,有欠妥当。而她一心想着力表现的内容,并没有充分表达出来,而整节课的处理,显得凌乱没有条理;还有,问题抛出来时过于简单、生硬、抽象,学生不一定能够由表及里去思考问题;设问没有分层,缺乏梯度,学生思维跳不到那么高,也跳不了那么快。时间已经不多了,可还处于这样的混沌状态。听课后,各位老师的意见让孙老师收获不少:张成宾老师的清晰结构,袁丽艳老师的设计思路,曲光军老师的观察入微,杨维胜老师的细致和提醒,杨夕芬老师对教材的独特解读等都让孙老师连连称是……

修改后,孙老师又上了一次课,她感觉突出了自己想呈现的内容:

音乐响起,配上草原的引入图片,王昭君的视频介绍也随之播放,孙老师看到听课的老师们的眼睛,有认同,也有惊喜,好的开头是成功的一半,孙老师知道自己成功了一半。她感觉很开心,课堂一直很顺利,直到结束。这节课给她带来了成长,反思回顾从准备到上课这一段时间,值得孙老师珍惜的不是那骄人的成绩,而是在这过程中集体奋斗的点点滴滴,感谢集体的力量让她迅速成长!

赛课在线三:

踏上课改的"台阶"

孙晓娜老师,荣成市优秀教师,荣成二十七中初四语文组备课组长,多年任教初四。她勤敏奉献,勇于创新,带领初四语文组逐渐形成了一套独有的教学模式,积累了大量宝贵的复习资源,作为一名骨干教师,她参加赛课活动感受很深。

阳春三月,沉寂了一个冬天的暖阳、柳树、小河都欣欣然张开了眼,可是在这个万物复苏的季节里,和煦的春风却吹不走孙老师心头的阴霾。2012 年的 3 月,孙晓娜老师陷入了前所未有的困境中,这一切,皆因为那堂优质课——《台阶》。

接下这项教学工作时,孙老师感觉到了一丝压力,但想到自己从事语文教学已经十多年了,积累了一定的教学经验,也具备了整体把握教材的能力,所以并没有因为些许的压力就望而却步。可是,踏上了讲台,面对四十多个陌生的孩子,她才惊觉:在学校如火如荼的课堂改革浪潮中,自己成了落伍者!

一、闭门造车学情盲

李森祥的《台阶》是七年级下册的一篇文章,小说中的父亲为了建造象征着尊严的九级台阶,付出了青春、付出了健康,梦想实现后,父亲却老了。这样的父亲让人敬佩,让人感动,也让人感到些许的悲凉,作家的出发点正是引导我们来关注社会上无数的像父亲一样贫穷、一样坚韧的广大农民,但由于当时的农民生活离学生的生活年代久远,文中的父亲与学生的祖辈年龄相当,所以学生很难理解父亲身上所流淌着的那自尊、坚韧相融合的血液。尽管课前孙老师对这一点有了一定的准备,但由于多年接触毕业班的学生,对初二的孩子脑海中的认知结构、学习基础、接受能力缺乏深入的了解,所以当她提出"如何理解小说中的我对父亲的感情"这一问题时,学生们一下子懵了,这个对他们而言过大、过深的问题,让他们摸不着头脑,无从回答。学生不能理解儿子对父亲的怜惜和同情,以及儿子对农民不幸生活状况的悲痛之情,自然也就无法实现与文本的共鸣。

第一次试讲,孙老师败在了没深入地摸清学情上。

二、自说自话互动差

新课程强调:"教师是学生学习的合作者、参与者和引导者,教学过程是师生交往、共同发展的互动过程。"而初四课堂的大容量、快节奏让孙老师养成了独霸课堂的习惯,经常是问题刚一提出来,还没等学生思考完,孙老师就自顾自地说出了答案。第二次试讲,孙老师采用了师生互动、生生互动的形式,从表面上看教师与学生进行了对话,其实她与学生并没有达成"心有灵犀一点通"的效果。刚开始时,她还能注意留给学生一定的思考时间,但一段时间过后,觉得课堂流程可能完成不了,所以便又摇身一变成了课堂的主角,一直在用问题拖着学生往前走,全然不顾他们的接受能力。比如在重点研读环节综合概括父亲的特点时,孙老师不顾学生及其他小组的合作成果,而是硬抢着告诉学生细节描写的特点,学生没有与她达成共识,自然没有实现与学生之间的心灵对话,这节课又变成了孙老师自说自话的课堂。

第二次试讲,孙老师败在了师生之间互动不够深入上。

三、吝于表扬激励少

新课程指出:"在教育教学中,通过教师的语言、情感等激励性评价方法,不失时机地给不同层次的学生以充分的肯定、激励和赞扬,能使学生在心理上获得自信和成功的体验,激发学生学习动机,诱发其学习兴趣,内化学生的人格。"多年的教学工作让孙老师漠视学生在课堂上的精彩表现,古板的话语和严厉的表情让学生感受不到老师对他们的鼓舞和信任,最多就是一句"很好,你说得不错",这就导致学生的主动性受到一定程度的压制,课堂气氛单调沉闷。在课堂即将结束前的仿写环节,有学生发自内心地写出了自己对父亲的感受,孙老师却没有适时地对他进行激励性评价,哪怕一个赞许的手势,一个鼓励的微笑都没有给予,当学生坐下时,孙老师分明看到了他脸上淡淡的落寞。

第三次试讲,孙老师败在了吝于对学生进行激励性评价上。

第四次,第五次……在教研组各位同行的帮助下,孙老师一次次地推翻了原有的讲课方案,重新设计、重新完善,终于较为成功地完成了这项教学任务。

这次优质课的评选,是孙老师置身于新课改理念下一次炼狱般的脱胎换骨,她如一只破茧的毛毛虫战胜了各方面的积习终于成长为一只翩飞的蝴蝶。孙老师相信,踏上了课改的《台阶》,在今后的教学工作中,她定会走过阴霾的三月,迎来属于自己的"人间四月天"!

赛课在线四:

赛课,教师快速成长的阶梯

杨秀敏老师,荣成市美术教育协会会员,荣成市师德先进个人,曾获得威海市中小学美术教师基本功比赛一等奖,执教威海市级优质课、优秀课程资源优课等,相信她的赛课经历会引发你的共鸣,反思会带给你启发。

优质课和公开课,因为具有公开展示的特点,所以每一位上课的老师都很重视,都希望自己能给大家献上一堂精彩纷呈的课程。为了这节精彩的课,每一位老师都必然会用心钻研、精心备课、反复修改,而这个用心钻研、精心备课、反复修改的过程,不仅使这堂课越来越好,更能促进教师专业技能不断提高。杨秀敏老师有幸参加了2012年威海市优质课比赛和2016年山东省"1751"省级公开课的展示,结合她个人的经历谈一点体会。

一、优质课和公开课的比赛有利于提升教师的教学技能

俗话说:"教有法,但无定法,贵在得法。"教学确实是一门学问。要想上好一节优质课、公开课,需要授课老师付出大量的时间和精力,同时也离不开身边同事的帮忙,听课—修改—再听课—再修改,这是一个反复磨课的过程,在这个过程中身边同事的团队作用显得尤为重要。再好的课程也有不足,需要团队老师在磨课过程中不停地提出修改意见,不断地完善,从而使授课老师把握住重点,突破难点。在杨老师的美术优质课磨课中,除了美术组的老师,她还邀请了语文组、音乐组等许多有经验的老师,针对他们提出的意见杨老师反复修改,从教学环节的设计到问题设置,甚至是许多平时自己未发现的口头用语,都在磨课中显示出来并逐一修正。这就要感谢学校团结、和谐、向上的大校园环境为教师个人成长提供了良好的氛围。

二、优质课和公开课的评价有利于促进教师自我完善,增强教学魅力

优质课备课前,教师都会自认为准备得非常充分,但是等到课程结束后,会发现还有很多不足之处。在同行的帮助、专家的指点下,要吸取优点、改正缺点,才能不断进步。只有每一个人都参与进来,活动才更有意义,收获和启发会更大,才会推动每个人去研究、思考,促进教师的专业成长。

优质课和公开课是开展课堂研究的重要载体和形式,可以推动教师基于专业对话和学术批评的交流,强化理论与实践的互动,体现公开课的研究价值。我们每一位教师都要用积极的心态对待优质课和公开课,要把它看成学习、研究的过程,看成是自我锻炼、自我实现和自身专业素质提升的广阔平台,真正体现出优质课和公开课的价值和魅力。

第五章

优化记录反思，激活成长专线

　　苏联教育家苏霍姆林斯基曾经说过："没有自我教育就没有真正的教育，这样一个信念在我们的教师集体的创造性劳动中起着重大的作用。"教师在教学工作、生活中时时进行反思是一种良好的教育教学习惯，有利于教师不断提升理论水平和拓展知识层面、更新教育教学理念，有利于增强教师的分析设计能力、调控应变能力和总结评价能力，有利于教师形成自己的教学风格，激活教学智慧；有利于教师深入开展教学研究，将教学与研究相结合、教学与反思相结合，使其教学方式、方法更为科学化、合理化。我校教师通过多种类型的自我反思，重新审视自我，发现自我，使自己的有效经验得以升华，缺点和不足得到修正，教学能力和教学效益得以提升，从而夯实业务素质，提高教学能力，积累教研素材，形成独特教学风格。

第一节　博客论坛，专业成长自留地

博客，简单地说，就是网络日志。老师可以把自己的日记、文章、材料、资料等文字、图片材料上传到网上一个固定的位置，在这个位置分类发表收藏。这个网上的地方，这个专门的个人网页，就是博客，它是英文单词"BLOG"的音译，汉语意思就是"网络日志"。这里的文字、图片材料，可以是自己写的，也可以是搜集他人的。对于一名教师来说，自己的个人博客就是教师博客，如果定位为提高工作水平和效果，可以说是工作博客；如果把教案设计、教学感悟、管理心得、教学反思或教后记教后感、课堂实录、课件、试卷、读书笔记等材料上传到博客上，就是教育教学博客。教师博客，是教师自己的文章、言论的汇集，也是一个巨大的网上 U 盘，存放自己的各种资料，它还是一个教师学习的有力工具，犹如一个巨大的文件夹，保存自己各种学习资料。它可以把教师写的各种成文的、不成文的资料、材料收集汇编在一起，坚持积累下来，会很壮观。

博客的文章一般都要做好分类，可以是教学一类，教学研究一类，还可以是从事管理的，如学校管理或班级管理一类，个人生活感悟一类，子女教育培养一类，自己的读书笔记、好文章的收集一类。如果喜欢给学生拍照片、摄像，也可以上传照片和视频，学校或班级搞一个活动，拍下照片，也可以上传到博客。总之，你喜欢的都行。只要养成了随时动笔、敲键盘的习惯，养成了平时注意观察、注意收集材料的习惯，博客文章就会源源不断。在这个过程中享受到积累的成就感，收获的喜悦感，个人成长的幸福感。有专家说，教师这个行业，是适合写博客的。

那教师博客到底该记录什么呢？

一、博客，记录心声书写人生

（一）书写真实的教师

身为教师，生活在纷繁复杂的社会环境中。除了肩负着教书育人的责任外，还有诸多的社会责任：为人妻为人夫，为人母为人父，为人女为人子。"为人师"只是众多社会角色之一而已，教师这一职业也不是脱离社会而存在的！因此，教师博客如果只记录自己的教育教学并不是完整的。

教师的教育教学也与平时教师的生活态度有着千丝万缕的联系。在这个物质至上的社会里，教师也面对着重重的诱惑。面对诱惑，教师只能坚持内心的原则，学会拒绝，不然只会空生烦恼。一个被烦恼日日纠缠的教师，如何能心平气和面对学生呢？一个内心过于渴望丰盛物质生活的教师，也不会安心从事教学。教师的教书育人态度与教师的生活态度是一致的，一个对生活满足、对生活感恩的教师才会乐于从教。与我们教师在交流时，有老师说："你的文字总有一股清新的味道，澄净透明，感觉很真实、淳朴让人浮躁的心就莫名地安静下来；你的处世态度，你的温和淳朴是我所向往的生活的味道。"同时，教师的以身示范，为人处世也会对学生产生潜移默化的影响。教师通过博客里的生活故事告诉我们的学生，如何生活，如何承担生活的责任，这样的教育是不是比简单地说教更有效呢？

因此，教师在教师博客里书写教书育人之外的生活是值得鼓励和提倡的，这样的所为并非"不务正业"！我们不能简单认为教师博客就是"唯教育"，是教育教学的专项博客。教师博客就该书写真实的教师，突出教育的味道！

（二）书写有灵魂的教师

博客的灵魂就是老师的灵魂。因此，博客应该反映教师的思想、认识、味道。博客是自己的网络日志就应该记录属于自己的东西，换句话说就是博文应有大量的"原创"。作为教师常常要求学生习作的时候"我手写我心"，其实，教师博客也应该这样。教师每天都会和很多学生打交道，只要用心，就会有很多教育故事；教师每天也会收获不同的心情，如实记录自己的心情，也就成了一篇篇真实的教育心声；同样教师每天也会对教育有着自己的看法，把这些思想记录下来，哪怕三言两语，都是教育的智慧，涓涓流水也可汇成大海。教师身边并不缺少需要记录的素材，只是我们缺少发现的眼睛。

初写博文的时候，无须长篇大论，重在积累，天长日久，收获的将是沉甸甸的丰收之果。博客虽然是教师心情释放的平台，但是教师不能将博客当成私人的"出气筒"。因为教师的博客面对的是方方面面的人士，有其他职业的社会人士，有不谙世事的学生，有关心教育的家长。教师不能通过博客让人误解是"怨"师，因为教师已经奉献了，已经付出了，就别发牢骚了！应该也没有人会认可一个满腹牢骚的老师。

当然，这也并不意味着教师必须隐瞒自己的真实感情，烦心事、恼人事、不平事有时也发生在身边,遇见这些事情的时候,还是可以抒发自己的真情实感的。只是要注意"度"。其实,在这个注意"度"的过程中,教师也会逐渐变得心平气和,宽宏大度。教师博客,就应该体现教师的全部生活和内容,那上面既要有体现工作的思考和实践,也要有教育的幸福和辛酸;既要有生活的欢笑和泪花,也要有生命的欢乐和哀伤。

学校加大教师专业发展力度,号召教师创建教师博客,目的在于:基于"博客"平台以促进教师专业自主成长,养成在博客上撰写教育叙事的习惯,常常"自我反思";与同行、家长、学生交流,开展"同伴互助";拜读专家博客,实现"专业引领"。我校在教育博客群建设中立足校情、大胆创新,推出四项措施有效地促进博客群的建设与管理。

二、建博,科学引导细心指导

(一)提供培训,鼓励参与

博客是一种新生事物,大多数教师较为陌生,恰逢此时,荣成教研中心组织教师进行教育博客的培训。为使教师们认识博客、会用博客,学校利用全校教职工会议时间对博客的概念类别、特点内容、注册使用等相关知识进行培训,并向教师印发了《博客使用手册》。对学校领导、班主任、教研组长和学科骨干教师进行第一批次培训,其他教师进行第二批次的培训创建。在培训中,学校还就博客建设的内容作了详细的要求:以教育活动、教育反思、教育叙事为主,要求教师利用博客平台书写自己的教育故事、教学反思、教学设计、教学课件、生活感悟等,在进行知识梳理、实践思考的同时,要经常浏览其他老师的博客,注意实现相互交流、智慧共享,从而不断促进自身的成长和专业发展,提升自我生命的质量和价值。

在哪里建立博客可以根据自己的喜好选择。唐洪志老师、王迎军老师、张霞老师等又在威海教育学会网站建立了博客空间,留下了自己教育路上的脚步。这三位老师因为笔耕不辍,博客论文因为书写质量有一定高度,《威海教育》直接约稿采用;姜晓妮老师、孙晓娜老师、王霄老师等利用自己的QQ建立空间日志,记录生活点滴,引得其他老师竞相评论,空间里写日志、看日志、评日志的氛围日渐浓厚。

(二)借力活动,营造氛围

学校博客群建设后,把博客平台作为工作、学习、研讨交流的平台,通过组织集体备课、教育叙事、教学设计等教研和评选活动,与传统教研相结合,引导教师广泛参与。同时,学校将积极选拔、培养、推出博客骨干,组织其与市、教研片区的教育博客社团进行研讨交流,形成跨区域多渠道的互动、对话、共享的学习共同体,促进共同发展。特别是学校在推进读书活动中,老师们读的书越来越多,积淀越来越厚,话题也越来越丰富。经常听到办公室里的教师互相交流读书的收获和感受。老师们的你一言、我一语启发了我们:读书,这是与大师对话的过程,也是沉心思索的过程,随时都会碰撞出灵感的火花,而这些火花如果不能及时点燃、释放,就有可能熄灭。博客平台为教师提供了一个更自由更广阔的平台,保证了教师读书活动更有效、更持久、更深入地开展,教师也才会达到"你有一个思想,我有一个思想,我们交换了,每人都有两个思想"的目的。通过博客,老师们不仅记录下自己的读书体会,也能够借鉴到别人的优秀思想,还可以通过回复进行讨论。其中,最热门的当属姜晓妮老师的"邀游书海"了,在《坚持》一文中,她写道:"杨瑞清说,他之所以取得今天的成就,除了拥有青春的理想,事业的激情外,最重要的一条,就是坚持!他确实是一个善于坚持的人。他坚持写日记这一条使给我深深的震撼。我最初也有写教育日记的习惯,后来,家庭琐事多了,便很少动笔。读了杨瑞清的文章,坚定了我写下去的决心。文章本是没有文法可言的,生活便是最好的素材。我不期望自己能写出什么名堂,我只是觉得自己需要这么做,这是一种对幸福的渴求。等到将来某一天,再回首自己的教育教学,我也许会对曾经的所为露出会心一笑。写东西,不为发表,只为自己喜欢,只为证明自己能坚持!"也正是凭着这种坚持下去的想法,她先后写下了《留一只眼睛给学生》《别让学生为你的"爱"负累》《今天,我被学生给"教育"了》等四十多篇反响热烈的博文。

教师写教育教学反思已经成为习惯,大量的教育教学经验被整理成文字。正因为有了大量的积累,老师们写起反思来可以引用,可以借鉴,在旁征博引中娓娓讲述自己的教育故事,在行云流水中阐述自己的教育理想。教师所写论文在各级各类评选中获奖的捷报频传,反思、教育随笔也频频见诸报纸、杂志。我校的教师也成了教育专家!仅张霞老师一人,就在《中国教育报》《山东教育》等国家级、省级报纸刊物上发表文章四十多篇。

教师创建博客,构建了教师专业发展的互动平台,实现了教师与资源建设的共生、共长,提升了教师个人的自我反思能力,形成了团队同伴互助的氛围,体现专业研究人员的引领,记录教师专业成长足迹,提供了氛围和环境。

（三）加强管理，形成制度

学校成立了教育博客建设指导小组，校长亲自担任组长，并对学校博客群建设提出总体要求，确定办公室室长为博客管理员，具体负责学校教育博客的建设工作。学校鼓励任课教师每周至少写一篇有质量的教学随笔并发表在教师博客里，鼓励教师建设富有个性的博客，打造自己的博客之家。

三、博文，反思改进跬步行远

（一）便于保存各种资料、文稿、文章、材料，有积累作用

善于积累，就能提高效率和效益。原先积累的稿件，经过不断地修改和提炼，稿件的质量会越来越高，也越来越有利于指导工作，这样，工作就少重复、少失误。王迎军老师的博客陆续发表文章 120 余篇，回头自己细细品读，她总有一种成就感。

（二）养成反思和总结的习惯

养成总结反思的习惯，自己教学的质量才会不断提高。在处理学生问题后，要把事情的过程记下来，把经验教训也记下来；即使没有感悟和反思，也都要记录下来，这样才能看到自己成长和进步的脚印。搞教科研的人都应该有这样的体会，论文的灵感、线索、火花，都来自于平时教后记、教学反思的积累，可以说万丈高楼平地起。

（三）养成不断学习、充电的习惯

在平时的阅读中，看到好的文章、资料，都可以转帖在自己的博客里，这样以后要用时还可以查到。好的教案、教育名家的思想等也都可以下载，存放在自己的博客里，数量也是可观的。

为了教师自身的发展和前途，为了更好地促进教学工作的开展，我校广大教师都应该而且可以建立自己的个人博客。事实上，我校很多教师每天都在上网，不少教师在网上看新闻、发帖子、看影视剧，如果有意识地把上网的一部分时间集中在备课的钻研上，在教学上，在教后记上，在教学感悟上，在教育反思上，充分利用网络学习、备课、充电，那么，教学效果会更加明显。如果教师在喜欢网络阅读的基础上，也能勤于思考，勤于动笔，随时随地写下自己的反思、感悟，教师博客就一点都不神秘，也不困难，效果在坚持中就会逐步显现光彩。

博文共赏:

掌心里的芳香

王迎军老师在威海教育学会网站建立了博客,恰逢教育学会开展"《威海教育》和我"的主题征文活动,她心有感触写下了一段文字,很幸运被编辑老师推荐为精品博文。

和《威海教育》相伴已有十载,相识愈久,愈感受到它幽远的魅力——它来源于生活而不乏深度,服务教学而不空泛说教,贴近心灵而又前瞻敏锐。每每一刊在手,掌心间那散发着智慧与灵感的翰墨书香令人深深陶醉和迷恋。

初识《威海教育》是在王老师工作五年之时,那时的她意气风发,踌躇满志,自觉业务已是熟练至极,课堂更是挥洒自如,领导器重同事赞扬,一切看起来都尽在掌握。就在王老师洋洋自得原地踏步的时候,一位年高德劭的教研组前辈递给她了一本《威海教育》。彼时的《威海教育》有些小家碧玉的秀气,16开页面没有夺目的色彩也没有花哨的点缀。翻开来,简单的文字显得那么质朴而内敛。怀着好奇和懵懂,王老师走进了《威海教育》,由粗略的浏览到细细捧读,王老师只用了短短的5分钟时间。苏静老师的《新诗教:面朝大海春暖花开》让王老师顿悟到了自己的无知无为和偏安一隅的可憎,沿着这份诗意,她如饥似渴地寻找新诗教课堂带给她的震撼和感动。"教师专业化发展高级研修班"的资料汇编,同事的听课笔记以及《威海教育》"近期视点"中同行的感受,都让王老师对新诗教的课堂艳羡不已。也就在这时,王老师突然发现威海教育学会和《威海教育》这个在她心目中模糊的形象一下子变得具体可感,它不再是自己潜意识中的那种高高在上的、专家学者式的说教,不再保持着她不可企及的距离,不再让她感觉专著专刊的乏味高深和难懂晦涩!王老师感觉到了一股无形的力量在推着她向前再向前,进取再进取!从此她的目光开始沉稳而不再好高,她的心境开始宁静不再旁骛,王老师开始追随《威海教育》的脚步,一步一步,自远而近。前行的路上她不再是孤单一人,她感觉一个朋友随时站在她的旁边,她累了,它是休憩的港湾,她在这里填补能量,强筋壮骨;她渴了,它给出清清的甘泉,尽解她的干涸,扫尽她的疲惫;她肚囊空空,营养大餐滋养着她的头脑和灵魂,让她备感熨帖和充实。

在这里,她有幸认识了朱永新教授,她邂逅了王艳芬老师,聆听孙义君主任的教诲,还拜访了那么多她叫得上名字但从未谋面的前辈同行。王老师从他们的理论研究和教学反思中感受着无畏的探索、执着的追求和博大的情怀。王老师常常想是什么让《威海教育》如此的吸引她，也深深吸引着她身边的同事？是的，是《威海教育》身上折射的那一种力量，一份沉稳，一腔为师服务的信念，一缕赠人玫瑰的馨香，令她感动，让她沉醉，助她成长。每每翻开《威海教育》，王老师都要细细品读，她在每一段文字的背后探寻作者心灵的足迹，在每一个故事的讲述中感受作者洞察生活的敏锐，在每一次的议论升华里同享柳暗花明的喜悦！《威海教育》让她学会了教，学会了思，学会了用手中的笔记录自己生活的点点滴滴，学会了将自己的快乐、烦恼、感悟和所得积累起来，连缀起来。

和《威海教育》一路同行了 11 载，而这样的相伴已经成为了王老师教育路上前行的习惯和力量。现在她的书架上已经开辟了一个单独的空间，那里是她心爱的《威海教育》小憩的家园，从小 16 开页到大 16 开页，一本本《威海教育》像抖擞的士兵整齐列装，等待着王老师随时的翻阅和品读。而这里也是王老师的精神家园所在，在这里她找到了精神小屋的钥匙。追寻着《威海教育》的脚步，王老师在威海教育学会的网站上开辟了自己的一片博客家园。也就是在这里，《威海教育》的编辑老师给了王老师最诚恳的指导和肯定，博友们给了她最真挚的感动和帮助，他们悉心的点评和留言激励和鼓舞着她笔耕不辍；博客大家园则成了她丰富自我、提升自我的芳草地。王老师在求索和努力中，收获了在《威海教育》发表文章的甜蜜，汲取着教生育子的智慧。

和《威海教育》相伴的这一径长途中，王老师常常想到冰心老人的一段话：爱在左，同情在右，走在生命的两旁，随时撒种，随时开花，将这一径长途，点缀得香花弥漫，使穿枝拂叶的行人，踏着荆棘，不觉得痛苦，有泪可落，却不觉得悲凉。这就是《威海教育》，她愿时时捧它在手，感受它舒朗的视野、大爱的情怀、智者的恬淡。这样的捧读让王老师的掌心时时充溢着芳香，更让这弥散的清香在时光的长杯里九酿成酿，醉满心怀！

第二节　自我反思，专业成长助推器

美国心理学家波斯纳曾说过："经验是靠岁月的积累，反思可以使经验更迅速更有效地积累。"他还提出了教师成长的公式：成长＝经验＋反思。著名教育家叶澜也曾经说过："一个教师写一辈子教案不一定成为名师，但一个教师写三年反思有可能成为名师。"这些话都充分地反映出教师写各类反思对个人专业发展的重要性。在新课程深入改革的今天，教师进行自我反思是一种良好的教育教学习惯，能坚持对自己的教学行为进行反思更是一个教师进取心、责任心、勇气和意志力的表现。

那么，何谓自我反思？自我反思是教师对自己的各方面情况特别是教学的情况所进行的一种回顾、分析和总结。考尔德希德说："成功的有效率的教师倾向于主动地创造性地反思他们事业中的重要事情，包括他们的教育目的、课堂环境以及他们自己的职业能力。"反思被广泛地看作教师职业发展的决定性因素，反思能帮助教师把经验和理论联结起来，从而更加有效地运用自己的专业技能。没有反思，教育教学将只建立在冲动、直觉或常规之上。

一、反思的意义

（一）自我反思有利于教师不断提升理论水平和拓展知识层面

随着新课程改革深入开展，教师不断吸收内化新的理念（近期有高校课堂、生命化课堂、先学后教等）优化课堂教学。但实际上部分教师由于传统经验的根深蒂固，并未真正让新课程理论在教学中发挥它的重要作用，理论与实际相脱节的情况经常存在。因此，理论如何真正运用于课堂实践，达到理想的效果，就需要教师反思自己的教学方法，活化理论，付诸实践。长此以往，课堂教学通过教师反思实现了由不完善到完善，这也是教师对自身理论进行自我建构的过程。

善于反思的教学实践者，往往既是善于学习、善于掌握科学知识的人，又是善于总结、着眼长远发展的人。他们笔耕不辍，及时将自己的理论收获、心得感悟以文字材料的形式呈现在各级各类教育专刊上。近两年我校教师发表的学习反思类论文达六十多篇,这些都足以说明自我反思对于我校教师的专业理论提升的功不可没。

(二)自我反思有利于增强教师的分析设计能力、调控应变能力和总结评价能力

教师通过反思对教学设计、课堂教学等进行教学监控,监督教学设计各环节是否完善,便于及时发现环节中出现的问题,从而在第一时间对课堂教学效果进行评估,对学生课上状况给予适时的回馈。因此,教师的教学监控过程都是从对教学活动的反思与评价开始的。

按教学的进程来划分,反思分为教学前反思、教学中反思和教学后反思三个阶段。教学前反思具有前瞻性,能使教学成为一种自觉的实践,还能有效地提高教师的教学预测和分析能力。教学中反思,即及时、自动地在行动过程中反思,这种反思具有监控性,能使教学高质高效地进行,有助于提高教师的教学调控和应变能力。教学后反思具有批判性,能使教学经验理论化,有助于提高教师的教学总结能力和评价能力。

以鞠建华老师《云南的歌会》教学反思为例。

《云南的歌会》这篇文章写的是云南少数民族地区的古老的歌会,蕴涵着浓郁的民间文化气息。但文章写作内容离我们山东荣成学生的生活比较远,学生学习起来应该有一定的难度。所以在教材的处理中,她特别注意了以下几点:

1. 在激情中导入课程内容

课堂伊始,鞠老师给学生播放了云南民歌《小河淌水》,同时屏幕显示“云南风景民俗图片”。随后加以引导:“同学们,在优美的歌声中,我们一起欣赏了云南美丽而神秘的风景,领略了云南特有的民俗。今天,我们就跟随沈从文,一起走进云南,用心去聆听《云南的歌会》。”欣赏了云南民歌、云南风景民俗图片,再加上鞠老师的语言引导,拉近了学生与课文的距离,极大地激发了学生的学习兴趣,使他们快速进入了学习状态。

2. 在朗读中感悟云南的民风民俗

考虑到文章的体裁是散文,为了让学生快速理清文章脉络,鞠老师在教学过程中采用自由读、速读、品读等多种阅读方式。在问题的设计上,鞠老师用一个大问题带动其他小问题,然后在各个小问题的设计上根据课堂的需要灵活调整,这样就使得整节课条理非常清晰。比如,用“找出文中美妙有情的歌声”这个问题提

携整个课堂,既关注了学生的情感认知,又自然引领学生去细读课文,让他们在反复的品读中,理解云南歌会的特色,感悟云南的民风民俗。

3. 在参与中领略语言的魅力

鞠老师将教学重点放在对本文语言的欣赏上。要求学生仔细品读课文,画出自己喜欢的句子,以小组合作探究的形式,先进行组内朗读赏析品味,然后各小组自创形式参与课堂展示。鞠老师根据学生的发言情况,加以肯定、补充,引导欣赏,以补足个体差异,让学生在积极的参与中领略本文语言的魅力。然后总结归纳出几种品味语言的方法,及时对学生进行学法指导。从实际教学情况来看,这样的设计既成功地突破了教学的重点,又有力于培养学生自主学习、合作探究的能力。教学内容的价值取向让学生的精神领域受到了一次强烈的撞击,充分发扬了教材的人文性。

4. 以个性化的课堂语言营造积极活泼的课堂氛围

在导语的设计上,鞠老师努力创设一种美的意境,以彰显文章美的格调。教学过程的各个环节之间,都有恰如其分的过渡语,使各环节衔接自然而又联系紧密。课堂上适时使用激励性语言,充分激发学生的学习热情,让他们积极行动起来。在设计结束语的时候,鞠老师从文章和生活联系的角度出发,设计了抒情性的结束语,让学生再次回到文本,感受云南人民对民歌的热爱。从文本走向生活,把云南人民对民歌的热爱迁移到云南人民对生活的热爱,很好完成了从文本到生活的拓展。鞠老师不但完美结束了课堂,而且总结了课文内容,给学生插上了想象的翅膀,让学生在回味中走出课堂。

(三)自我反思有利于教师形成自己的教学风格和激活教学智慧

每个教师都有自己的个性特点,有自己独特的思维方式,有自己独特的创造意识,有自己独特的解决问题的能力。自我反思能够帮助教师了解自己的长处,找出自己的问题,确定自我改进的领域,明确自己成长的方向,制定自己的行动计划。教师在教学实践中会发现很多问题,教师应自觉地将这些问题深入冷静地思考和总结,并最终能够有意识地、谨慎地将研究结果和理论知识根据个人的特点灵活地应用于课堂教学实践中。在进一步实践的过程中教师要敢于怀疑、敢于突破、超越自我、发展自我、建构自我,深化对现代教学思想、教学理论、教学方法的学习和领悟,这样才能不断提升自己的教学水平,让自己不断地向高层次迈进,最终逐步形成自己的教学风格。自我反思的真谛在于让自己拥有别人不可替代的个性化特征,经过"反思—实践—再反思—再实践"一系列活动形成自己的教学风格,激活自己的教学智慧。

我校的王翼老师就是这方面的典范,精雕细琢、反复推敲是他的教学风格。他的授课思路力求适合学生的认知规律,创设情境力求真切有效,内容选取力求有趣实用,习题选择力求精要典型,讲解点拨力求简明扼要,重点难点力求突出突破,过渡引导力求适时恰当,问题设置力求引发思维,难度梯度力求螺旋递增,点评鼓励力求及时中肯,课件制作力求必要高效。王老师的目标是打造一个能充分吸引学生主动学习、促成学生高效学习的课堂。他广采博览、潜心研习各种教学模式、教学手段以及学生的认知规律、心理特点。如果王老师的课堂上有学生不听讲,他会反思:为什么没有吸引住学生? 要如何改进? 如果学生认真听讲思考还是云山雾罩,他会反思:设计哪里不合理? 引导哪里不到位? 在他的课堂里,学生每每兴味盎然、思维高效,享受着物理的魅力、学习的快感。王老师锐意创新,不囿成规,他自己摸索出来的教学模式("课前铺垫—从生活到物理—从物理到社会—导图梳理—当堂检测—课后拓展")在教学实践中效益显著。王老师根据教学需求开发制作的教具"轮杆变幻"荣获省级一等奖。

(四)自我反思有利于教师开展教学研究

教师除了教育教学,还会进行各种形式的自我学习。通过培训学习获得新知,反思自己的教育教学行为,对自身的行为进行检查、分析、反馈、调节;与先进对照,肯定自身优势,找差距,弥补不足,让自己的教学活动、教学行为日趋优化。这是一种教学反刍,是教师一种经常性的让自己融于整个教学过程之中的教学研究活动。这实际是让教师从经验教学逐渐转型到研究性教学,教师只有真正地参与研究了自己的教育教学,才能改变原来感觉比较烦琐的、重复的、枯燥的现象,积极探索新思想和新途径。

在自我反思的过程中,教师担任了双重角色,既是引导者又是评论者,既是教育者又是受教育者。把教学与研究相结合,教学与反思相结合,教师成为了教学和教学研究的主人,势必会提高教学工作的自主性和目的性。

语文组的张霞老师就是这方面的佼佼者。她爱学习善思考,尤其喜欢听课,每次的学习,张老师都做到了一字不落全部记下,回来后再反复观看,反复学习,反思借鉴,每一次学习她都是满载而归。张老师还非常喜欢看各种教育故事、教学设计,每每发现比较有新意的教学设计她就如获至宝。张老师每年都自己订阅各种教学方面的报刊杂志,每期必看,看后反思自己的教学实践,研究自己的课堂特色。正因如此,她的业务素养慢慢地得以提升,教研水平不断提高。承担公开课教学活动是张老师专业成长的一个重要途径,认真查找资料备课—精心设计教学内容—积极进行课前准备—认真听取评课意见—积极进行教学反思,这几个环节每一个她都认真对待,毫不含糊。她曾为如何更好地展示学生创造成果而伤脑筋,曾为使自己的教学语言能更精练而反复修改……长期辛苦的投入,让张老师在教学业务上取得了丰硕回报,先后被评为荣成名师,威海市教学能手,她获得过省市级课程资源奖,上过省市级优质课、公开课等,她发表的各类论文有四十多篇,她已完全由一位学者型的教师成长为研究型的教师。

总之,我校教师通过各类型的自我反思,重新审视自我,发现自我,使自己的有效经验得以升华,缺点和不足得到修正,教学能力和教学效益不断地提升。有人说:"思之则活,思活则深,思深则透,思透则新,思新则进。"自我反思的过程是每一位教师夯实业务素质、提高教学能力、积累教研素材、形成独特教学风格的专业化成长过程。

二、学校举措

随着各种先进的教学理念深入人心,我校许多一线教师都能自觉认识到教学反思的重要性,但对于如何在实际的教学过程中有效进行教学反思,不少教师还存在困惑。教学反思流于形式,浮于表面的现象仍然存在,这样教学反思的实际价值根本没有得到切实的体现。近年来,为了改变这种局面,学校下大气力采取了一系列举措,助力老师们将教学反思作为促进个人专业发展的有效途径。

(一)循序引导,帮助教师掌握自我反思策略

一位教师可以有意识地进行教育教学活动,但不见得有意识反思自己的教育教学活动。也就是说,教师的反思需要后天的培养与促进。无论把反思看作是活动、能力,还是思维方式与态度,仅靠学习和培训都是不够的,需要通过一些具体策略来引导,需要借助于一定的行为训练方式,帮助教师学会反思。我校会利用每周固定的教师教育教学大讲堂时间,循序渐进地引导教师掌握各种自我反思的策略,切实有效的有以下几种:

1. 教学五步反思

(1)关键点:对象—目标—问题—原因—改进方法

（2）步骤：

第一步确立明确具体的对象（一定是一节课中某个环节，如导入、小组合作、问题设计、板书等，比如确定了小组合作）。

第二步要反思最初决定采用小组合作时的目标是什么。

第三步反思在实践上课中偏离目标，问题是什么。

第四步追问问题产生的原因有哪些。

最后改进的方法有哪些。

按照以上五步，这样反思就写成了，一学期或者一学年坚持反思一点，坚持下来就变成了一个微课题研究。

2. 案例反思写作思路

如果教师在听讲座中突然对某些理论产生了共鸣，碰撞出火花，就说明讲座提供的视角引发了思考，教师就可以按照"理—例—立"的思路写下来。

第一步，写"理"，就是理论，将讲座中的某些道理先写下来。

第二步，写"例"，用自己的经验和教学事例进一步解释。

第三步，要"立"，产生新的做法和努力的方向。

也可以以"例—理—立"，先写教学问题或教学现象，然后分析其中的道理，最后提出解决问题的方案。

（二）创设机会，搭建教师自我反思的舞台

1. 培训反思

学校非常重视教师的专业成长，每学期都会积极组织老师们参加各级各类教育主管部门承办的培训学习，多为县市级，也有部分是国家级和省级。近两年学校尤其关注将此项活动作为学校发展的特色项目，每学期都会派出几百人次，专人领导，专车接送。学校要求每位教师学习回来都要上交培训反思，当天递交手写学习记录和体会给学科组，分管领导批阅后存档。三天内将个人理解反思的学习精髓具体感悟，以电子文档的形式上传到校园网平台展示，供教师点击交流学习。学校还会选出优秀反思心得，让相关老师在教育教学大讲堂上发言交流，以示激励。在此过程中，教师学习反思能力与日俱增。

2. 课堂反思

课堂反思是自我反思的重要形式，可以分为即时反思和宏观反思。即时反思就是每节课结束后，备课组老师随时在一起针对上课问题进行交流，提出改进意见;宏观反思是从模式、导学案设计、小组合作成效、课堂检测达标率等方面来反思,可以自己反思,也可以学科组内相互评课后反思。

(1)模式反思

新一轮的课程改革正如火如荼地进行着,我校的课堂实现了由简单的知识传授向精细的知识建构转变,课堂教学的重心由教师的个人展示向学生的自主学习迁移。而且每一学科在近两年的实践中都形成了切实有效、利于长远发展的授课模式,在模式的构建过程中,各科教师的专业技术能力都历经考验,日趋精湛,有的老师可谓是炉火纯青,操作自如,充分挖掘个人潜能。

我校的课堂模式为"三段五步三查"模式:"三段"指课前、课中、课后。"五步三查"指课堂环节。"五步"是五个基本步骤,第一步是独学,第二步是对学、群学,第三步是组内小展示,第四步是班内大展示,第五步是整理学案、达标测评。

三查指课堂上的三次关键性的学情调查。一查,在学生独学时;二查,在组内小展示时;三查,在整理学案,达标测评时。

各学科教学模式分别是语文"阅读教学四步教学模式"、数学"三层五步"课堂教学模式、英语"听说课""语法课"模式、物理"三步三环节"教学模式、化学"五步探究"教学模式、政治"四环节"教学模式等。

在学科总的模式下,老师还根据学科授课特点创设了各种不同的课型,下面以语文组为例。

新授课:学案导学,积累感知;预习检测,展示解疑;小组群学,赏析文本;拓展检测,提升巩固。

复习课:学案导学,自主复习;复习检测,展示解疑;整体回顾,积累记忆;创新思维,迁移延伸;拓展检测,提升巩固。

专题讲评课(阅读、语法等):学案导学,自主练习;知识点链接(回顾);合作研讨,展示交流;拓展检测,提升巩固。

写作课(第一课时　写作):出题析题;筛选素材;拟写提纲;写作巡视。

写作指导课(第二课时):分析问题,确定目标;发放学案,学生赏析;习作修改;感悟练笔。

名著阅读课:课前积累;个人展示;小组交流;点拨方法;拓展运用。

(2)导学案设计反思

导学案以学生的"学"为核心,引导学生主动参与、乐于探究、勤于思考,充分体现了学生在课堂的主体地位,突出教师由"教"转变为"导"的角色。导学案设计是课堂教学实施的前沿阵地,是提高教学质量的前提条件。导学案在设计时要求老师要能够深入浅出,能做到知识问题化,问题层次化;学生要能够浅入深出,摸着"石头"过河,步步为营,逼近目标。一般导学案要包括学习目标、重难点预设、学法指导或知识链接、自主学习、合作探究、测评反馈、课后反思几个环节。按照一课一案的要求,每份导学案的分量要适宜,不要过简,也不要过繁;要合乎实际操作,有实效。教师设计好导学案是教学活动得以顺利进行的基本保证。

导学案对教师专业水平要求较高,但在导学案的设计过程中,不可避免会走进误区,出现弊端,这需要教师及时反思,注重细节,做到眼明心细。教师必须从根本上做到像蜜蜂酿蜜一样,不辞辛苦,不断往返于课堂和知识海洋,从中汲取、储存、输送"蜜"源。只有这样,教师讲课时才能做到条理清晰,游刃有余。学生才能快乐轻松,触类旁通,提高能力。比如在语文导学案的设计中,有教师发现学生书写生字时字迹潦草,不够规范,经过反思,在下次的导学案中教师果断加进田字格,要求学生在田字格中写生字。教师对细节的一次反思,做到了以巧妙的方式监督学生端正书写态度。学校在推动课堂教学改革的过程中,旨在以导学案设计为抓手,促进教师的专业发展,稳步提升教师教学水平。

(3)小组合作反思

教师引导学生采用小组合作的形式进行学习,在一定程度上调动了他们的学习自觉性、主动性,使他们能够做到与同学相互研讨,敢于向教材质疑,向教师质疑,在合作中大胆展示自己的学习成果,增强学习自信心,特别是中下游学生。但在长期的实践中发现:小组合作的形式不够多样,对提高学生学习兴趣方面做得不是太好;小组合作学习中有时问题设计的层次不适当,没有充分考虑到回答问题学生的层次;通过实践教师还发现学生合作学习时,教学时间有时不够充裕;对于小组讨论时不太爱发言的学生,教师的评价机制做得还不够,有时没能让学困生积极主动地参与小组合作,会使他们产生自卑心理。

经过反思,探讨交流,教师明确了今后的努力方向:教学中采用多种方式提高小组合作的兴趣,教给学生更多的合作方法,探索更适合学生合作学习的教学模式;教师在教学中要更加深入研究,按计划认真学习理论知识,给自己充电,自觉提高自身的理论知识;对小组合作学习有效性评价标准进行进一步探究,总结设计出适合小组合作学习的加分制度和奖励机制。

(4)课堂检测反思

通过不断地学习、摸索、探究,教师会对课堂上的一些行之有效的检测活动进行反思。

第一,课堂检测题设计的实效性

课堂检测的时间大约 5 分钟,测试题量小,好批改,一般课间就能改完。课堂检测要在第一时间发现学生的问题,将新知学习过程中存在的问题当天解决,力争做到"堂堂清",因此检测题设计的有效性非常重要;当堂检测的习题要少而精,必须紧扣当堂学习的知识点。这样既使学生明确本节课的重难点,又能训练学生的思维,检测学生对知识是否理解,能否灵活运用。

第二,课堂检测题设计的层次性

教学要尊重差异。每个学生基础知识与接受能力各不相同,教师的教学要分层指导,课堂测验设计也要分层设计。根据学生实际情况,可把课堂测验分为基础题和拔高题。试题设计尊重学生的起点能力,针对不同学生提出不同的要求,让所有学生都拥有成就感,以达到共同进步的目的。在测试题编排上应遵循由易到难,循序渐进的原则。

第三,课堂检测题设计的落实性

课堂检测要在最快的时间内发到学生手中,检测中的错题,个别问题进行个别讲解、个别辅导,帮学生分析错误原因,帮助他们建立正确的思维方式。测试中暴露的整体问题,教师首先进行自我反思,查找原因,理清思路,再进行集体纠正,在下一节课必须反馈,不能拖延。讲解后教师要求学生把错题全部改正,同桌交流错误原因。改正错题比做题更重要,改正的题要用错题本整理,与做对的题目区别开来,以便引起今后的注意。对于整体出现问题的题目,要再出类似题目进行再测试,达到最终巩固、灵活掌握的目的。

(5)案例反思

教师把自己教学过程中有现实意义的事情记录下来,及时记录自己心灵成长的轨迹,道出在教学过程中的真实情感,从而积累那些教学中稍纵即逝的宝贵财富。这些记录是思考及创造的源泉,想得多了,写得多了,它就成了无价之宝,能让人体会到其中的乐趣。

(三)深入引导,助力教师反思问题变课题

2016 年的学校立项的课题,都是基于小问题的研究:威海课题《生命化理念下基于核心素养的初中生学习方式变革研究》，语文学科今年的创新项目《借助图书漂流微创客行动提升初中生"阅读＋"素养研究》，英语组荣成课题《基于学科核心素养的中学英语语篇教学有效性研究》。教师通过日常课堂的小问题研究反思积累系统化，形成值得深入研究的课题。我们学校倡导的问题式、草根式、小微式课题都是引导教师将反思的问题变为课题。

英语组课题《基于学科核心素养的中学英语语篇教学有效性研究》中培养学生的语篇意识过程，就是教师提高学生听、说、读、写等综合语言运用能力的重要途径，听、说、读、写能力属于英语基本技能。他们的研究问题：

第一，改变老师以往的满堂灌输式教学方式，改进课堂教学方法，采取多种教学辅助手段，引领学生能在不同的学习风格的学习活动中恰当地运用所学的语言。

第二，提升教师对语篇和学情的深入分析能力，提高学生读、写支架的能力。

第三，培养学生把握文章主题思想的能力，让学生能够把握语篇的整体感念。通过学习，让学生在自主学习的空间里，引导他们自我发现支架，熟练进行篇章复述，从而提升文章语篇输出的能力。这不仅能提高学生的学习能力和教师的教学水平，也可以促进师生之间的沟通和交流。

以上问题表明，英语课题组老师只要做好日常小问题的思考研究，将研究成果及时积累归类，最终课题研究成果便会水到渠成。

（四）积极倡导，鼓励教师自我反思多投稿

我校教师除人人有规定的培训学习笔记外，还有很多个人自选理论学习笔记，笔记中案例反思、心得体会也很多。大多数教师都能够对教育教学中出现的问题进行挖掘整理，同时还能结合教育教学理论进行反思，形成个体独特的看法和体会，并且有自己的想法和做法，现已形成习惯。这与学校注重利用各种例会时间让教师进行理论交流和积累，鼓励教师或参加上级的教研活动、或撰写论文、或在报刊上发表文章、或开展教育教学论坛等活动密不可分，这些无不折射出学校为教师的自我反思进行铺路导航下足了功夫。

三、反思成效

（一）形成制度，保留反思资源

教学反思是教师专业的核心能力，教师要以研究者的眼光审视、分析和解决自己在教学实践中遇到的真实问题，研究、反省自己的教学理念、教学行为以及教学效果。为帮助教师开展教学反思，我校已形成以下制度：

第一，每位教师要有教学问题记录本及学生错题集。针对教学和学生作业、测试中出现的共性问题，分析原因，进行诊断和纠正。

第二，建议各学科教师每周或每个教学单元结束后，要对自己的教学进行一次反思，并记录在教案后面；期中和期末考试后，要结合学生学业成绩对自己的教学工作进行总结性反思，认真做好试卷分析。

第三，教研组每学期要围绕教学专题，通过研究课、示范课、达标课和说课、评课等方式，以教师个人反思促进教师反思能力的提高和反思意识的加强。

第四，校长、教导主任要深入课堂听课，与教师共同探讨课堂上出现的问题，帮助教师对原有的教学设计进行"二度设计"，促进教师教学能力的提高。

第五，各种培训结束后，每位教师都要完成手写和电子文档式两类学习反思。手写反思主要记录学习内容、纲要及学习感悟，当天上交学科组，分管领导批阅后存档。电子文档式反思是教师个人对学习内容深入理解后写的具体感悟，三天内上传到校园网学习平台，全体老师分享交流。

(二)构建了高效课堂资源

第一，有丰富的导学案资源。形成每个学科独有的导学案序列资源。

第二，小组合作机制健全。小组合作制度、加分制度、奖励制度等一应俱全，几经易稿，几近完善。

第三，重构了多课型模式。各学科都根据自身课堂学习特点设计新授课、复习课、实验课等多种课型。

(三)提升了写作能力，大批论文征文获奖

我校教师孜孜不倦地学习和研究先进的教育教学理论，并自觉地运用理论反思自己的教学实践、指导自己的教学活动，在学习中深刻反思、认真消化并付诸实践。教师用勤劳的双手将自己在教育教学中的"所作所为"记录下来，既方便自己进一步反思，不断提升自身的素养，更重要的是为写作提供了取之不尽用之不竭的第一手材料。教师写出上课前的思考、上课时的感受、上课后的反思，还写出学生在整个教育教学中的表现及给自己带来的感悟，更多地写出自己的思想、学识和对学生的情感。近两年，许多老师的汗水和智慧的结晶——教学论文，获奖或发表。

139

（四）促进了课题研究,科研能力提升

我校教师进行自我反思,对自己的教学活动进行实事求是的审视和科学的分析,不断改进教学实践,以期持续提升自身的教学水平。在这个过程中,教师依托的是一节节具体的课。学者余文森教授认为:"与专业研究工作者不同,中小学教师这种以一节节具体的课为对象的研究,我们称之为课例研究。"教学反思与课例研究两者之间是脉脉相通的关系。近两年来,我校正是以"课例"为载体展开微观研究,在反思活动中规范管理,在落实管理中提升反思实效,有力地促进了课题的研究,提高了教师们的科研能力。

反思镜鉴名师成长路:

成长的色彩

苏晓娜,初四政治组备课组长,荣成名师。从事教育工作以来,耕耘不辍,用"心"教书,用"爱"育人,把学生的需求定位为她的追求。她刻苦钻研,大胆创新,勇于实践,且任劳任怨,兢兢业业。专业素质和科研能力稳步提升,多次取得优异的教学成绩,赢得了领导老师的一致好评。而这些成绩的取得都源于苏老师在成长中不断反思、孜孜以求;在实践中不断塑造自我、发展自我、超越自我。

苏老师永远不能忘记的是第一次全校公开课的情景,那情景恍然如昨天。彼时站在教坛的她,可以说整个人都像木偶,没有了面部表情,更没有丰富的语言,舌头像是打了结一样,吐字不清,将她比喻成热锅上的蚂蚁也不为过。对于学生的一举一动苏老师都心惊胆战,怕学生在下一分钟就她给出令人下不了台的难题。一节课下来,学生没有一个举手的,而她也没有几次提问,课堂气氛冷冷清清,有的听明白了,就好像在看戏;没有听明白的,就事不关己。学生在这一课堂的参与几乎就那几个人,她感觉自己像在打仗,十万火急而学生却无动于衷的时候,她更加惊慌失措,下课的铃声就像宣告她战争结束的号角。心里没有那种如释重负的感觉,反而是很沉重,眼泪盈眶,直至走出教室的那一刻,苏老师还是不敢正视学生的那种疑惑的眼神……

评课时老师们对这一节课的点评更让她羞愧难当,每一位教师的意见就像千针万刺扎在她的一腔热血的心上。苏老师没有了激情,对于自己也失去信心……

但是倔强的苏老师就不信自己上不好课,擦干眼泪,消除压抑,她开始反思自己,开始借鉴别人。苏老师开始直接走进每个老师的课堂,开始用心地设计每一个教学环节。一天八节课,除了苏老师自己的课,其余的时间她都坐在别的教室里,她不放过每个细节,仔细聆听着每个老师上课。为了达到"教活教材、教活学生"的目的,她严把备课关。为备好一节课,苏老师可以用三四天时间思考、查找资料,想到了切入点,苏老师就激动不已。上了讲台,苏老师思路清晰,努力用自己的情绪感染学生。为了上好每节课,苏老师阅读大量的教学参考书、杂志,勇于打破经验束缚,敢于接受新思想,尝试新教法。为了更好地贯彻自己的教学思路,有时自己设计好课后,苏老师请其他的老教师听课、指导、改进。一次次跌倒,一次次爬起,一次次反思,渐渐地,她开始从迷茫中找到方向,课堂里更多了成长的色彩。

一杯清水,细品回味

王菲,音乐骨干教师。她既具有较丰富的教育、教学经验,又具有良好的音乐基本技能和丰富的音乐知识,在教学品格、教学观念、教学方式、教学心理等诸多方面她不断反思实践,已具有独特的素质。

初中的音乐课每周一节,从初一到初四的音乐课王菲老师都上过。初一与初四的音乐课差距很大,别看小小的4岁差,孩子们的成长在不经意间就有表现。

王老师还记得初次上音乐课时的羞涩、胆怯,经过岁月的磨炼,现在的她能够自如地应付音乐课中出现的问题,她对自己的要求是音乐课要风趣幽默、寓教于乐。学期初学生的演唱、演奏、欣赏等都会表现得很扭怩,平时每个学生都喜欢自己哼歌、蹦蹦跳跳,一旦要他们有意在老师面前"表演",他们就会不自然起来:有的学生不敢抬头,有的学生眼睛到处看,有的学生不敢张嘴。这时候王老师就播放各种有教育意义的视频,播放优秀歌唱家的影像资料。有时王老师也会把学生自己的演唱录下来,播放给他们看,歌唱家、舞蹈家、演奏家的神态是学生学习的榜样,学生的眼神会表示他们渴望唱好、跳好、演奏好。直到学生从被动学唱变为主动练唱,她感到很骄傲。王老师的成长在于由原来简单粗暴地解决所有问题,到现在的因人而异,了解学生,从学生的"弱点"去"征服"学生,这一切都缘于反思。

反思锻造名班主任：

扬起前行的风帆远航

李红莉，现任荣成市第二十七中学初四班主任及数学教师。她是一位懂得用个人反思去处理班级事务，用爱心、理性和智慧去悉心解读，走进学生心灵的成功班主任。李老师自认为善于反思使她自身的专业化发展之路越走越宽广，作为班主任的自豪感、使命感越来越强烈。她曾获得"荣成市优秀班主任""荣成市师德标兵""荣成名班主任"等荣誉称号。

苏格拉底说过"美德即智慧"，周国平也说"美德的真正源泉是智慧，即一种开阔的人生觉悟"。教师应该是个很高贵的词汇，高贵与奉献、智慧和无私的爱同行，德性+知性+灵性=智慧性。

"你们必须老老实实按照我所说的每一句话去做""你给我坐好""这么笨你的脑子长哪了""你又扣分了，去后面站着"等等粗话、狠话之前都是出自李老师之口，正是这些狠话使她和学生之间越来越疏远，学生从不对她笑，更不用说和她说心里话了。

以前的李老师总觉得只有让学生怕她，才会听话。于是每次进教室她总是绷着脸，面无表情。凡是犯错的学生都会被她毫不留情地狠狠批一顿，很多学生都在背后偷偷叫她"母夜叉"。每次听到这个绰号，李老师心里总是很不舒服，但又怕改变管理风格学生就会"欺负"她，她心里总是很矛盾。

听了廊坊师范学院的刘银花教授的关于"和谐教育"的讲座后，李老师豁然开朗，原来班级管理不是粗暴发狠就可以解决的。刘教授说，咱不"总是与别班比较"，少"挖苦"少"发火"，多关心孩子的内心，少关注学习成绩，多关注孩子的精神世界，少抱怨。作为班主任要想管理好一个班级就必须动脑，要想方设法调动学生的积极性，走进孩子的内心，做个智慧型的班主任。

教育需要教师用爱心、理性和智慧去悉心解读，走进学生心灵，满足学生心理需求，以人为本，以德育心，实施现代化班级管理策略，塑造学生健全的人格和健康的个性。它更需要教师团结协作，充分挖掘教育资源，从而形成强大的团队教育合力。李老师觉得应该感谢名班主任培训这项工程，能使她有机会与名师看齐，与广大一线班主任一起成长。

反思镜鉴青年教师成长：

"矛盾"之中窥魅力

王娟娟，语文学科青年骨干教师，任教班级学生的知心伙伴。她多次参加省市级培训学习，用谦虚和勤勉的态度广采他山之石，多角度反思和留心自己的教学，认真将理论付诸实践。

学习时，王老师的心中百感交集。作为一名青年教师，作为一名资历不深的新手班主任，学校给予她这次外出培训学习的机会，实在是莫大的鼓励与信任。带着欢欣雀跃的心情，王老师坐上了开往青岛的大巴。谁知一路晕车，虽有身边同行的领导、姐妹悉心照顾，但王老师心中不禁隐隐担忧：就这个状态，不倒在车上已经不错了，还能学习到什么？真是辜负了领导的一片苦心啊。

谁知一下车，青岛降温之后的冷空气扑面而来。于别人或许是阴冷寒湿，于王老师却如夏日里的一丝凉爽，吹散了脑子里的混沌，本来已软绵绵的双腿，一跨进这座经典大气、古色古香的校园，仿佛顿时有了力量。但见眼前几处参差起伏却不显凌厉之势的假山，稳稳地立在一方池水中。正值冬日，水更显其清冽和幽深。一排排整齐的红豆杉，一盆盆可爱的"小红果"树夹于石板路两旁，似乎在列队欢迎她。路的正中是一尊孔子铜像，令人备感庄重肃穆。铜像右侧草坪之中有几只小梅花鹿，或微颔，或翘首，不禁令人想起《诗经·小雅》中的那句"呦呦鹿鸣，食野之苹"……在这古色古香的校园中，谁不想久久地徜徉于此呢？在这短短的两天中，王老师不仅看到了很多，也感悟到了更多……

一、散？聚

不停抖腿、摇头晃脑、随意翻书、弓腰驼背、不注重坐姿站姿甚至偶尔窃窃私语，没错，这就是王老师来青岛开发区实验中学未来教室听的第一堂课。这对于班主任经验不足的王老师来说，简直是刷新三观啊。带着心中的疑惑，她继续静心倾听。到了讲评现代文阅读的环节，老师在大屏幕上出示了正确答案，让学生思考答案中出现的正侧面描写以前在哪篇课文讲过。奇迹出现了，刚才那几个看似状态"不在线"的同学积极举手，并准确说出了在《纪念白求恩》中哪几段是正面描写，哪几段是侧面描写。学生的表现让王老师想起了散文的特点"形散而神不散"，外表散漫，思考却是聚焦的啊。尤其是旁边坐着的一位喜欢鹿晗的小男孩,他是组里的5号,每当老师提到重要的知识点,他就马上拿起手边的本子,认真地分条记录(整堂课老师没有说一句,请大家记在本子上)。再观全班,有的在做笔记,有的在完善答案,有的在操作平板准备下一题,真的是外在表现千形百状,内在却无比凝聚统一啊。

二、闹?静

王老师看到的闹主要有两点:一是课堂上小组合作"闹",曰"热闹";二是除了上课之外,几乎所有的休息时间"闹",曰"吵闹"。

12月13日下午在初三八班听了一节《大自然的语言》,教师抛出了问题:请你找出本文使用的说明方法并总结作用。老师话音刚落,教室里像炸开了锅,小组内同学们纷纷陈述自己的观点。离王老师比较近的一个小组,有一个长得高高胖胖的男同学甚至和组员争执起来了,声音大得让人瞠目结舌。难能可贵的是,没有一个人是被冷落的,哪怕是6号同学也在积极发表自己的观点。待到全班交流时,刚才吵得不可开交的同学迅速停止讨论,闹哄哄的教室瞬间安静下来,同学们看着自己的课本,认真倾听别人的答案。有好几个5、6号同学都踊跃自信地发言,将自己的答案表述得有理有据。下课后孩子们蜂拥而出,教室里、走廊上又炸开了锅。有勾肩搭背、嬉笑打闹的,有在走廊的小书柜里找书的,有在校园里三三两两漫步的,还有在秋千上沐浴着冬日的阳光,自在地荡着秋千的……吵闹声音之大,以至于老师们交谈的声音都要提高好几个分贝彼此才能听见。再看随处可见的开放式图书室、读书角,又是另外一番景象。每个同学一进来,就自动调成静音模式。很多时候,都以为没人,走近才发现,有一个学生在安静地看书,抑或三两学生在小声地谈心或讨论习题。

可闹可静,亦闹亦静,分清时间、分清场合的闹与静,让娟娟老师对青岛开发区实验中学的学生管理刮目相看。

三、残缺?完美

不论读书分享讲座还是经验交流讲座,王老师听到的最多的一个词语就是完美。"仁爱尽责,追求卓越",每周评选班级完美学生,班级完美小组,实验中学的"完美教育"带给王老师深深的震撼。然而,在短短的两天之中,王老师却见到了一些"不完美"。

如在一堂《生物入侵者》的常态课中,学生起来交流说明方法及作用,有的学生读课文声音不大,听起来费劲;有的学生语言并没有好好组织,只是用口语表达了一个大概的意思;还有的学生说出的答案离老师心中的"标准答案"实在相差甚远。让人吃惊的是,老师并没有做出任何点评,只是让他们大胆起来发表自己的观点。

在"残缺"中,她看到了兼容并包。

在未来教室的一堂数学课上,王老师有幸又碰到了那个曾坐在自己旁边的小男生。他跟娟娟老师说,卷子丢了,要去教室找卷子。最后他两手空空回来。老师继续眉飞色舞地讲课,并没有询问他去做什么了,埋首思考的同学也没有好奇地抬头看他。组长很自然地把自己的卷子递到他面前:"一会你给你同桌讲讲第六题,锻炼一下自己的讲题能力,你先试试,讲不出来,我再帮你。"昨天语文课上,这个男孩的语文卷子丢了,今天数学课,数学卷子又丢了,但老师和同学并没有指责他,好像也没有影响他继续认真听课学习。

在"残缺"中,她看到了包容友爱。

室内外卫生,在王老师这个新手班主任看来,也不甚完美。教室里的洗手盆有显眼的污渍;墙报看起来杂乱无章,贴得花花绿绿;室外的花盆中有几团随手丢弃的卫生纸。然而再细细一看,墙报中将班规班训、各种活动与通知、各种荣誉与奖励都呈现得清清楚楚,班级师徒结对的名单及结对的效果让人一目了然。

在"残缺"中,她看到了实效与不拘小节。

四、松紧

如果说青岛开发区实验中学的学生是外松内紧,那么他们的老师更是这样。本次之行,虽然很遗憾没有听到语文的教研课,但王老师却聆听了一节英语的教研。先是两个工作人员端来了一大盘苹果、酸奶和蛋挞。正当听课老师们疑惑之时,一位年轻的英语老师很自然地拿起苹果啃了起来。哇!别人家的教研可以边吃边说啊!在这轻松愉悦的氛围之下,大家开始了教研。首先由讲课者自评教学设计和课堂效果,两个讲课的老师从设计的思路、想法,到学情预设,再到课堂生成,层层剥茧,谈得非常恳切、认真。其他评课老师有优点就不吝赞美,有不足也不惧批判,直言不讳。没有相互吹捧的假大空语言,也没有华而不实的花架子,只是针对这节课提出具体可行的建议。最后组长的点评和总结让教研更加"高大上"，比如她谈到了对"边缘化问题"的解决，"基于课程特点与课堂的备课与设计""课堂输出""小测输出"等。纵观他们的教研，好像一场辩论赛，又好像一场教育理论讲座，听过方知自己的浅薄。

外松内紧、接地气，是王老师对他们教研的最大感受。

短短两天，带着满满的收获，王老师踏上了归家的旅途。上车前，王老师还担心再次晕在车上，没想到一路顺风，耳清目明。或许是此次青岛之行，偷得了许多经验，有了新鲜血液的补充；抑或是曾经教过的而今在青岛读书的大学生，不惧严寒送来了晕车药，王老师对自己的职业更加感恩。经过胶州湾大桥时，海天一色的壮阔雄浑之景扑面而来，让人不禁联想到了青岛开发区实验中学也如这般大气和包容。这大概就是老子在《道德经》中所言的"大音希声，大象无形"吧！感谢荣成二十七中，感谢青开区实验初级中学，让王老师遇见了美丽的自己，也激励她不断学习，积极改进，做更加完美的自己！

第六章

追求终身学习,筑就成长长线

　　孔子曰:"学而不思则罔,思而不学则殆。"在教育教学的过程中,教师应当多阅读,多学习,开阔视野,优化教学方法。我校为促进教师专业成长,致力于建设书香校园,鼓励全体教师以书为友,提升教师教学素质,帮助全体教师养成良好的读书习惯。同时,我校注重更新教师的教育理念,呼吁教师加强理论学习,深度钻研教育教学理论,树立新的教育教学理念,引导教师正确应对课改新形势,从容解答课改新问题。随着互联网科技的发展,教学工作越来越依赖媒体,我校注重在教学中应用电教手段,通过培训教师,帮助教师掌握电教技术,从而简化教学流程、提高课堂效率。远程研修、互联网+教师专业发展已经成为每位教师必然要经历的专业培训,可以帮助教师更好地适应信息时代给教学带来的变化,及时跟上时代的发展速度,树立全新的教育观念,勇敢面对挑战,抓住机遇,积极投身于对现代教育技术的学习、研究和应用之中。

第一节 书香蕴校魂，阅读育成长

中央教科所所长朱小蔓博士提出"让读书支撑我们的生命"的观点，提示我们与其给教师充电，不如让教师自我发电，而读书无疑会成为一台功率极高的发电机。在日常的课堂中，我们总能感觉老师的文化底蕴不足，授课时只是从课文到课文，能够纵横捭阖的不多见。读书成为丰富教师文化底蕴、促进教师自我发展的必要途径！我校鼓励全体教师以书为友，但面对繁复的教学工作，如何引导教师创造良好的阅读氛围，我们在思考着，实践着。

一、觅得契机，巧设阅读氛围

（一）教师间读书能量传递

我校有教职工百余人，教师年龄结构不平衡，兴趣爱好不一样，不可能在一开始就让每个人都有激情投入到读书活动中来。为了在学校形成一种爱读书的文化氛围，引导教师通过读书补充和丰富必要的理论基础，促进内在的和谐与成长，养成主动读书、自觉学习的习惯，我校成立了以正副校长为组长，中层领导、年级组长、教研组长为组员的领导小组。

校长是教师读书活动的组织者和带头人，带头撰写读书心得，每周写一次读书报告，经常性推荐美文，为教师树立读书榜样；学校每月由中层领导为大家推荐书目或文章，促使学校教师形成爱读书、勤学习的良好习惯。优秀的老教师和学科带头人利用每周四教育大讲堂时间分享阅读经历，青年教师开展读书擂台赛，充分体现了积极向上的学习态度和良好风貌。语文组的老教师邵立广和青年教师姜晓妮"像蜜蜂采蜜那样博采杂家"，除了自己的专业书籍和典型书籍之外，他们还精读、细读新的、有鲜明时代特色的当代优秀作品，凡是学生应当读的、适合学生读的、学生喜欢读的，都要求自己必须读到，而且把看过的好书、好的经验与大家分享。正是因为这样，他们两位老师上课有底蕴，语言诙谐，学生很有兴趣去品味。化学组的唐洪志老师、数学组的王霄老师、语文组的张霞老师和孙晓娜老师被称为读书达人，用她们的话说"没有读过50本名著，你很难成为一个很优秀的老师",为全校教师树立了榜样。

(二)校本培训专设读书活动

终身学习已成为时代对教师的要求,我们必须不断地充实自己,超越自我。作为校本培训的一项内容,我们也将读书活动制度化、常态化。领导小组制定活动计划,组织、指导活动的实施,将读书活动纳入到教育中,使教师在读书的同时获得学分奖励,以保证此项工程持久深入健康地开展下去。

为激发教师读书写作的热情,我校设立读书奖励制度,将教师的读书体会评比结果及完成情况纳入教师量化考核之中,通过读书笔记展评、读书博文数量和质量考评、论文发表和获奖情况统计等形式进行全面考核,让读书学习成为每一位教师的日常习惯。

二、经典传阅,点燃阅读激情

教师要读书,必须读经典,读教育名著,只有这样,才能形成厚积薄发之势,才能厚实自己的精神底子,才能做到胸有丘壑而游刃有余。我校购进了大量的教育名著在教师间传阅:卢梭的《爱弥儿》,杜威的《民主主义与教育》,《论语》《蔡元培全集》《陶行知全集》,还有《中国当代教育家》丛书,里面收录了李希贵、李吉林、唐盛昌等一大批在教育事业上有着辉煌成就的名家的书籍。有些书籍在县城乡镇的书店买不到,每次外出学习时,每位教师都带着搜索精神食粮的特殊任务。2012年学校领导到北京参加培训,在新华书店发现了李秀伟老师写的《教师成长:寻求自我超越》一书,当时就感觉这是一本改变教师行为方式的好书,应该给全校教师每人送一本!回到荣成,学校就和荣成新华书店的经理联系,订购了100本《教师成长:寻求自我超越》,发到了教职工手中。事实证明,这的确是一本深受教师欢迎的好书。在李秀伟老师笔墨下流淌的是自然本真的教育理念,诙谐幽默的教学,科学有道的学习方法,包容共赢的发展之道,与本来就聪明儒雅的教师产生了心理的共鸣,走进了荣成二十七中每位教师的心里,悄悄影响着每一个人的思维、行为方式。

每年的教师节、三八节、读书月学校都举行赠书活动,学校每学期初给每个办公室订阅一份期刊,有《中国教育报》《中国教师报》《人民教育》《教师博览》等,鼓励教师阅读。读书月学校向40周岁以下的老师赠送《教育中的心理学效应》《简单的逻辑学》《少有人走的路》,教师节向全体老师赠送名师高金英的《做最好的老师》，三八妇女节学校精心挑选了《好心态比黄金重要》《做一名健康的老师》；对积极撰写论文、积极投身教改取得实绩的教师给予赠送图书、赠阅期刊等奖励，选书、购书、送书、读书成为校园的一道美丽风景。

三、美文推荐，留下阅读痕迹

我们的"读书工程"不仅要求教师阅读所发的书，而且还要写出读后的点滴感悟，我们借助校园网建立"教研论坛"，教师的教育博客中，设有读书专栏，如书海泛舟、读书札记、且行且思等。我校名师杨开、李红莉、孙翠翠等老师在读书中感悟成长。学校以语文骨干教师牵头举办的"美文推荐"，每周推荐一次好的文章在校园网的读书专栏中，教师阅读并做摘抄笔记和感悟，学校组织展评。政治组的苏晓娜老师的读书笔记字迹工整，每一篇美文摘抄都配有相应的图片，设计新颖独特，内容丰富，起到了良好的示范带动作用。学校教师逐步养成了好读书、勤读书、精摘录、多品悟的良好读书习惯，阅读兴趣提高了，阅读量加大了，感悟体会也更加深刻。

四、书写感悟，记录读书心语

叶圣陶说："唯有教师善读善写，才能引导学生善读善写。"从教师自身的发展来说，读写结合是提高教师自身文化素养的最有效的途径，教师只有文必躬行、以读带写、以写促读，自己教学的发展之路才会越走越宽。学校建议教师每月写一篇读书感悟放入成长档案中，将优秀作品在《晨光报》发表，扩大交流面。近年来我校教师读的书越来越多，积淀越来越厚，话题也越来越丰富，课后、饭后老师互相交流读书的收获和感受，办公室里闲暇时间读书，写感悟已蔚然成风。

高壮主任读了《班主任兵法》后写道："我读了《班主任兵法》，从书中发现了'黄金'。作者万玮老师虽然只比我大三岁，但他对班级的管理令人佩服，'招招是良方，篇篇是妙计'。万玮老师把'兵法'运用于班级管理，每一招都运用自如。仔细想一想，这也是他头脑中知识、教育机智的运用。30 个案例，我用了 3 个晚上和中午看完，有两晚看到 12 点之后，忍不住，我又打开书，复读一遍！感触最深的是作为一名老师不能只是严厉，更要抓住学生的心，才能事半功倍。"

沈小琳老师读了《孩子，把你的手给我》后写道："我要把阅读和教育学生联系起来，通过自己读书带动学生读书。"她的"亲子阅读"不仅让自己收获许多，也使得学生养成了爱读书的好习惯。

王娟娟老师写道:"中文系毕业的我喜欢读一些文学作品,因而在工作中多少带点浪漫主义情怀,但是每天都在上演的教学实际让我意识到仅仅阅读经典名著是不够的,要提升自己,还必须多读一些教育学和心理学方面的书籍。于是我重新拾起了大学时曾经读过的《给教师的建议》《教育漫话》《教育心理学》等书籍。真是不读不知道,大学读书时的满腔热血和一得之见,原来仅仅是纸上谈兵,而现在有了现实的磨砺,才觉得那些文字真正写到了我的心里。通过学习和反思,我逐渐从迷惘中走了出来,班主任工作和教学工作也逐渐有了起色。"

读书让教师的心灵更加丰富,让课堂更加理性,让教师的成长更加迅速。

五、组织活动,展示阅读成果

第一,学校每天早晨7点40至7点55,设置15分钟的经典诵读时间,倡导师生共读经典。校园里"闲来捧书读"已蔚然成风,教师文化品位日增,进一步打造了书香型文化校园。

第二,读书笔记评比、打分,优秀的作品进行展评,在个人研读、小组分享后,借助校本培训的平台,开展全校性交流研讨活动,教师力争做"有哲学的头脑,有学者的风范,有精湛的教艺,有愉悦的心境"的读者,实现从"阅读"到"悦读"这一目标的转变。

第三,3月份是学校的读书节,全体教师积极参与其中,学校专设读书感悟大赛,将教师的优秀感悟在教育教学大讲坛交流,向联盟校推荐参赛。教师们更新了教育思维方式,改善了教育行为方式,凝练了教育教学艺术,提升了教育幸福感指数。

第四,积极参加市局教师演讲征文大赛。姜晓妮老师的《永远的怀念》征文获得一等奖,张妤老师代表俚岛镇参加演讲比赛获得一等奖,邵立广老师的《"窥月"有感》在荣成市教育局微信平台发表。

第五,语文学科每学年进行一次阅读主题的课堂达标活动,促进教师阅读水平的提高。阅读照亮了教师的心灵,阅读濡染了教师的气质。近年来,学校一批有特色的教师脱颖而出,受到广大学生的欢迎,得到各级教研部门的认可。

第六,开设"百师讲坛",让书香伴教师一路远行。每周四的教育大讲堂,学校安排两名教师面向全校老师交流读书、教育心得,发表自己独到的见解和看法,进一步提高教师的人文素养。

我们学校的书香味儿,在领导和全体教师的努力下,越来越浓,越来越香! 这得益于我们把阅读作为提升教师的文化品位、精神品位、人格品位和思维品位的重要手段,让每一位教师都做一个终身的读者,让阅读照亮课堂,照亮每位教师的教育人生!

书香天地广:

"窥月"有感

邵立广老师,多才多艺,是全校公认的学者型教师,是语文学科的行家、名家。多年的文学积淀,让他在解析文本时能够入木三分地感悟到作者寄予在字里行间的情感和理想;多年的读书积累,让他在课堂上对文字典故信手拈来,侃侃而谈,学生们都尊称他为"行走的教科书"。听邵老师的课,听邵老师评课,是每个语文老师最大的期盼和享受,因为听就是提升,就是收获。来,让我们一起来静听邵老师的读书心语吧。

清代文学家张潮的《幽梦影》中,有一段关于读书生活的总结:"少年读书如隙中窥月,中年读书如庭中望月,老年读书如台上玩月,皆以阅历之浅深,为所得之浅深耳。"邵老师有四十多年的读书经历,除了课本以外,杂书倒也看了不少,邵老师觉得鲁迅先生的"拿来主义"甚合他意——"随便翻翻"。他读书,全凭兴之所至,毫无章法可言。无固定时间,无特定书目,无一定目的,典型的"三无"牌。如今他觉得自己也是胡子一大把而学无所成,虽无"背父兄教育之恩",却有"负师友规训之德",托名书生,其实难副,说来惭愧。

首先从阅读态度上说,邵老师认为自己读书属于"随机应变型",典型特征是"一日曝而十日寒",没有像许多真正的读书人那样持之以恒——"焚膏油以继晷,恒兀兀以穷年"。

邵老师说,记得那是在小学五年级,当时他痴迷于刘兰芳老师的评书:晚上听喇叭广播《岳飞传》、白天听收音机里讲《杨家将》。"精忠报国"的大义没有领会多少,但"尚武"的思想却在他的心田里扎下了根;再加上电影《少林寺》横空出世,如火如荼,令他那颗年少的心更加热血沸腾,顿生侠客豪情,梦想着有朝一日也能"书生剑气走江湖"。正好,此时班上有个姓王的同学拿来一本《三国演义》,

同学们如获至宝,特别是男孩们的那种眼神——后来他明白了,就是高尔基所说的:"像饥饿的人扑在面包上。"

一天中午,事情忽然有了转机,"蓦然回首,那'书'却在灯火阑珊处"。邵老师发现《三国演义》正在他的好朋友刘某手上,他便试着问刘某可否让他先看,刘某本是不愿意的,但被邵老师所讲的"义气"二字所镇——刘某此时正在练习少林长拳,立志成为一名关羽式的大英雄,所以需要言行一致,"急朋友之所急"正是"义"的体现,刘某只好"痛快"地答应了,但却限定了时间:一天一夜。第二天中午就要还给他,那是他必须还书的时间,因为大家都知道规矩"好借好还,再借不难。到时不还,再借免谈"——没想到,当年这几句写在小画册扉页上叮嘱借书人的规矩,今天居然成了借贷人的规矩,然此"借"非彼"借",真的是"人心不古"啊。

邵老师怀着激动的心情,平生第一次实践了袁枚先生的理论:"书非借不能读也"。午睡时,他把书放在膝盖上偷着读;课间时,他憋着内急读,分秒必争,以至于上课差点儿尿了裤子,只好请假上厕所。忽然,他发现这招挺好:课间读书,上课时去厕所,能省下好几分钟,多看好几页呢。放学了,他坐在门槛上读,只是那字越来越模糊,书靠在眼前了,还是一片模糊。姐姐说:"你在喂蚊子啊?"他这才发现天早就黑下来了,耳边一片嗡嗡嗡的叫声,始觉浑身痒得难受。晚上,他点着小油灯熬夜奋战——父母还以为他在背书呢。尽管他如此勤奋,就差"头悬梁锥刺股"了,无奈"时间紧,任务重"啊!他还是没能按时读完:那书太厚,生字又多。他只能瞪着红红的眼睛,眼巴巴地看着那本书像天边的那朵白云似的飘走了……刘备白帝城托孤之后,蜀国后来怎么样——他和刘备一样没有答案。

古人说赵普是"半部《论语》治天下",邵老师可是"半部《三国》赢天下"——"天下"略有夸张,全班是绝对真实的。那本《三国演义》只在他们班传看了五天,仅有三人读过,便被王同学的爸爸收回了。那两个人都没怎么看:一个是被他"截胡"了,没看成;一个是看不懂,放弃了。邵老师说:很多字不认识,句子也别扭,根本读不下去。所以,只有他囫囵吞枣地读了一大半,这要归功于他在四年级时曾经生吞活剥地看过《水浒传》,有了一定的古书阅读经验。所以说机遇总是给有准备的人。于是,他有了给同学们表演说评书的资格,他模仿刘兰芳老师的风格讲三国,成了同学们课间活动的"名牌栏目":桃园三结义、温酒斩华雄、千里走单骑、草船借箭等等,大家百听不厌,他的威望那叫一个高啊,绝对如日中天,光铁杆"粉丝"就有四个,其中就有那位特"义气"的刘同学——好像邵老师风光,他也有份儿似的，每次都帮他积极维持秩序。

其次从阅读习惯上说，谦虚的邵老师觉得自己读书属于"虎头蛇尾型"，典型特征是："乘兴而行，兴'未'尽而返"。他美其名曰：保留余味，这叫"残缺的美"。《红楼梦》不就是这样的吗？张爱玲女士说，人生有三大遗憾："鲥鱼多刺，海棠无香，《红楼》未完。"说起《红楼梦》，他又想起自己已经读了不下五六次，真正读完120回的，却只有一次！其他的书，但凡是稍厚一点的，其命运大抵如此。

此外，从阅读思维上说，邵老师觉得自己读书属于"浅尝辄止型"，典型特征是："好读书，不求甚解"。他常自诩是五柳先生的"关门弟子"。就拿薄薄的一本《论语》来说吧，他已经读了二十多年，各种解读也读了不少，自以为已经读懂了，经典也不过如此。不料，一次偶然的谈天，让他对《论语》"刮目相待"，乃至肃然起敬。

事情是这样的：有一次，邵老师和一位博学的朋友聊天，说起"温故而知新"。朋友问他：你怎么理解这句话？他当时就是一愣，教科书的答案是："温习旧知识从而有新理解、新体会。"他一直也是这么想的，怎么这个句子有问题吗？

朋友说：这句话当然可以这样理解，但它还可以有另外的解释，关键是对"而"字的理解。

比如"而"字作连词讲，可以解释为"温故及知新"：一个老师一方面要不断温习、学习传统的知识，另一方面又要努力撷取当今世界科技文化发展的新成果新知识。这不就是"终身学习"嘛！

再比如"而"字作递进关系来用，可以解释为"温故，知新"：一个老师随着自己人生阅历的丰富和理解能力的提高，再回头站在一个更高的层次或更新的角度，看以前学过或教过的知识，又能从中体会到更多的东西。这不就是"与时俱进"嘛！

邵老师有一种豁然开朗的感觉，他说："那是否还可以这样解读：通过回顾以往的知识和经验，对当下的形势或事件的走向做出预判，见微知著，从而达到未雨绸缪，提前找到解决未来可能出现的问题的方法。"由此他想到《易经》坤卦中有言："履霜，坚冰至""其所由来者渐矣"。这不也是"温故而知新"吗？他说：当然可以了，以古鉴今，鉴往知来，这不就是"处置预案"嘛！

真是"与君一席话，胜读十年书"。对于经典的理解，真的不能自以为是。从此，邵老师的心也开始沉静，渐渐地对许多经典有了常读常新的感觉，"每有会意，便欣然忘食",偶尔也能领略一点"闲坐小窗读周易,不知春去几多时"的况味,也由此对经典产生了敬畏之心。

正所谓"有志不在年高",东坡居士说得更明白:"书到今生读已迟。"所以,邵老师认为这里的"少年、中年、老年",不单单是一个时间概念,更是一个读书层次或品位的概念。邵老师戏称自己虽然早已人到中年,但读书经验却只停留在"少年"时期。拿过一本书,特别是各种经典,往往是以蠡测海,隙中窥月而已,"乃不知'赏月',无论'玩月'"了。

书香天地宽:
今天该怎样做最好的教师

李君洁老师是一位数学老师,也是一位爱读书的老师,她用读书丰富着自己的心灵,用书籍营养着自己的数学课堂,是书籍让她快速成长为数学组的骨干教师。

结识高金英老师源于一场精彩的演讲,那时高老师风趣幽默的语言,积极乐观的心态,精辟独到的观点,多才多艺的本领征服了李老师,让李老师记住了这位伟大的宏志妈妈。恰逢暑假,品一杯香茗,伴着淡淡的书香,李老师拜读了高老师的《做最好的教师》,感悟她博大的师者之风。

一、端正心态,树理想之帜,做传递正能量的使者

曾几何时,李老师说她被社会上弥漫的浮躁与功利风气侵蚀,随波逐流,抱怨工资低,待遇差;斥责学生难教,大呼大叫发泄不满;思想上得过且过,不思进取,这种不良行为严重地损害了师者的形象,影响了学生的成长。当她听到高老师说"我要感谢学生给了我一个就业的机会"时,她感到汗颜。周而复始的单调生活让李老师产生了心理的失衡,出现了职业的倦怠,忘记了自己的初衷,感受不到自身的价值,体验不到成就感。

李老师便跟随高老师的步伐,学习心态调整法,采用积极乐观的心态来面对生活,这时她发现生活是多么的美好:课上一阵阵琅琅的读书声响彻教室,令她沉醉;课下一声声"老师好,老师再见"让她欣慰。李老师怀揣着"教书育人"的理想,教人求知,学做真人,学生那一张张可爱的笑脸,一双双求知的眼睛,一个个充

满活力的个体,一点点的进步,让她感受到自身的价值。她用理想点燃了学生的学习热情,用信念支撑起学生梦想的天空,帮助他们筑梦、追梦、圆梦。

"心态决定一切。"作为教师,李老师认为她要甘于清贫,甘于寂寞,坚持"静下心来教书,潜下心来育人"的理想,种好师者的心田,做传递正能量的光明使者。

二、更新观念,与时俱进,做阳光教育的守望者

如今受社会、家庭和学校诸多因素的影响,时常听老师们说:"现在的学生难管又难教。老办法不灵,新办法不明,蛮办法不行,教书育人变得很尴尬。"想改变现状,就必须更新观念,观念决定命运。

(一)掌握新理念

在新课改的推动下,各种新理念应运而生,泰安泰山实验中学推行的"思维碰撞"课堂,注重对学生思维能力的培养;潍坊广文中学创建的"适才教育",指明了"学生适学、教师适教、全员适位、家庭适导,学校适所"的教育方针;深圳明德实验学校变革的课程结构"课程重构、学科重组、课堂重建"活动,实现了国际化的教育水平……李老师想正是由于她观念的陈旧,目光的短浅,才拉开了与他人的差距。唯有不断地更新个人素养,与时俱进,积极创新教育教学方式,才能生成丰富有内涵的教育。

(二)转换角色

顺应课改方向,树立生本意识,"一切为了学生,为了学生的一切"。为此,李老师将继续坚持我校的"三段五步三查"教学模式,推行"生本教育",以微课技术为平台,电子白板为抓手,全面实施翻转课堂,与时代接轨,为学生的终生发展奠基。

(三)更新知识储备

想给学生一杯水,教师就必须是长流水。面对信息爆炸的知识时代,教师必须坚持读书,博采众长,不断地"补氧""充电",除了要储备扎实精深的专业知识、拥有过硬的教学能力,还要拓宽自己的视野,左手教育学,右手心理学,时刻把握学生的心理,对症下药,才能破解各种教育新问题。学海无涯,作为教师只有埋下头,扎下根,"活到老,学到老",才能保证学识上"不枯竭",思想上"不落伍"。放眼未来,展望教育,做不言弃的守望者。

三、严谨治学,脚踏实地,做专业精湛的领航人

曾有学生问李老师说:"老师,我学了那么多数学知识有什么用?"一生附和道:"老师,我爸说学数学会认个数就行,其他的都没用。"又有一生说:"老师,数学太单调枯燥,我也不愿意学。"听到这样的话,李老师很惭愧。从事多年数学教学工作,她没有让学生认识到学习数学的价值,也没有让学生感到学习数学的快乐,这令人深思。

高金英老师说:"课堂的魅力就是教师的魅力,怎么上好一节课,就是教师征服学生的手段。""齐鲁最美教师"李文学老师将数学知识与生活实际相联系,将电影《异次元骇客》引入讲极坐标,用山东的酒文化做引子讲函数的连续性,在学生易走神处,设计兴奋点,牢牢地抓住学生的心,让学生爱上数学。这让李老师看到了自己的不足。"台上一分钟,台下十年功",想获得学生的认可,就必须严谨治学,脚踏实地,课下花功夫琢磨,找寻学生的兴趣点和知识点的联系,寓教于乐,把学生吸引到课堂上,兴趣就是最好的老师。

课堂是教育的主阵地,还课堂以心灵的温度,还课堂以思想的灵动,还课堂以生命的活力,这就是"生本教育"的终极目标。作为教师,李老师必须坚守课堂,用心备课,指导学生学会独立思考,学会解决问题,提高学生的综合能力,让学生感受到数学的价值,体会到数学的美,做专业精湛的领航人。

四、怀揣仁爱,无怨无悔,做善解人意的知心人

著名教育家李镇西先生说:"教育就是以心灵赢得心灵。"没有爱就没有教育,爱是教育的灵魂。作为全国模范班主任,高金英老师当之无愧。为了拉近师生关系,高老师会提前记下学生的长相和名字;为了更好地了解学生,她不辞辛苦千里迢迢家访;为了照顾家庭不幸的学生,她东奔西跑帮助解决……她是学生心中永恒的太阳。就像高老师所说:"教师最重要是心中有爱。它以尊重学生为首,以爱护学生为魂,以熏陶学生为归宿,用生命影响生命,用爱征服学生的心灵。"有爱就有了一切。

高尔基说:"谁爱孩子,孩子就爱谁。只有爱孩子的人,他才可以教育孩子。"于是,李老师怀揣仁爱之心,时刻惦记学生,用坦诚和信任拉近心灵的距离,用阳光和温暖感召内心的呼唤,用责任和担当引领学生成长。当气温变化时,李老师

会及时提醒学生添减衣服;当学生进步时,李老师会给予真诚的鼓励;当学生有困难时,李老师会伸出援助之手……让润物无声的师爱流淌在学生的心田,温暖他们的心房。从教多年,李老师经常会收到见面时学生亲切的问候,逢年过节学生真诚的祝福,公车上相遇学生的主动让座,生病时学生自发的探望……这情感上的联结让李老师念念不忘。

书香天地美:

运用心理学上课

王珊珊老师,青年教师,为人热情大方,教学认真严谨,工作努力上进,经历了改科和任教初四的经历,她在成长,也在成熟,而读书助力了她的成长。读书不一定为教学,但王老师的反思告诉我们读书一定能够补充教学。

这段时间,王老师读了刘儒德教授编著的《教育中的心理效应》一书。里面的心理效应对王老师的教学工作有很大的启发与点拨。

《U形记忆——系列位置效应》启示她:第一,在课堂开始和结尾要讲重要的内容,处理重要的事情,只有最重要的事情才能占据最重要的时间;第二,让学生重视一节课的开头和结尾,不要让上课的前10分钟在找练习本的过程中度过,也不要让快下课的后10分钟在想象课后如何玩耍中度过;第三,每次学习时间不能太长,合理安排学习内容的顺序。

王老师的思考和打算:课前(15分钟)让他们背诵基础知识,准备小测(但是不测);课中(20分钟)做练习题或者讲评作业,巩固错题(可以稍有松懈);课后(10分钟)讲解重点内容或进行小测(再次巩固)。

《虎头豹尾——首因效应和近因效应》启示她:第一,教育者要尽量避免因首因和近因的影响而对学生产生偏见,要全面了解学生;第二,在与学生初次接触时,力争给学生一个好的印象,为以后实施有效教育奠定基础;第三,在教学中,设置好课堂导入和课堂小结,力图给学生留下深刻印象;第四,注意沟通的艺术,批评学生之后可以安慰几句,以消除学生的紧张情绪,增强其自信心。如:"也许我的话讲得重了一点,但愿你们能理解我的一番苦心。""很抱歉,我刚才太激动了,希望你能好好加油!"

《给学生留点空白——超限效应》启示她:有一些家长经常盲目地对孩子进行

许多大而空洞的说教，在短时间内集中火力打歼灭战，浑然不觉中，孩子的心理已由最初对自己错误行为的内疚感发展到对一而再、再而三的批判的愤怒！使孩子幼小的心灵难以承受。"超限效应"就是青少年在受到不恰当的批评时出现"顶牛"的原因。学习上也是这样，下课了，老师仍讲解再三；周末了，班主任仍津津乐道，此时你是不是有冲出教室的冲动？这也是因为超限效应的原因。所以在向学生讲授知识、布置作业时，在时间以及数量上要注意不要超过孩子可接受的限度，否则不仅达不到教育的初衷，而且会适得其反。

王老师的思考：自己之前经常拖堂，总希望把没讲完的告诉学生，完成自己的任务，但是那时学生可能非常反感她的拖堂，所以她说再多也是废话，学生也听不进去。因此王老师反思之后，不再拖堂，没讲完的下次再说，给学生留个念想，帮她记着这个任务没有完成，下次学生反而会更加认真地听讲。

在读这本书的时候，王老师读得很慢，很用心，她经常由此及彼，举一反三。通过这本书，她掌握了一些心理学规律，读懂孩子们的心理，使她的教学事半功倍。在今后的教育教学实践中，王老师想充分利用《教育中的心理效应》的巨大魅力，争取最大限度地实现教育智慧。

第二节 理论拓视野,理念慧生命

近几年,随着教育改革的深入,教师已有的教育理论已不能满足现行教育的需要。为了让教师更好地适应当今教育发展的新形式,学校注重更新教师的教育理念,努力促使教师向专业化发展。可以说荣成二十七中的教师在教育教学工作中,表现出了较强的敬业精神和奉献精神,为学校的发展做出了巨大的贡献。但是在生命化课程改革面前,教师的心态发生了变化,摇头者有之,观望者有之,迷惘者有之……针对这种局面,学校领导班子仔细分析形势和学校实际状况,一致认为造成这种局面的主要原因是教师新的教育理念的缺失。他们认为教师对学生的悉心关怀及敬业精神应加以表扬并传承,同时教师的行为素养需要加强,专业素质需要提高,特别是在创新精神和先进教学理念指导下的教学能力和研究能力需要有效的培训和提高。为此,学校想方设法加强理论学习,通过学习钻研教育教学理论,改变陈旧的教学方式,树立新的教育教学理念,引导教师正确应对课改新形势,从容解答课改新问题,不断促进教师专业能力的提升。

一、生命化理论学习,让教师专业成长活起来

(一)理论实施策略

在新课程背景下,教师要确立课堂教学的生命价值取向,努力构建促进生命完善与发展的课堂教学实践操作体系。

1. 教学目标要以人为本

教学的根本目的是促进人的全面发展,领悟生命的真谛,追求生命的意义。生命化教学认为,教学的功能在于"传授知识、启迪智慧、点化或润泽生命"。所以说,生命化教学是以人为本的教学,它以促进人的生命发展为教学的逻辑起点和教学价值皈依。以人为本,就是要始终不渝地把学生放在最重要的位置,关注每一个学生,尊重每一个学生,满足每一个学生的需求,善待每一个学生,启迪每一个学生的智慧,相信每一个学生生命的意义;以人为本,就是要让学生真切感受到教师对他们的重视、关怀与期望,让学生活得充实,活得有价值、有意义;以人为本,就是要关注学生生命的整体性,把学生看作是具备知、情、意、行等各方面特征的个体;以人为本,就是要以学生的生命发展为立足点,根据学生的特点、知识基础、能力水平、背景、需要、兴趣等进行教学设计。

2. 教学内容要回归学生的生活世界

基于新课程的理念,生命化课堂教学的内容要注重与现实生活的联系,让学生在现实生活的背景中学习科学文化知识,让学生亲身感受课堂教学情境,亲自参与各种教学活动,用心灵感悟知识的生成过程,并通过师生多方面的交流,体验教学内容的深刻内涵,从而促进知识的建构、情感的融合和思想的交流。为此,教师要做到:①创设真实而复杂的教学情境,引导学生在具体的情境中感悟和体验。②加强"知识世界"与"学生生活世界"的联系。课堂教学作为一种以提升学生的生活质量和生命价值与意义为目的的特殊的生活实践过程,必须着眼于学生的现实生活,改善学生当下的生存状态和生活质量。教师在课堂教学中要乐于、善于建立与学生的生活世界的联系,在生活世界中与学生一起建构生命的意义。③加强课堂教学与社会实践的联系。教师在传授知识的同时,要着重介绍知识在社会实践中的运用,并鼓励学生进一步去探究,实现知识的广泛迁移,使学生在探究的过程中洞悉知识与人类生活的关系,发现生活的乐趣,感受知识的魅力,培养学习的兴趣,形成正确的情感态度和价值观。

3. 教学过程要注重动态生成

生命化课堂教学注重教学过程的生成性,提倡生成性教学。所谓生成性教学,是指在弹性预设的前提下,在教学的展开过程中由教师和学生根据不同的教学情境,自主构建教学活动的过程。在生命化课堂教学看来,教学过程不应是一种可"预设"的现象,不是实现预定教学蓝图的途径和手段。教学具有极强的现场性和随机性,学习的状态、条件等随时会发生变化。教师应在整个教学过程中全身心地投入、倾听、领会和预测,以富有创造性的教学设计为依托,灵活应对教学中的实际情况。教师在教学中需要开放性地接纳始料未及的信息,针对具体的教学情境,选择预设的教学方法和手段,调整预定的教学环节和步骤,应根据执行中获得的信息不断修正和改变教学方案,使教学方案在变动中引导教学逐步深入。

4. 教学模式要走向交往与对话

生命化课堂教学是让课堂教学走向交往,走向对话。这种交往与对话包括教师与书本的对话、学生与书本的对话以及教师与学生的对话等。让教师从单纯的知识传授者转向知识意义的建构者、引导者和促进者,让课堂教学变成教师对知识价值的引导与学生对知识意义的自主建构的统一。生命化课堂教学的知识基本上由以下四个方面组成:教科书及教学辅导资料提供的知识,教师个人生活世界的知识,学生个人生活世界的知识以及师生互动产生的知识。这些知识不再是单纯意义上的书本知识和间接知识,而是蕴含着师生双方的情感投入的隐性知识和教学智慧,师生可以以各自的"生活世界"为基础,创造出"真实的"意义世界。在课堂教学中,通过师生之间的生命智慧碰撞,人格魅力的影响,不断体验着、升华了情感,形成了有活力的、紧密联系实际的生命化知识,从而促进了师生生命质量的提升。

(二)效能分析

在日新月异、瞬息万变的当今社会,学生的认知水平也随着时代的发展而有了更好的提升。在这种新的形势下,教师只有通过连贯的、持续的学习来提高自己的专业知识和教学方法,对自己所教的学科有足够的把握,才能提高课堂教学的效率。俗话说,给学生一滴水,老师要有一桶水,现在是老师要有源源不断的自来水。这些自来水从哪里来呢?这就要求教师要活到老学到老,也就是所谓的终身学习。学习了生命化课堂的理念后,我校教师关注学生的意识在逐步加强,自身素质也在不断得到提升,教师们主动学习有关理论知识,参与研究,历经磨砺,迅速成长。教师掌握了提高课堂效率的有效方法,使教学更有效。构建了新型的师生关系,提高了教师的科研综合素质。

二、基于课程标准的"教学目标评价一致性"理论,让教师专业成长潜下去

学校邀请威海市教育教学研究中心的张涛主任做了"基于课程标准的教学目标评价一致性研究"的专题讲座,针对教师理论上的模糊、实践中的困惑进行靶向指导。让每位教师充分意识到它的重要性,提升了教师的目标意识和评价意识。教师确立起明确的目标意识,能够自觉地依据课程标准、教材、学情来确立教学目标。通过设计评价任务来落实目标,改善以往评价滞后的情况,将评价设计先于教学设计,使评价任务与教学目标密切对应。使教师能真正理解评价的目的,不仅用于了解学生的学习结果,而且用于指导学生学习和教师的教学活动。在课堂研究的过程中,教师的教学理念和课程执行力都得到了极大的提升。

三、"三线建设"，让教师专业成长源头发力

备课是教学"图纸"，课堂是教学"建筑"，建筑依附、依赖图纸，如果图纸是平房，技艺再高超的能工巧匠，也无法将其盖成高楼大厦。教研室李吉龙主任的"发力备课源头，优化两种课型建构高效课堂"讲座再次让教师明确备好课的重要性。李主任认为备课是学校最常规、最常态的校本教研方式，要把教研、教改视作质量提升的增长点与着力点，把教研当成教师发展的助推器与教师团队成长的孵化器。备课要研究"模式"，研究备课的要求、标准、流程、模式，关注备课的终端产品——教学设计（导学案）。使备课更专业化、优质化，促使课堂更有效。教学是瓷器活，需要精细、精致、精巧。备课10分，课堂收益可能只有7分；备课7分，课堂收益只能有5分。关注教学的源头环节——备课，做好"顶层设计"。通过精化授课的起始点，加大高效授课的底盘增量。集体备课前的"个"备是基础，是支撑。关注备课"三线建设"——过程线（知识发生发展线索、环节融通整合的框架搭建）、问题线（每一环节下问题设置与层级建设）、活动线（针对每一问题，教师、学生的责权剥离不清，出现替代混淆现象）。教师根据备课内容，积极进行三线备课，既明确了备课的意义，又提升了教师的专业水平。

四、核心素养理论学习，让教师专业成长有前瞻

核心素养有两层意思：一是关键，是指个体在21世纪生存、生活、工作、就业最关键的素养。二是共同，是指课程设计所面对的某一群体所需要的共同素养。

专家指出，核心素养不仅仅是知识或者技能，它是在特定情境中通过利用和调动心理社会资源（包括技能和态度）以满足复杂需要的能力。比如大学毕业后，到企业的第一天，经理要求你用所学知识写一份项目计划书，这就需要综合能力，比如资料查找的能力、分析能力、语言表达能力、沟通能力等。个体在解决复杂现实问题过程中表现出来的综合性品质，就是我们每个学科都要培养的核心素养。核心素养直指教育的真实目的，那就是育人。毕业以后，作为一个公民，经过数十载的学校教育，有没有真正学到对未来有帮助的东西？学了几十门学科，这些学习科学与没学有什么差异？该学科能让你终身受用的东西是什么？

21世纪教育着力于"人的核心素养"——学生应具备的适应个人终身发展和社会发展需要的必备品格和关键能力，包括思维能力、问题解决能力、合作沟通能

力、信息处理能力、实践创新能力等。当教育指向核心素养，学校将真正走向"核心素养时代"，教师的任务不再是一味地灌输知识，而是给学生未来的发展提供核心能力。我们要树立"生本生态生长生命"的课改理念，致力于为学生创设基于学科核心素养的"生命化"的课堂，优化学科课程的教学，促进学生核心素养和综合能力的提升。

在教学设计上，我校积极创设与目标一致的情境，凝练驱动型问题，继续体现目标、评价、教学一致性；课堂上，增强思维能力和人文素养；在学习的过程中，以创设情境激发学习兴趣，以任务引发思维碰撞，以多维对话、小组合作为形式，以交互反馈、拓展提升为保障，以多元的激励性评价、分层教学促学生发展。这些都让教师意识到必须有足够的知识储备和随机应变的能力，教师要立足教材、提升教材、拓展教材、整合教学资源，通过教研活动，提升教师之间的团结协作能力，提升自身的授课水平，熟练掌握各种形式的授课模式，备学生、备教法，注重学科核心素养的体现，还要灵活驾驭课堂，关注生成问题。教师只有建立对学生核心素养培养框架的认知基础，才能在教材中挖掘出文本价值，从而为学生提供语言和思维模式，才能真正帮助学生发展语言和思维的核心能力。总之，在教学中培养学生的核心素养是顺应时代发展要求的体现，教师应结合教学内容和教学目标，采用有效的教学手段，积极创设情境，培养学生的核心素养，使学生形成正确的价值观和高尚的品德，并懂得对自己的言行进行约束，提高自身的专业素养，成为具有综合素养的教师。

为切实提高学生的学科核心素养，做到全面发展，我校开展了多种实践活动，激发学生的生命潜能。语文组的阅读大赛、英语组的双语（英语和汉语）大赛、数学组的讲题大赛、各个学科组的知识树、思维导图展示比赛等活动，营造了浓厚的核心素养氛围，激发了学生的学习和展示的热情，为学生搭建了展示才华的舞台，让生命得到展现。一系列活动的开展，教育意义深远，使学生对学科核心素养有了更为深刻的理解，达到了全面提高学生学科核心素养的目的，取得了良好的育人成效。

聚焦主题一：

把讲台还给学生

王霄，数学教师，从教 20 年以来，一直以"教学生一年，想学生一生"为自己的教育宗旨。为了给到学生受益一生的教育，她持续不断地学习，寻找教育的本质，即教育不是为了记住知识，而是为了唤醒爱心，引爆智慧。教学中，她尊重每一个学生的个体差异，因材施教，用爱温暖每一个学生，让每一个学生都活出自己的本真。

　　每到春天，天气回暖，人都是处于一种困乏的状态，学生当然也不例外。每次上课，王老师总感觉自己讲课思路清晰，有理有据，重点突出，突破难点的方法也很到位，但是一提问学生就答非所问，这令她甚是不解。今年，正赶上学校邀请专家进行了生命化课堂理论引领，组织课标考试，其中"学生是课堂教学的主体，教师是学生学习的组织者、引导者、合作者"这句话反复出现，她便结合自己课堂出现的问题，对这句话有了自己的理解。王老师反复思考能否让学生自己讲解疑难，这样需要动脑的是学生，一是思考怎样解决这个问题，二是思考通过怎样的语言能更好地传递给其他人。

　　一次，王老师让学生上台讲解一个题，这个学生的思路与她预设的不一样，她费了好大的劲儿才听明白。瞬间，王老师知道了为什么自我感觉良好，而学生却回答不上问题，原来她只是沉浸在自己的思路里，总想把她自己认为的最好最优的思路传递给学生，但是忽视了每个学生都是独一无二的，不能要求都是一个模子出来的。虽然有时她的方法是最优的，但是并不是适合每一个学生的。之后，王老师开始慢慢放手给学生，让他们上台讲解，虽然每节课进行的内容不是很多，但是她发现学生上课的表情变化了，每个孩子的脸上都很阳光，都特别想把自己的解题思路展示给其他同学，每次举手也超过头顶，讲解的语言也由原来的结结巴巴转成流利大方。看到学生的变化，王老师心里窃喜，心想：要把更多的机会还给学生，她只做他们的引导者、组织者、合作者，坚决不越权。

　　又一次，有学生上台分析了一个几何题，王老师觉得讲得不错。然后为了鼓励这位学生，王老师急忙问班里其他学生："听明白的举手。"希望大部分同学能够举手，让这位学生引以为豪，以后经常上台讲解。结果班级头号种子小潘没有听明白，王老师问："你的疑惑是什么？"小潘回答："不会证全等。"王老师问："会证的举手。"一个二十多号的学生小伟举手，然后王老师就让他上台讲解。当时王老师的心理是：他肯定讲不上来，就是好面子而已，要让他好好出丑，改变他好面子这一点。他开始讲解了，王老师没有着急评价他，也没有催促他，给他足够的时间思考,目的是为了之后数落他攒足理由。但令王老师惊讶的是,小伟居然条理清晰地讲出来了。王老师立刻鼓励小伟说:"开始时,小伟是没有听明白的,但是他没有放弃,通过独立思考把这个题讲了出来。其实,有时同学们做题就差那么一点点,只要你坚持了,就会产生奇迹,小伟的表现就是最好的见证。"接着她问小伟是这样的吗?小伟不好意思地点点头。王老师接着说:"没想到自己这么厉害吧!"小伟脸上露出了久违的笑容。从那以后,王老师发现小伟变了,上课更爱举手了,听讲比以前认真了,作业的质量较以前也有了很大的提高。

　　之后有一次下课前五分钟,王老师让学生讲了一个习题,其他同学都听明白了,她便下课了。因学生小刘有个地方没听明白,王老师便把他叫到讲台,问他的疑惑,想给他说清楚。这时,小伟也凑过来听讲。当晚王老师布置了这个作业题,小伟的思路清晰,步骤完整。庆幸的是,那天让他讲题时,王老师没有着急,给他足够的思考时间,让他独立地把题讲出来,如果稍微着急,否定他,小伟会对数学越来越反感。突然间,王老师想到陶行知先生说过:"你的教鞭下有瓦特,你的冷眼里有牛顿,你的讥笑里有爱迪生。"自此,王老师发誓要做一个有爱心的老师,尊重每一个生命,让每个生命都能绽放出属于自己的光彩。

　　通过这件事,王老师发现其实每个孩子都有巨大的生命潜能,当你给他足够的信任时,他会双倍地还给你。并且从那之后,每次讲新课时,小伟也能上台分析问题,王老师问其原因,他说是因为回家预习了。王老师恍然大悟,学生没有预习的习惯是因为老师没有给他展示的机会,他知道老师上课要讲,为什么要回家先预习呢?想想也是。从此,王老师改变了授课方式,同学们为了展示自己,纷纷回家预习。这样,学生掌握知识的牢固程度比老师讲解的效果要好。为了发扬小伟学习数学的这种精神,王老师在班上把小伟的这些变化说给其他同学听,并让小伟说说自己此时的感受。小伟自信地走到讲台,说了六个字"我骄傲,我自豪"。此时,王老师感觉到,小伟的内心是非常喜悦的,并且对数学的态度全然改变,深深地喜欢上了数学。当孩子有了好的感觉时,不愁他学不会,只要你给他足够的爱心和耐心,他就会想尽一切办法弄明白。

　　当我们用生命化的理念武装了头脑,把讲台还给学生,让他们成为课堂的主人时,他们学习数学的热情就会更加高涨。从此,王老师领悟到,要再接再厉创造适合每个学生的舞台,让每个生命都彰显出自己的特点,开心地学习数学。

聚焦主题二:

关注学生核心素养要从"边缘"事情做起

王庆良,化学老师,从教三十多年来,一直本着"在生活中教化学"的教育理念,积极引导学生将课堂上学到的化学知识应用到实际生活中,注重理论联系实际,培养了学生学习化学的兴趣。王老师与时俱进,在化学课上始终以培养学生解决实际问题的能力为突破口,提高学生应用知识能力的核心素养。

随着人们对素质教育探索和对人才素质认识的不断深化,"学生核心素养"一词渐渐走入人们的视线,它关注的不只是人的知识、能力和分数,更关注一个人在未来发展中所必需的能力和品格。作为化学学科,在引导学生关注物质的形态变化、微观结构及性质的同时,还应该引导学生与时俱进,关注与化学有关的社会热点问题,认识环境保护和资源合理开发的重要性,分析化学过程可能给自然带来的各种影响,权衡利弊,勇于担当,为资源的永续利用和社会的和谐发展贡献一己之力。

一、实验废弃物不乱扔——担负起社会责任

动手实验是学生学习化学课程的有效手段,对强化知识、提高动手能力,有着不可替代的作用。初中阶段涉及的化学实验不下几十个,接触到的化学药品近百种,其中很多是剧毒或有强烈腐蚀性的。如何让初识化学的中学生养成科学严谨的实验态度,认识实验废弃物对人类社会和环境的危害,培养严谨的科学态度呢?王老师经常利用化学课给学生们讲一些化学家的高尚操守,讲他们如何以科学严谨的态度进行化学实验为人类造福,决不让自己的疏忽大意给人类带来灾害的故事,尤其是药品或实验生成物中有毒性物质,他都及时给学生发出提醒,给大家讲清这些有毒物质给人类和自然环境带来的危害,进行无毒化处理的原理和方法,提示大家注意实验安全的同时,不要将生成物随意排放。在王老师的带领下,学生总是在实验完毕后,将生成物及时收集,对其集中存放,进行无害化处理,让保护环境和可持续发展的理念在学生心中生根、开花。

二、化学要让生活更美好——用良心做化学

在《氧气的实验室制取与性质》一节中,铁丝在氧气中剧烈燃烧发出的璀璨火

花,引发了同学们的好奇心,王老师借此让学生思考燃烧在生产生活中的应用,小邹同学说:"夏天的晚上可以带着铁丝和氧气到树林里点燃,将马猴都引来来一场野炊。"一些同学高兴地哈哈大笑,这充满童心的想法引发了王老师的思考,他用中外化学史上的一些化学实验发明给人类带来的福音和灾难的事例启发学生:科学需要伦理道德,科学发明只有应用到为人类造福,应用到环境和资源的永续利用上才是人间正道。王老师因势利导,启发学生思考哪些行为是违背科学伦理的,同学们举出了战争方面,如细菌战、生化武器等,现代生活中将苏丹红、三聚氰胺掺入食品中等行为,这些都是对科学初心的亵渎。化学就像一把双刃剑,王老师告诉学生,我们要从小树立科学的世界观,让它为人类造福。当天晚上,王老师布置了一项作业:让学生查查身边有哪些"化学负面清单",结果同学们查出了26项,看着这张"负面清单",王老师知道,科学伦理的种子已经播撒在孩子们的心田。

三、化学科学的发展无止境——理想成就未来

在学校化学兴趣小组的一次交流会上,同学们针对化学科学的发展展开了讨论。有的认为,现代化学发展已经非常完备,理论自成体系,成果深入到人类生活的方方面面;有的认为,化学科学走入到了死胡同,并举例说化学污染比比皆是,好多人类面临的重大问题都无法解决。双方争得面红耳赤不可开交。最后,王老师做陈述性发言,首先肯定双方的观点都有可取之处,但是坐在前人的功劳簿上沾沾自喜和对化学学科失去信心都是错误的,无论是化学污染危害了人类的生存安全还是化学学科无法解决人类发展面临的问题,都说明人类社会离不开化学。王老师因势利导,启发同学们思考,将来你做了科学家,想搞些什么发明? 有的说要发明没有污染的化肥,有的说要研究出攻克癌症的药物,还有的说要研究出绿色制剂,解决我国降水时各地分配不均的问题。王老师深深地被同学们的思考和志向感染了,他告诉同学们,化学发展永无止境,一山放过一山拦,只要人类坚定理想信念,就没有克服不了的艰难险阻。当汽车因运力小功效低不能满足运输业发展的时候,火车出现了;当化石燃料给人类绿色发展带来阻挠时,可燃冰如划过天际的一颗流星给人类带来新的希望,但是目前可燃冰的大规模商业利用还有一些难题。如何克服 CO_2 的热效应,怎样解决地质灾难问题,这些都有赖于我们在座同学去努力! 王老师看到同学们的眼睛都闪烁着光芒,便知道他们的心已经飞

到了遥远的未来。

在化学教材以及课堂上，人们更多地关注了学生的知识体系和解决问题的能力，对学生的科学态度与方法，自身与身外世界的关系等却关注很少，而这正是他们将来从事化学工作绕不开的问题，关注学生核心素养，关注未来社会发展，王老师感觉必须从这些看似"边缘"的事情做起。

第三节　网络促变革,技术助课堂

荣成二十七中在电教手段的应用和培训上,一直走在全市前列。现为荣成市第二实验中学副校长的张婷婷老师在刚调入第二实验中学时,曾到微机室自己制作课件打印教案,让学校其他教师叹为观止,小小的乡镇中学已经能够远眺到信息技术的魅力,不由得让人刮目相看。重视信息技术的应用是荣成二十七中历届领导的共识,我们身处信息时代,传统的教学模式、教学方法要经历大浪淘沙的磨砺,要么任其自生自灭、慢慢消亡,要么积极跟上信息技术迈进的步伐,迎来满园春色。

众所周知,信息技术在课堂教学中的广泛应用能带来很多积极的影响:第一,充分调动学生的学习兴趣,使其在学习过程中更容易理解知识,学会学习的方法,这样有利于素质教育的实施;第二,随着素质教育改革的不断深入和现代教育技术的飞速发展,教学工作对教师的要求也越来越高了,教师不仅要深刻理解新课程的理念,而且还应掌握较新的教学方法和教学手段,熟练运用电脑和网络,并对信息资源进行有效的收集、整理,将其用于指导自身的工作和学习中,否则就会落后于这个时代,并最终被淘汰。第三,互联网和新技术手段不断应用到教学和教师专业成长中,远程研修作为提升教师专业素养的手段,现在越来越显示出其独特的魅力。2005年是荣成市最早开始远程研修的一年,每个学校只有两三个老师参加,到了2010年已经是部分学科全员参与,到了今天,远程研修、互联网+教师专业发展,已经成为每位教师必然进行的专业培训。因此,为更好地适应信息时代给教学带来的变化,这就要求每一位教师及时跟上时代的发展,树立全新的教育观念,勇敢面对挑战,抓住机遇,积极投身于对现代教育技术的学习、研究和应用之中,尽快提高自身能力。

现代教育技术是当今教育改革的制高点和突破口,我们必须积极采取措施,不断提高教师的现代教育技术能力,荣成二十七中在新技术手段的培训和应用方面,做了很多有益的尝试和努力。

一、学校做法和措施

(一)配齐软硬件设施是基础

兵马未行,粮草先动。教师信息技术的提升首先需要软硬件设备的支持,为此学校每年拨出专门资金,进行补充、更新和升级换代。微机从最早的每办公室三台,到现在人手一台,2017年又更换了40台新一体机,这已经是学校第四批次更换和淘汰老式电脑,而教师的办公桌也早在2010年由木头桌子全部更换为电脑桌,便于电脑的安装和使用。不仅有台式机器,学校为方便教师上课使用课件和尝试翻转课堂,还购买了手提电脑和iPad,学校的大屏幕和投影仪也变成了更加便捷和清晰的班班通。软件建设方面,原先学校有专门的电教器材室,曾购进大量的优质课录像带,随着技术手段的更新,学校又为教师购进了大量的网络资源和平台希沃助手、易课、电子书包等设备,学校还用荣成智慧城市的东风投资的10万多元进行网络升级,由原来的百兆到桌面变成了千兆到桌面,并逐步完善无线网全覆盖。录播教室的投入使用成为教师"照镜子"的标配,每学期老师都会录制一节常态课和一节优质课为自己"照镜子",其他老师进行点评,至此学校已经新建了两个录播教室。为了进一步强化硬件设施,学校投资3万元安装了触摸式电视一体机并安装了希沃软件,实现了手机与电脑的衔接,修建了电子备课室,更换了校园网的服务器,引入了教育云盘、科兴评价、图书漂流系统,种种举措都是在利用新技术提升教师的专业素养。在每年暑期的远程研修中,为保证研修学习的顺利完成,学校会提前按学科组分配机房,提前一周调试机器,成立领导小组制定考评机制,专门派微机老师随时提供技术支持,全力以赴提升教师的专业素养。

(二)加强校本培训是突破口

1. 更新教育观念,奠定理论基础

学校通过邀请校外专家开展专题讲座、鼓励教师积极参加"国培计划"、全国继续教育网路远程培训、优秀教师外出培训进修等手段,让教师们亲身感受到现代教育技术在教育教学中的主要地位及其应用的必要性和紧迫性,引导教师树立适应信息时代的教育观念。学校先后邀请了多位专家,甚至是以专家住校的方式为我校教师培训微视频的制作、计算机的使用以及智慧课堂、智慧办公、易课等的操作。去年我校邀请电教处许主任进行了四节课的智慧平台的培训工作,许主任采用边讲边练的模式,讲一个模块,教师练习一个模块。通过培训,大部分教师都能熟练地使用平台,为将来智慧课堂的使用奠定了基础。不仅如此,我校的钉钉培训、微课的培训都不再是只注重讲授,而是手把手教,逐步落实,重视实效性,尤其是我们的希沃助手的使用培训,教师的培训达到了数十次。这个软件实现了电脑和手机的同步,学生可以不再往返于投影和座位,而是教师拍照上传到屏幕并能及时批阅和修改,学生实验的过程教师采用视频工具,直接在电脑上直播。在优课比赛中,张霞老师、许春燕老师、高壮老师等都熟练进行这些操作,在优课中取得了较好的成绩,吸引了众多学校前来学习。也正是这个软件激发了姜海涛老师和杨建阳老师的兴趣,实现了显微镜的画面与电脑的直播功能,并申请了专利,获得了山东省教具创新大赛的一等奖。

在远程研修的过程中,我校一直采用集中研修,鼓励完成优秀作业和简报,多位教师获得优秀学员,多位教师的反思或感悟被省简报录用。有的老师为了一篇优秀作业甚至修改了四五次,有的老师为了一份真实精彩的感悟一直写到深夜,这无不体现了教师们重视自己专业发展的紧迫感。当然,学校更是重视教师的专业发展,坚持安排教师外出学习,省内的烟台开发区第一中学、博兴县实验中学、黄岛区实验中学、临淄区高阳中学、济南稼轩初级中学、山东师范大学附属中学等名校,省外的北京、杭州、重庆、上海、长沙等地区多所名校都留下了我们学习的足迹,实地考察、跟岗培训已成为了常态。正是由于教育观念的更新,才出现了教师专业的急速发展,张霞老师的电教课例《致女儿的信》获山东省优秀课例一等奖,青年教师李晓静获山东省生物德育优质课二等奖等。下一步我们将研究手机、电脑、iPad 的三线直播功能。

2. 依托全员培训,奠定人才基础

为了让教师更快更好地掌握电脑技术,在培训中,学校充分考虑到不同年龄结构教师接受知识的能力差异。年轻教师对新鲜事物有强烈求知欲和较强的接受能力,而老教师相对来说接受新知要慢些。在学习时,针对不同年龄段的教师提出不同的要求,其培训进度、内容也应该做相应的调整。如对年纪较大的教师,只要能熟练进行电脑操作,了解办公软件的使用,运用现成的教学资源进行多媒体辅助教学就可以了;对年轻教师可提出更高的要求,要会利用互联网信息资源进行有效的收集、整理,掌握 PowerPoint 和 Focusky 制作多媒体课件、Flash 制作动画、几何画板、微视频的制作等方法。这样可以较快地提高教师的学习质量和进步水平,既满足年轻教师的学习欲望,又帮助老教师消除畏难情绪,提高电教使用水平。

另外，教师学电脑主要是运用到教育教学中，所以在培训中我们淡化理论知识的讲解，加强应用软件的学习和上机练习。因此，我校将深奥的理论讲得通俗易懂，使教师便于理解。如在讲授 PPT 制作时，结合教师的教学实际，一步一步地制作一些简单的教学课件，让教师明白原来课件制作也不是很难。在培训电子白板、智慧课堂、易课的使用时，先采取每组骨干培训，再逐步反射，组内培训，全组过关的方式。

经过培训，教师们的电脑操作能力得到了广泛的提高，更重要的是教师应用现代化教育技术的观念发生了变化，实现了由"学电脑"到"用电脑学""用电脑教"的转变。

3. 培训考核结合，提高应用技能

学校还定期组织教师开展基于现代教育技术的教学技能比赛，并将比赛成绩计入当年考核中的"教师专业发展"一栏，例如：数学组的几何画板制作课件的比赛、全体教师的微视频录制的比赛、电子白板的使用比拼、希沃助手的使用比拼以及智慧办公的培训与应用，让教师深深地感受到信息技术与学科整合不是简单应付就可以的，而是只有在不断的使用过程中才会有收获、有提高。为普及微视频制作，2016 年暑期我校开展了学科"十佳"微视频评选活动，将各个学科参赛作品上传到校园微信平台的"箐彩校园"的"指挥平台"，评委网上浏览打分。学校还鼓励教师参加各级各类新技术手段应用比赛，如微课制作大赛、信息技术课程整合等，最终提升教师的现代教育技术能力。在此过程中，教师的专业发展体现在利用多媒体授课上，我校教师先后多次获得了省市级优质课、优课、课程资源及微视频制作等奖项。

（三）规范应用是关键

学校积极为教师创造好的信息化教学平台，在注重信息化硬件环境建设的同时，还加大软件建设，如购置课件资源、多媒体教学光盘、资源库、平台等，以满足教育教学的实际需要，为教师自觉地学习和使用现代教育技术提供有力保障。

教育信息化的目的就是为教育教学服务。为不断地提高教育教学水平，学校提出了要遵循"学以致用"的原则，特别是应用于教学。每位教师要将日常使用多媒体辅助教学的情况（使用次数、效果、时间等内容）以日志的形式记录下来，把教师的导学案变成了电子版，每周安排领导检查形成通报，便于学校管理和督促，对未能及时完成任务的教师进行通报。学校领导巡课的记录本中有专门的一项多媒体的使用情况,教师的听评课中也有一项多媒体使用情况的打分与评价,这一系列举措的目的就是让教师自觉地学习和使用现代教育技术,提升自己的专业素养。

(四)鼓励自学是外延

电脑的特点是操作性强,只有亲自动手,亲自实践,才能真正提高自己的信息能力素养。我校积极提倡教师在工作、学习中多用电脑处理日常事务。只要能用电脑处理的事情,就要尽可能让电脑来做,如编写教案、制作简单的教学课件、学生成绩统计等。只要教师利用电脑解决了实际问题,尝到了"甜头",那他们学习电脑的兴趣也自然而然地增加。例如在智慧办公上,我们主要采用教育局的钉钉。在推广初期,由于教师习惯了腾讯通,有抵触情绪,我们就从麦克表单和番茄表单的使用开始,布置教师搜集学生信息,教师采用布置学生回家收集,第二天到校往电脑里输入的方式,实验班则采用表单收集,第二天早晨数据显现的例子,让教师体会智慧办公的快捷。有了这样的例子教师们纷纷自学智慧办公,慢慢地学校里的智慧办公就推广起来了。

以前我校计算教师的三率积分时,用的是 excel 的筛选功能,干事得挨个数,再计算,费时费力。杨建阳老师虽不是计算机专业的,但是他善于钻研,每天晚上研究 excel 到半夜,有不会的就百度,用时半个月,在 excel 中用函数和公式实现了三率积分和班级成绩的计算,将原来 3 小时的工作量变成了 3 分钟。不仅如此,杨老师还利用网络自学,寻找到了电子分班的系统,严格控制了男女生的比例及平均分,大大减少了分班时的工作量,使用后好评如潮。

现代教育技术在教学中的广泛应用,提高了工作效率,同时也让教师从中看到了其优越性,增强了学习和运用现代教育技术的兴趣和热情。因此,我们应紧跟信息时代的步伐,充分利用各种资源,从对教师进行现代教育技术培训入手,建设一支掌握现代教育技术,具有较高信息素质和业务能力的教师队伍,只有这样才能适应教育改革和发展的新要求。在创客教育的活动中,我们需要一个能展示、能促成家校沟通的平台,联系多方,由于常钻研、肯研究,我们想到了荣成智慧平台,依附于智慧课堂的校内资源、家校沟通等功能,完美地攻克了遇到的难题。

二、取得的成效

(一)提高了教师新技术手段应用的能力

学校重视引导,教师积极参与,新技术手段的应用能力得到极大提升,现在

100%的教师能够制作课件,40周岁以下的青年教师能够熟练录制和使用微课,课堂电教媒体的常态使用率达到80%以上,物理、英语等学科基本达到100%的使用率。我校实现了电脑处处有,电教处处在。2015年学校投资建设了电子备课室与录播教室、机房共同使用,强化教师现代教育技术的能力,学校被评为威海电化教学先进单位。

(二)形成了提高教师专业素养的电教培训机制

每学年学校都会与时俱进地对教师进行电教培训,微视频的培训让课堂不再单一,凸显重难点效果突出;钉钉(智慧办公)培训弥补了腾讯通使用的不足,提高了教师办公效率;几何画板内容丰富,特别对于理科课堂,效果明显,对于课堂图形等的展示,课件操作等作用突出。这些形式多样的实效性培训,开阔了教师的视野,有力地辅助了课堂教学,提高了课堂效率。

(三)积累了大量的教学素材

我校的教育云盘上积累的教师资源,课件、导学案、微课等有一万余件,在我们的智慧办公中,实现了请销假的网络审批、表单的征集数据。以前不可能实现的无纸化办公已成为现实,这不但是资源的积累与更新,更是教师的成长与发展。

白板助力课堂教学:

巧用电子白板解决数学问题

孙翠翠老师,荣成市优秀班主任,荣成市数学名师。多年来一直担任初四毕业班的数学教学,在课堂教学中,她积极应用新技术手段,提高课堂效率,多年来教学成绩位列全市前茅。她在电子白板的使用上,更是得心应手,经验丰富。

一、师生互动,妙趣横生

数学中往往有许多动态教学,比如平移、旋转等,知识本身比较抽象和枯燥。由于学生思维的具体形象性和概念的抽象性之间的矛盾,他们往往不容易掌握知识,而且对于一些容易错的概念更难辨析清楚。而这些是以往的媒体很难实现的,如果根据教材内容,将动与静结合起来,通过生动有趣的画面使静态的知识动态化,把抽象的概念形象化,就能有效地掌握知识,而白板就会轻而易举地做到。

例如:在教学《图形的变化》时,孙老师先利用白板的绘画功能,在平面直角坐标系中画出一个三角形,让这个三角形在坐标系中平移,同学们很容易找到平移的特点,总结平移的性质,然后让学生亲自在大屏幕上实际操作,整个过程巧妙地运用了白板的绘画、拖动和书写功能,做、思、说三者相结合,学生对此知识点有了深刻的印象,收到了意想不到的教学效果。

二、动态演绎,形象生动

数学的课堂应该是互动的课堂、探究的课堂。交互式电子白板具有手写、注释、视音频播放、拉幕、探照灯、拍照、擦除等功能,与其他的信息技术相比,交互式电子白板能在课堂上提供给师生更多的交流机会,为师生在教学过程中的互动和参与提供了极大的方便。教师和学生都可以在白板上进行实际操作、亲身体验,对于学生学习中存在的问题,师生间可以相互讨论交流,轻松实现师生互动。

例如:在教学《二次函数最值问题》时,用交互式电子白板向学生展示探索面积公式的全过程:在白板上画出一个三角形和梯形,然后让学生对其中的三角形进行平移,学生在操作和观察的过程中体会到两个图形重叠部分面积的变化,从而推导二次函数关系式。利用电子白板的回放页面的功能还可反复演示这个探索的过程,加深学生对探索过程的理解。学生通过电子白板的形象演绎,动静结合,用眼观察,动脑思考,用手操作,动口参与讨论,主动参与获取知识的过程,不仅弄清了知识的来龙去脉,理解了几何图形的概念,同时也掌握了求二次函数最值计算公式,有效培养了学生的观察能力和空间想象能力。

三、重点难点,轻松驾驭

传统的教学往往在突出重点、突破教学难点上花费大量的时间和精力,即便如此,学生有时仍然感触不深,易产生疲劳感甚至厌烦情绪。交互式电子白板互动技术的恰当运用,可以变抽象为具体,从而有效地实现精讲,取得传统教学方法无法比拟的教学效果。

《三角形内角和定理》这节课的教学重点和难点是如何推导三角形内角和定理,学生虽然知道如何证明,但一直对过直线外一点做已知直线的平行线的辅助线的做法不甚清楚,老师讲解多次,效果依然不理想。怎样突破这一重难点呢?课堂上运用交互式电子白板,可以直接调出工具"直尺和三角板",让学生在大屏幕上和老师一起画,在这一系列的操作过程中,学生不仅感受到电子白板中教学工具的神奇,更因被它深深吸引而对知识形成的过程进行细致观察、明确方法。

有了白板的有效辅助,学生轻松突破重点、难点,顺利、有效地完成了教学目标。

四、把握时机,精彩生成

传统的多媒体课件更多的是演示功能,教师完全围绕着课件讲课,学生大部分处于被动接受状态,很难根据学生学习的实际情况进行及时调整,缺少了课堂教学中最为精彩的"即兴发挥"。然而课堂教学是灵活机动的,我们谁也无法预设课堂上的生成性问题,当出现学生在学习过程中所出现的问题与教师预设的课件内容不同的情况时,因无法及时修改,学生的问题只能被忽略。而电子白板却能有效地解决课堂的生成性问题。运用电子白板改变了备课和上课程式化的尴尬局面,课堂上老师随时调用教学资源,教学进程随师生活动推进,有利于把预设性课堂转变成生成性课堂。

如在教学《三角形内角和定理》时,孙老师就充分把学生的生成问题作为教学资源,适时适度地调整课堂教学。课堂上,把学生的一些特殊且比较新颖独特的解题思路录制下来,存为资源,并以学生的名字命名,这样调动了同学们的思考积极性,提高了他们的学习兴趣。同时在以后的教学中还可以播放这些资源给其他的同学观看。

实践证明,电子白板以其优越的互动性、生动性、生成性战胜传统的多媒体,为师生提供了一个丰富的资源平台,创造了一个生机勃勃的学习环境,给数学教学改革注入了新的活力。教师应充分挖掘交互电子白板的优势,培养学生学习的兴趣,有效地激发学生的思维,激活课堂教学,使我们的课堂真正"动"起来。但是大家也必须清醒地认识到:技术永远是技术,电子白板应服务并服从于教学,利用多媒体教学,需要把握时机,辅助到"妙"处、"巧"处,使我们的教学更精彩。

微课助力课堂教学:
DIY,秀出物理课堂"新"意浓

王翼老师,多次获得物理学科各级各类专业比赛奖励,多次获得国家、省市级创新科技大赛一等奖等。他爱琢磨,善钻研,特别是在新技术手段的使用上很有心得。近几年的翻转课堂、微视频制作等让王翼老师的课堂更加丰富,他在学生微信及 QQ 群大胆尝试翻转课堂,受到了家长和学生的欢迎和喜爱。

在日常教学中,王老师一直被一个问题所困扰:有的学生因请假耽误了课程,

却因在校时间有限找不到合适的机会补习,而落后掉队;有时学习重难点,学生在课堂上不能及时消化又得不到适时的辅导,而形成"夹生"情况;一些学力强的学生在超前学习中,遇到"拦路虎"得不到有效点拨,难以高速发展;还有的学生和家长迷信各类社会补习班,浪费了精力金钱却事倍功半。如何能有效地帮助不同层次、不同需求的学生呢? 随着互联网技术的蓬勃发展,王老师相继接触了可汗学院、微课程、碎片化学习、翻转课堂和"互联网+"等概念,顿时感觉柳暗花明。如今的网络如此普及,学生上网如此便利,为什么不发挥自己在电化教学方面的优势编制微课供学生随时随地的自由学习呢? 经过一番学习、摸索之后,他开始试水。第一个作品是《浮力产生的原因》,这节微课设计好之后,正值学生因大雪停课在家,王老师就将微课上传到优酷视频网站,通过飞信将信息传播到学生当中,得到了学生们强烈的回应,他们纷纷为微课点赞。

王老师尝试着将微课报送参赛,竟然荣获了省级奖励;在荣成市举办的"说课标,说教材"大赛中,他将制作的微视频《阿基米德实验》融进了课件中,得到评委老师的好评,并借此获得了说课大赛一等奖。学生的拥趸,专家的肯定,大大激发了王老师的创课热情,他还计划着系统地设计制作与现行教材配套的微课,建立微信公众号,以帮助到更多的学生学习物理,学会物理,学好物理。更重要的意义在于,这样的尝试将打破学校和课堂的限制,为学生在课后学习增加新的渠道,打开了一扇更加自由有效的学习大门,学生的视野更加疏朗宽广,这难道不是一种更有价值的教育创新吗?

《大学》有言"苟日新,日日新,又日新",作为一名普通教师,王翼老师唯愿自己首先成为"日新"的教师,为学生呈现"日新"的课堂,培养学生具备"日新"的能力,希望我们的教育在"日新"中跬步行远。而在这一径探索的长途中,他正竭尽匹夫之责,尽自己所能让创新的 DIY 秀,秀出物理课堂的精彩,秀出物理教育花放千树的绚丽!

研修助力课堂教学:
远程研修,让人欢喜让人"优"

远程研修,已经越来越显示出互联网+专业成长的巨大魅力。作为教师专业成长的利器,我们的教师在其中学习着,思考着,提升着。宋丽丽老师作为任教英语学科 20 年的骨干教师,特别感受到了互联网+专业成长给自己带来的变化。

2017 年的暑假省培如期而至,专家们的微课实录,荡涤了教师们的心灵。细细品味"初中英语教学关键问题的指导",余香袅袅。专家们的精心讲授和优课微视频深深触动着宋老师,让她反思,促她奋发。研修学习活动更让她感到惊喜,因为它不仅是对教师们已有的思想、知识和经验的一次科学洗礼,也为教师的知识宝库输送了新鲜的血液,解决了宋老师在教学中的许多困惑。

作为一名英语老师,大家都知道,单词教学是学生最感头痛的问题之一,因此在日常的英语教学中,老师更注重培养学生的学习策略、培养学生的词汇意识。提高词汇的学习有很多种途径,如词性的角度学习,各种派生词等,但在阅读教学中学习单词,对宋老师来说则很陌生。研修过程中邬老师的教学设计,正好提高了宋老师利用阅读文本训练学生运用构词法的能力,如此一来既锻炼了学生,使学生在比较鲜活的语言载体中,真正地理解词汇的含义,同时又提升了学生的自主学习意识,使学生学会在阅读中掌握词汇的策略。这样学生不仅仅理解了课文,更是把教材作为一个载体,掌握了学习方法,提升了学习能力。

除此之外,金昊老师的一节语法课让宋老师记忆犹新。语法教学对学生们来说枯燥无味,而在"如何设计适切的活动,帮助学生认知,归纳语法规则?"中,金昊老师"利用歌曲,教学宾语从句教学"的设计更是让宋老师耳目一新。设计中他用As long as you love me(《只要你爱我就好》)这首歌,巧妙地利用歌词,进行有效教学,收到了意想不到的教学效果。宋老师从来没有想到这样一堂枯燥无味的语法课,可以通过这样的方式教授。课堂上,通过吸引学生的情感来调动学生学习的积极性,学生表现出的是享受这个学习过程,而所学的知识也不知不觉地在愉悦的情境下通过歌声表达了出来,收到了意想不到的效果。金老师的大胆创新,让宋老师解决了不少在英语阅读教学中遇到的难题,更是帮她在英语语法教学中进行了一次"美丽的转身",教会她在新课改理念的指引下,在英语教学中学会创新,向研究型和创新型教师的方向前进。

宋老师非常地感谢网络研修,因为她觉得是研修给了她一个平台,让她增长了知识,忘记了辛苦;增添了欢乐,抛弃了烦恼;增强了自信,摆脱了困境!她决定带着收获、带着感悟、带着信念、带着满腔热情,一如既往地投入到今后的教育教学工作中。正所谓"春种一粒粟,秋收万颗子",宋老师也相信在倾听、反思、实践中,她的教学之路会越来越宽广!

第七章

植根学校文化,标立成长基线

学校文化是在社会文化大背景下形成的一种环境教育力量,对师生的健康成长有着巨大的影响。学校文化是一个学校的内涵体现,是学校在长期发展过程中形成的教育理念、教学风格、育人方法的融合,展现着一个学校的精神风貌。建设学校文化的最终目标在于陶冶师生情操,培育师生健康人格,全面提高师生素质。我校注重学校文化对于学校发展的重要作用:搭建教师专业成长大舞台,培养教师道德,塑造奉献品格,营造学习氛围;积极开展创新实践活动,提升教师的教育思想境界,完善教师的知识结构,提高教师的科研能力;积极优化班级管理,构建学生成长家园,打造和谐师生关系,提升教师教育管理艺术和能力;积极搭建家校平台,帮助教师在家校合作的过程中,丰富教育教学经验,提升教育技法技能,提高教师的交际沟通能力,培养反思反省能力,锻炼科学处理信息的能力。

第一节 锻造文化,营造专业成长大氛围

教师的成长与学校的校园文化是密不可分的,教师气质的养成来自学校特质的熏陶。文化底蕴深厚的学校就会培养出气质自华的教师,高素质的教师群体就会锻造高质量的学校品牌,这些都是校园文化建设的一部分,是教师成长的力量源泉。校园文化是在社会文化大背景下形成的一种环境教育力量,也是一种无形的、巨大的氛围教育力量,对师生的健康成长有着巨大的影响。校园文化建设的最终目标在于创设一种氛围,以期陶冶师生情操,构建师生健康人格,全面提高师生素质。

一、校园文化建设对教师发展的意义

(一)校园物质文化建设能推动教师专业发展

校园物质文化,属于校园文化建设的硬件设施。实验室、阅览室、电子备课室等教学教研活动场所是教师教研教学的物质基础,它们是保证学校教学、科研活动长期高效开展的首要条件,也为教师专业发展提供了丰富的素材和广阔的空间。在开展丰富多彩的各种活动中教师能够相互切磋、相互学习,不断增强彼此之间的感情,在不知不觉中激励教师勤奋学习与工作,为教师专业发展提供了源源不绝的动力源泉。

(二)校园精神文化建设能营造积极氛围,展现团结奋进精神

校园精神文化建设作为一种隐性的校园文化,在教师的品德教育和良好的行为习惯的养成教育中,具有情境性、渗透性、持久性和暗示性等特点。它一旦形成,就会建立起具有本校特色的行为准则、价值取向和规范体系。它可以通过引导教师的行为、心理,使其在潜移默化中形成良好的思想品德和正确的价值取向,进而产生巨大的向心力、凝聚力和感染力。它不仅影响着教师个体的言行举止,而且从深层影响着全校师生的行为、信念等,对于形成开拓进取、团结有序、和谐宽松的育人环境具有重要的作用。

(三)校园制度文化建设是校园文化建设中必不可少也是至关重要的一个

环节

在校园制度文化建设的过程中,荣成二十七中秉持开放的态度,广泛征集学校教师意见,借鉴吸收许多同类学校在制度文化建设上的先进经验,反复酝酿,多次修改,形成《荣成市第二十七中学教师百分考核评比方案》等评比制度,并经教师代表大会讨论通过。在校园制度文化建设过程中我校以加强制度宣传入手,营造氛围,让教师明确自己的权力和责任,提高教师对制度的认可和主动执行能力,确保所有学校成员在制度面前人人平等。在制度执行过程中既以惩处来刚性约束,又以奖励来柔性激励,既严格,又民主,并辅以春风化雨式的思想教育和人性关怀。校园文化制度重视加强与教师的心理沟通,减少教师的抵触情绪,从而不断地提升师生的自我约束和自我管理水平。

二、校园文化建设具体做法

(一)抓教风建设,树师德新风

教风是教师在长期的教育实践活动过程中形成的教育教学特点、作风和风格,是教师道品德质、文化知识水平、教育理论、技能等各项素质的综合表现。学校要想形成良好的校园文化首先必须抓好教风建设,我校更是把教风作为重点建设项目。为了落实教风建设,我校定期查找教风漏洞,定期召开教风纠察会议,排查问题、对症下药,极大地促进了我校优良教风建设的推进。在查找教风漏洞的同时,我们还以教育理论学习为主、考核惩戒为辅,集中师德学习和自查、反思相结合的方式。重点学习《义务教育法》《教师法》《中小学教师职业道德规范》《未成年人保护法》等法律法规,通过师德征文、演讲,推选身边好老师、最美教师,宣讲他们的典型事迹等来不断提高教师师德修养。学校根据社区和社会的需要,及时发动教师参与志愿服务活动,如大天鹅志愿服务、清明文明祭扫志愿服务、"垃圾不落地,荣成更美丽"志愿活动、绿色骑行志愿服务、樱花湖自行车赛志愿服务、每日校车运行志愿服务等,这些活动极大调动了教师参与社会服务的热情和积极性,为树立教师良好的社会形象做了积极努力,让师德馨香洒遍社会的每个角落。

在教育教学方面,我校以教研组为单位定期开展集体教研活动,加强教学研究。从集体备课、听课、说课、评课等方面入手,提高教师整体教学水平。在新、老教师之间实行师徒结对,在以老带新的基础上,开展青年教师教学基本功过关验收活动,鼓励并组织教师积极参加中学教师校际间的教育教研活动,让师德的和风在教师心间吹拂。在广大教师间努力推行"以育人为本,为每个学生的健康成长服务,为每个学生的终生发展奠定基础"的教育理念。把真心关爱学生、真诚帮助学生,不歧视、不放弃每一个学生作为目标,做到尊重学生、尊重家长,克服重分数、轻育人的片面做法,让每位学生都能在老师的关心与信任中健康成长,让师德的暖阳温暖每个孩子的心。

(二)塑奉献品格,传苦干精神

荣成二十七中教师的奉献和苦干精神在全市鼎鼎有名。教师的工作是繁杂的,不只是限于工作上的八小时;教师的工作又是精细的,它需要教师事无巨细、面面俱到,它还需要教师要有无私奉献的爱心。我校是一所乡镇中学,学生较多且离学校较远,校车需要往返多次才能保证学生按时到校。校车在给学生带来方便的同时也给班主任老师带来工作压力,由于第一趟校车到校时间较早,为了保证早到校学生的安全,班主任老师每天一大早就要到学校组织、照看这部分学生晨读。日复一日,年复一年却没有任何怨言,始终把学生的安全放在第一位。

在素质教育的大背景下,教育给教师提出了新的要求,它不要求教师所教育的学生能人人升学,却要求教师所教育的学生人人成才。学生只有拥有更为全面、更为优秀的素质,才能更加适应社会的要求,才能为社会做出更大的贡献。近年来,我校开展了丰富多采的社团和创新实践活动,教师除了在完成白天日常教学任务外,还要利用休息时间进行活动设计、节目彩排、风采展示等。活动多、任务重,有时甚至会占用老师的周末休息时间,工作量远远超出了"每天8小时"的规定,然而我们的老师为了工作不叫苦、不抱怨,每项活动都努力做到尽善尽美,让学生在每项活动中都能有完美的展示,都能有满满的收获。

此外,中会考教师所教班级较多,批改检测多,很多老师将工作带回家;节假日如有临时任务,油印、档案、政教、后勤等老师随叫随到;每年冬天俚岛雪大,无论路近路远都有很多老师冒着严寒积极到校清扫积雪,从不计较,毫无怨言,这些都体现了荣成二十七中人顾大局识大体的奉献精神。

(三)营勤学氛围,传校园书香

"让读书养成习惯,让书香充满校园,让学习成为必须"是我校教育的一大特色。读书活动是校园文化建设的重要内容,其主要形式包括:教师读书、学生读书、师生共读、亲子阅读等。读专著、赏名著、颂经典、写反思成为教师们必不可少的精神食粮。学校每月还定期开展读书笔记展评活动,每学期要求教师认真阅读相应篇目并撰写读书笔记,学校组织优秀读书笔记评选活动。以读书活动为载体,激发教师的读书热情,从经典诵读、名著欣赏到读书心得与感悟,让丰富多彩、喜闻乐见的读书活动成为教师一种幸福快乐的体验和享受。

学校加大对教师的培养力度,每年拿出大量资金外派教师参与各级各类培训。有些培训时间长、路途远很辛苦,甚至需要老师开自己的车,但是参与老师从来都是积极认真记录,回校后愉快接受二次培训的任务,以反思感悟或者课堂展示等形式将培训内容共享。学校特别加大对青年教师的培养力度,加强师资队伍建设。我校建立以老带新的"青蓝工程"机制,创办"青年教师大讲堂",举办"青年教师基本功大比武",专门设计《青年教师培养手册》等,不断提高青年教师的业务素质。同时加大对研究型教师的培育力度,鼓励教师以学科组为单位申报课题并进行研究,教师的参与热情高涨,学习气氛浓厚。

(四)重健康观念,建和乐家校

景和美。荣成二十七中位于滨海小镇俚岛,学校占地 43523 平方米,建筑面积 9527 平方米,现有 28 个教学班,学生 1052 人,教职工 110 名。学校自然景观优美,校园内绿树成行,碧草如茵,曲径通幽,鸟语花香,经典佳句点缀其间,自然景观和人文景观相辅相成,错落有致,是山东省级花园式学校。学校硬件设施完备,教学楼、办公楼、实验楼、教室、功能室、塑胶操场、球类场地配备完善,各区域分区得当,管理制度严格,利用率高;校园内外卫生美化 360 度无死角,为师生创造了良好而舒适的工作和学习环境。

人和乐。身心健康、和乐美好的生活是学校在教师专业成长中的目标。为保障教师身心健康,学校做了大量工作:加大资金投入,为教师改善了伙食,菜谱荤素搭配,就餐环境舒适洁净,就餐时悠扬的音乐伴随着同事间低声细语,让人备感舒心愉悦;学校根据教师的建言献策,增添健身设施,整修厕所,解决女职工午休的宿舍问题,配备了直饮机设施、挂衣架,更换舒适的座椅办公桌等,为教师身体健康提供了物质保障;每年学校定期在三八节为妇女教师体检,7 月初为全体老师进行健康体检,并多次邀请妇幼保健院和中医院的专家医师做健康报告和现场会诊解疑答惑;在物质保障和健康查体的基础上,学校还开展多种活动,通过 3 月读书节、三八节、5 月体育节、9 月颂师恩诗歌朗诵、10 月文化艺术节、每月特色运动会等丰富多彩的活动来保障教师的身心健康,减轻乃至避免了长期教学活动形成教师职业倦怠感。在学校科技艺术节上,学校各处室纷纷展示才艺,初四教师集体小合唱《明天会更好》，初一老师的《我们是相亲相爱的一家人》，语文组的诗歌朗诵《送给亲爱的孩子们》及集体节目时装秀表演等赢得了师生喝彩，教师也在快乐的集体活动中展示才艺，放松身心，激发了更大的工作热情。学校还设立心理咨询室、心理活动室等，鼓励教师考取心理健康三级咨询师证，外派教师参加各级各类心理培训；为方便女职工问题的上传下达，学校推选女性中层干部专门负责女工委工作，努力营造积极向上、愉悦舒适的工作氛围。

柴米油盐，大事小情，每个老师都会遇到生活中的难题，而我们教师群体中洋溢着的"一家人"理念时时处处感动着每一个人。2017 年 9 月，任教初四的毕宏伟老师突然脚崴不能上课，张云霞和宋丽丽老师义无反顾，挑起了代课的重任，最多一天要上六节课，还要批改三个班的作业，但是她们毫无怨言，舍小家，顾大家，尽心尽力上好每一堂课，保证毕业班英语教学工作的顺利开展。美术组杨老师因身体原因请假，上课、辅导、技能考试的担子都压在杜正华老师一人身上，训练时几个辅导社团连轴转，可当大家向她道一句"辛苦"的时候，杜老师总说"应该的"。虽然是支教到二十七中，但杜老师从来没把自己当做局外人，表现了一名老教师的责任和担当。学校的电教设施维护和维修是个不起眼的工作，但是又是非常琐碎和有技术含量的工作。为了不影响办公、教学，杨老师总是加班加点修理教师电脑和多媒体设备。特别有教师参与"一师一优课"比赛、优质课比赛、微课比赛时，杨老师就成了校园里最忙碌的人，帮助同事一遍遍录制，一遍遍剪辑，力求效果达到最佳，为此常常连续加班到深夜，甚至周六周日都不能休假。有事找学校，有事找同事，这是常态，更是人人为我，我为人人的体现。因为你我的事儿，就是学校的事儿，就是大家的事儿，大家的事儿大家帮，身处其中的每个人都感受到施助和受助的幸福，感受到了来自荣成二十七中大集体的温暖，这份暖意让教师在成长的路上有了坚实的后盾。

(五)强争优意识，育创新特色

"进了二十七中门，就是二十七中人"，二十七中人以校为家，认真履行自己的职责，以自己的努力换取丰硕的荣誉来回报这个大家庭，我校多年来形成了"有红旗就扛，有荣誉就争"的二十七中精神。在全体二十七中人的共同努力下，荣成二十七中会考成绩、中考升学率连续多年荣居榜首，年终综合考核连续六年稳居全市乡镇中学第一名。特长比赛成绩更是优异，仅 2016 到 2017 年度，在全市音乐文艺汇演中，器乐合奏、舞蹈获一等奖、大合唱获二等奖，三项综合成绩列全市第二名;美术比赛中,初中组彩画荣获第一名、素描荣获第二名、书法第六名,小学绘画获第二名,书法获第五名,学区综合成绩列全市第二名。第32届山东省青少年科技创新大赛中,荣成二十七中共获得省级一等奖1个、二等奖1个,威海级一等奖2个,三等奖1个,获奖数列学区之首。荣成市中小学田径联赛获团体第一名,初中跳绳比赛获得第四名;乒乓球比赛获得分区赛第三名,总决赛第六名;在全市中小学排球联赛中,我校男排获得团体冠军,女排获得团体第三名;在暑期的威海市中小学排球联赛中,我校代表荣成参赛,获得初中女排团体冠军,初中男排团体亚军;在全市足球联赛中,我校女足获得第六名。

"以创新教育促进师生自主、健康和谐发展"是学校的办学特色,在"特色兴校"的办学中,学校大力开展校本培训、校本教研活动,全方位、多角度锻造教师队伍,引领教师专业化成长。多年来学校实施"三级四步阶梯式促进教师专业发展"策略,开展了"五段式听评课工程""精品课工程""教学模式创新工程",培养了大批青年骨干教师成为学校的名师。在促进教师专业发展中,学校将构建高效课堂作为提高教师专业能力的重中之重,实施了"两会三维六有效"特色教学,各学科探索出各自学科教学模式:语文"四步教学模式"、数学"三层五步"课堂教学模式、英语"听说课""语法课"模式、物理"三步三环节"教学模式、化学"五步探究"教学模式、政治"四环节"教学模式等。我校的课堂教学改革在遵循学生学习规律的前提下,激发学生学习兴趣,增大课堂容量,促进各层次学生学习能力的提高,为学生发展提供可持续学习动力;实行课堂增效,课后为学生减负,让学生享受轻松快乐的幸福教育。2014年,学校集结多年的课堂研究成果,由九州出版社出版了三本课堂教学著作,在全国更大范围内推广。

三、校园文化建设初见成效

砥砺前行,逆流争先。经过多年积淀和发展,我校形成了"知行合一,求实创新"的校训,"健康、快乐、幸福、和谐"的校风,秉承"人人学有所得,成就如愿之才"的办学宗旨,"智慧人生、健合人格、全面发展、创新超越"的办学思路,"以创新教育促进师生自主和谐发展"的办学特色,学校已成为文化底蕴深厚、教育传统优良的省级规范化学校,不仅培育出一批又一批优秀学子,也锻造了一支爱岗爱校、业务精湛、快乐工作、幸福生活的教师队伍。在专业发展的道路上,荣成二十七中的教师精神焕发,干劲十足,为个人、学生、学校发展不断求索。

"质量立校"是学校发展的永恒主题。在全体师生的共同努力下,学校教育教学质量总评连续多年位居荣成市学区第一名,曾先后获得"全国青少年普法教育先进单位""山东省依法治教示范学校""山东省规范化学校""山东省科普示范学校""全国零犯罪学校""山东省电化教育示范校""山东省校本培训示范学校""山东省体育传统项目学校""威海市德育工作先进单位""威海市优秀体育传统项目学校""威海市教育科研先进集体""威海市平安和谐校园""威海市义务教育管理标准化示范学校""威海市体育卫生先进单位""威海市艺术教育示范学校""威海市校园绿化美化先进单位""威海市校本开发先进单位""荣成市教育工作先进单位""荣成市教学工作先进单位""荣成市推进重点工作先进单位""荣成市安全工作先进单位""荣成市艺术科技先进单位""荣成市宣传工作先进单位"等多项荣誉称号。

爱与奉献:
愿作校园万花丛中一点绿

沈庆华老师,1988 年参加工作至今,一直奉献于俚岛教育。她亲历了荣成二十七中从建校到发展的艰辛路程,也见证学校不断努力突破的坚实脚步。她三十年如一日的付出激励着身边年轻教师日益上进,而身边同事的和谐互助也激励着她老骥伏枥,志在千里。沈老师笔下的人,笔下的事,就在我们身边,就在我们的校园,她笔尖流淌出来的奉献进取的品格、乐观淡泊的精神,也在一代又一代荣成二十七中人身上接力传承。

回顾沈老师近 30 年的从教生涯,用"快乐并幸福着"来形容再恰当不过了。在荣成二十七中优美和谐、友好和美的工作氛围中,她陪伴一级又一级学生健康成长,她也享受着教育生活中的幸福和乐,生活向她展开最美的微笑,她用微笑回报生活之美。

一、昨天的她,内在和谐

(一)心中有梦,她享受着耕耘的艰辛与付出的幸福感

从 1988 年到 1995 年,七年间沈老师担任了 6 年从初一到毕业班的班主任工作,她教过地理、历史、政治、语文四个学科,从事了 3 年的毕业班教学兼学校出纳

员工作。1995年全市最后一批代课教师转正,沈老师以全镇代课教师各项考核总分第一的成绩,有幸成为俚岛镇唯一一个赶上末班车的幸运儿,这是对她近10年来辛勤工作的一个回报。有句话说得好,"有一种追求,不是为了晋级,也不是为了荣誉,而只是为了教书育人。"尽管沈老师不能晋级,仍拿着近20年的中学二级教师的工资,甚至她所教过的学生现在都有晋中学高级或中学一级的,但她仍能恪尽职守,做好自己做教师的本职工作,沈老师总感觉自己是极幸运的,也是极幸福的。

(二)学生伴她一起成长,她很幸福

沈老师说,学生教会她怎样做一个教书的好老师,她很幸福。1988年是沈老师踏上教育岗位的第一个年头,不知道晚上要给学生布置书面作业,到第二天活动课,语文课代表跑到办公室,附在她耳边小声地说:"老师,晚上你得布置书面作业,光告诉他们哪不会自己看看,没用。"正是这个不起眼的小课代表,在沈老师初出茅庐时给了她一个温馨的小提示,帮她养成了教学的一种好习惯,所以沈老师说她感谢她的学生。这届学生也帮她取得了第一年教初二语文升级考试就能列全镇第一的成绩,所以她至今心存感激。当年的语文课代表就是学校的化学教研组长唐洪志老师,现在师生同在一个学校教学,不管工作还是家庭等方面的话题都可以推心置腹,话语是启动心灵的钥匙,彼此之间的师生情、同事谊和知己情延续到今天。师生共同成长的幸福感就如同《山楂树之恋》中女主人公饱尝青涩恋爱时一般。

沈老师说学生教会她怎样育人,她很幸福。从1997年至2012年,沈老师连续从事了14年的毕业班教学和8年的班主任工作,她从未懈怠过。1997年俚岛第一年实行初中4年制,初四分了2个快班和4个平行班,沈老师被校领导安排担任一个快班班主任。当时面临着两个难题,一是由"六三制"向"五四制"的转变及新教材的改革,二是学校还要求快班的学生100%升入高中。在双重压力下,沈老师病倒了,嗓子说不出话来,但她带病坚持上班,每天仍要巡视教室多次以便发现问题并及时处理。一次进教室时,沈老师发现地面不是很干净,她就用低哑的嗓音告诉卫生委员让她安排同学把卫生收拾一下,没想到卫生委员马上也用仅从嗓子眼发出气流的音量回复说:"好的,老师,你再不用到教室,我看着就行了。"

这样的贴心令沈老师很感动。沈老师非常热爱自己的职业,正是这份职业,才使得她在以后的育人方面能多站在学生的角度看问题、办事情,也为丰富自己健全的人格做了铺垫。

二、今天的她，充满自信

学生对沈老师投一份信任和尊重，她就感觉很自豪和幸福。沈老师回忆到，1995 年她教过一个学生叫苏国峰，他是一个孤儿，随爷爷奶奶生活，家庭经济条件比较拮据。当时他上初二和初四都是沈老师给他做班主任，这两年间，沈老师在学习、生活等方面给予了他无微不至的帮助，俗话说穷人家的孩子早当家，苏国峰比同龄孩子早成熟。他结婚时邀请沈老师给他做证婚人，证婚人一般是媒人或者是新人双方有身份有地位的人担此重任，这两方面的条件她都不具备。最后在推脱无果的情况下，沈老师硬着头皮答应了。她熟记了证婚人该说的三方面内容。婚礼现场上，沈老师抛开打印稿，做到了既不抢司仪的风头，又能落落大方、不卑不亢地完成证婚人该做的事，给学生挣足了面子。在夫妻双方给她鞠躬的一瞬间，那种幸福感迅速溢满全身，现在说起来仍感觉很甜蜜。从那以后，沈老师每每参加亲朋好友的婚礼，到证婚这一环节时那种甜甜的幸福感仍会油然而生。

1996 年做初三班主任时，沈老师班的班长王晓明学习成绩不是很拔尖，但王晓明的优点是很善于采纳沈老师给他的做班长的好建议，成长很快，逐步形成一套他自己特有的管理班级的方法，成了沈老师的得力助手，一年两个学期班级的总评都是全年级第一，沈老师深知班长起着不可低估的作用。王晓明结婚时请沈老师去参加婚礼，王晓明的爱人和沈老师是同行，在威海教学，婚礼现场设在威海，司仪是王晓明爱人的好朋友。婚礼进行中临时增加了一个让新娘的老师到台上说几句话的环节，最后夫妻双方给老师鞠躬，表达尊重、感恩之情等。结婚仪式刚一结束，学生的父母就焦急、无奈地到沈老师眼前很抱歉地说："沈老师，别有意见，你没看见刚才晓明在旁边和司仪吵吵，这是临时增加的内容，晓明说他也有老师就坐在下面，他老师也应该到台上接受他的鞠躬……"父母的一席话让沈老师感动的泪水在眼眶直打转。是啊，学生从幼儿园到大学毕业，教他的老师有很多，可参加婚礼的老师就她一个，她知道自己在学生心目中的分量有多重，所以即使她缺失了一个上台露脸的机会，但学生心中有就足矣。

从事非毕业班的教学，她很幸福。2011 年，45 岁的沈老师从毕业班的教学岗位退下来后，走过了自己教学的黄金时代，步入人生的另一个阶段。俗话说"到什么山上唱什么歌"，到多大年龄就说多大年龄的话。近三十年的教学及十多年的班主任工作使沈老师收获颇丰。除了上述几个小事例外,还有诸多当年的学生现在已是优秀的老师和沈老师一起并肩奋斗在荣成二十七中的教育教学岗位上,每天在校园里能看到学生们熟悉而忙碌的身影,见面打个招呼"老师,吃饱了?""老师,今儿真热"等寒暄话,她同样感觉相当幸福。尤其是像前几年和学生袁丽艳老师、冯霄老师站在同一个讲台上给学生上课,和保卫老师同教初三政治进行比拼更让她享受到做老师的幸福感。

三、将来的她,发展自身

按目前的政策,沈老师还有 5 年退休,从 1988 年至今,她扎根于俚岛近三十个春夏秋冬。可能取得的成绩不是那么耀眼,只是教育这片璀璨星空中的一颗默默无闻的行星,但她有自己的梦想和轨迹,不求做一个桃李满天下的教育者,只求做一个"愿作万花丛中一点绿"的简单快乐的教书匠,不断地发展自身,在自己的一亩三分地里,享受着播种与收获的乐趣。沈老师说,她想做一名退休前的幸福教师,以"不用扬鞭自奋蹄""我是幸福的,我也是快乐的"来做自己的座右铭,继续认真做好自己的本职工作。

一路走来,每个勤勉耕耘的日子都是平凡的。沈老师时刻鞭策自己,打造自己的人格魅力,努力做一个具有幸福感、自豪感和责任感的教师。她愿意和学校一起创新发展,一路辉煌!

幸福的回忆:

一起走过的那些日子

金红玲老师,学校政治教师兼职校医和学校卫生管理,为了让校园的一草一木、一沙一石都折射校园的风貌,她默默奉献,竭尽全力。她用脚步丈量着校园的每一寸土地,也记录着校园的变化和自己的成长。

走在教学楼旁的甬路上,突然发现路旁小花园里用来点缀风景的一丛竹子有两米多高了,和它们站在一起的松树也淹没在竹树丛中,不再高得突兀,心下不觉黯然:时间啊,跑得真快!

记得金老师刚刚分配工作来到这里,校园里满处都是百废待兴。因为刚刚建校不久,所有的校园绿化、规划都是正在进行时。金老师说,难忘所有的教师和同学一起投身校园的建设中：操场的草坪是老师在市政府废弃的草皮中捡拾铺成的，花园的小径是全体老师利用课余时间挑选鹅卵石铺就的，所有的花花草草都是老师们同学们亲手栽下的！印象最深的当属那么多葱茏的绿树，都是老师们利用双休日的时间从深山中一锨一镢挖出来，又一棵一棵移栽过来的。当时为了早日让校园充溢绿意，学校还干脆移栽了不少合抱的大树。刨树是男老师完成的，栽树的自然是女教师。所以现在每每看到那些经过那一番伤筋动骨的折腾依然葱郁的大树，金老师总会想起大家一起挖树搬树栽树的嘿哟声，想起那么多学校老师身着劳动服、手把铁锨镢头热火朝天劳动的日子，想起曾经在一起而今各奔前程的同事们和他们身上曾经的故事！

竹子丛里的松树也是移栽过来的，当年的它还是少不更事，只有一握粗细，高过人头。20 年过去了，而今的它的腰身更直，绿意更浓。它用不断成长的视线守望着这片育人的沃土，也守候着教育人从不更改的期冀和梦想。它和学校一起成长，和孩子一起成长，连守护着它的丛竹也挺拔峭立，它该是最有成就感的吧！

时光荏苒，岁月匆匆。一眨眼金老师在这个校园也已经走过 20 年，校园里的角角落落都有她的脚印在延伸吧。20 年里，金老师见证了学校各项设施的从无到有的过程，见证了规范化办学的艰难步履，见证了也正是这片土地走向辉煌的精彩，它促人成长，给人感悟，更给了老师们工作的信心和力量。金老师说她感谢这片土地，更要感谢在这片土地上那么多敬业、善良、勤勉的领导、同事和朋友，感谢他们在困难迷惘的时候展露的笑颜、伸出的援手和有益的教诲；感谢一批又一批的孩子们，因为有他们，教师的工作才更充实，更有意义。这才是教师一直在这里的因由和动力！

风儿吹过，竹树沙沙，它们翩翩起舞，自在歌吟，走过去，仍听得见它们快乐的心语。一切的一切都如此美好，不是吗？

第二节 创新实践,开辟专业成长新路径

一、开展创新实践活动对教师专业成长的意义

提到教师的专业成长,我们首先想到的是学科教研、课题的研究或是优质课的打造等常规手段。诚然,这些都是教学实践中教师专业成长的主阵地,但专业成长就好比是一道大餐,主材料已经齐备,还要有相应的辅材料和作料才能做出色香味俱全的饭菜来,创新实践活动则是教师专业成长的辅料、作料。为此,学校一直非常重视创新实践活动的开展,将创新实践活动始终贯穿于教学活动中。创新实践活动对教师的专业成长有重要意义,学校形成了"以创新教育促进师生自主和谐健康发展"的办学特色。

(一)创新实践活动有助于提升教师的教育思想境界

自古以来,教师的职责是"传道、授业、解惑",这仅是教育认识的一个方面。教师不仅应授人以鱼,授人以渔,更应该授人以欲。在创新实践过程中,不仅要让学生了解知识发生、发展和形成过程,更重要的是引导他们去关心社会现实、关注时事政治、体验人生,培养他们对社会的的责任心和使命感,促使其形成正确的人生观、世界观、价值观。这样的教育不仅仅关注了学生知识的学习,更加注重了对人的培养,同时也使教师的教育思想境界提升到一个新的高度。

(二)创新实践活动有助于完善教师的知识结构

合理的知识结构是教师从事教育、教学工作的前提条件,只有构建起合理的知识结构,才能做到"掌上千秋史,胸中百万兵"。教师应该具备深厚的本体性知识和大量的通识性知识,才能对创新实践活动的研究内容在新颖度、广度和深度上有一定的认识。教师只有不断拓展知识面,形成综合性知识,才能应对学生提出的不同问题。这就要求教师必须系统把握本体性的知识,同时涉猎与该学科有关的其他知识,才能够做到学科间知识的融会贯通,用更快的速度更新自身的知识储备、完善自身的知识结构、提高自身的专业水平。

（三）创新实践活动有助于提供教师的科研能力

联合国教科文组织推荐的《学会生存》一书中指出："教师的职责现在已经越来越少地传递知识，而越来越多地激励思考，除了他的正式职能以外，他将越来越成为一位顾问、一位交换意见的参加者、一位帮助发展矛盾论点而不是拿出现成真理的人。他必须集中更多的精力去从事那些有效果的和有创造性的活动，互相影响、讨论、激励、了解、鼓舞。"要参与创新实践活动，教师必须具备一定的研究能力，这样才能保证在指导学生研究的课题时具有新颖性、规范性和深度性。在参与创新实践的过程中，教师要分析不同阶段所要用到的不同的研究方法，要敏锐地意识到研究的关键节点，要保证学生科学的规划研究的进程，要合理分配有限的研究时间，要协助学生进行可能出现的各种形式的问题的研究，这些都需要教师具有规范的意识。在指导过程中，教师要具备研究意识和教育智慧，对有价值的问题还要保持高度的敏锐性。

（四）创新实践活动有助于践行教师的专业精神

现代教师必须具备这样三种精神：敬业精神、人文精神和科学精神。其中敬业精神是核心，敬业精神是教师个人进步和成才的基本条件。著名教育家苏霍姆林斯基认为"教师成为学生道德上的指路人，不在于他时时刻刻都在讲大道理，而在于他对人和工作的态度，能为人师表，在于他有高度的道德水平"。

在参加创新实践的过程中，受知识积累不够、研究时间有限、研究方法不足等因素的影响，创新之路注定是不平坦的，这就需要教师投入大量的时间精力。在指导学生过程中，需要查阅资料，请教专家、学者和其他学科的教师，这些都在潜移默化地影响学生，教师无怨无悔的付出就是一种无形的教育。

科学精神是人类存在和发展的精神支柱，教师是引导学生进入科学殿堂和激励学生攀登科学高峰的领路人。崇尚科学、弘扬科学精神、实行科学育人，是教师的主要职责，也是当代合格教师的基本标准。教师的科学精神应体现为在教育过程中追求客观性和合理性。学校教育不仅仅是传授人类创造、积累的科学文化知识，更为关键的是培养灵魂健全的人，培养具有人文精神的人。而作为教育学生的教师，更应具有丰富的人文知识、浓郁的人文精神和温暖的教育情怀，这些都可以通过创新实践活动实现。

二、开展创新实践活动的具体做法

（一）积极组织参加山东省青少年科技创新大赛和山东省初中理化生创新实

验大赛

1. 早筹备，广发动，多积累

山东省青少年科技创新大赛和山东省初中理化生创新实验大赛是由教育主管部门发起的两项重要创新活动，我校以上级组织的这两次创新活动为抓手，组织全校的师生将创新活动贯穿于教学的全过程。我们的工作原则是早筹备，广发动，多积累，绝不临时抱佛脚。在每年寒暑假的假前工作布置中，都进行创新实践的动员活动，总结上一阶段的成果，表扬先进个人，布置下一阶段的工作任务。要求理化生教师作为创新项目辅导员全员参与，其他教师自主选择项目参与，班主任作为创新项目负责人，发动班级每名同学参与到活动中来，将平时的所思所想，利用假期的时间表达出来。

2. 以校园文化艺术节为依托，校内展评，加强宣传

每年一届的校园文化艺术节，是一年来学校文化艺术方面成果的集中展示。我们将历年来获奖的创新实践活动的作品和证书，设置专门展台展示出来，为全体师生介绍各个作品的原理、制作的过程；航模社团的同学现场进行各机型展示，四轴无人机时而凌空翻飞，时而倒飞，时而做各种急转弯，最后准确地降落在预设的地点，引得同学们一阵阵惊呼。各种创新成果的展示扩大了创新实践活动在校内的影响力，吸引更多的师生关注、参与。

（二）全校选课走班，成立社团

学校每周的周二和周五的活动课，开展全校范围内的选课走班活动，学生可以自主选择由全体教师自主开发的各种社团活动。社团活动的开展，既提高了教师课程开发的能力，又让学生在活动中学到了课本上学不到的东西，其中"新动力社团"被评为威海优秀社团。

（三）进行校本课程的开发

为适应新形势下的教育活动，满足学生的学习需求，提升教师的专业成长，我们进行了校本课程的开发。

1. 寻幽探径，迈出第一步

没有现成的模式可以参考，没有现成的教材可以借鉴，就在大家对校本课程持观望态度的时候，我校领导已经意识到打破原有的大一统的课程体系，建立多元化的课程观是学校教育发展的必然趋势。但校本课程到底是什么样子，该是什么样子，一切都是未知数。摸着石头过河，我们设计了《文海览胜》《人生方圆》

《乐英缤纷》《品味·实践·探究》一套课程读本。现在来盘点和反思这套读本，无论从编写目的、内容设计，还是编写人员的组合，都更注重为课堂教学、为学科教学服务，从严格意义来说这不能划入真正的校本课程。但另一方面，我们又收获颇丰，我们意识到校本课程开发不是遥不可及的事，这极大地消解了教师的畏难抵触情绪，增强了教师参与的积极性和自信心，为我们后来校本课程建设向更深、更广维度探究迈出了第一步。

2. 花放千树，走好每一步

走过最初尝试的迷惘和盲目，我们开始潜心思考国家三级课程设置的初衷，即"增强课程对于地方、学校和学生的适应性，尊重和满足地方、学校和学生的差异性"。立足学校特色、地方优势、学生发展的要求，我们有针对性地从几个方面入手引领，开发了彰显特色、丰富多维的校本课程读本，实现了校本课程从有到精，从精到新，从新到特的转变，展现了校本课程花放千树的精彩。

其一，"探索与创新"系列。在学校"以创新教育促进师生自主健康和谐发展"教育特色指引下，我们开发了"创新与人文""创新与生活""创新与环保""创新与科技""创新与艺术"系列读本，旨在打破思想封闭，弘扬创新精神，引导师生从课内走向课外，从学校走向社会，从书本走向生活。

其二，"助力成长"系列。针对学生小升初关键期的不适应，开发了《我养成了好习惯》课程；针对初二年级孩子自我意识强、懵懂多思的特点，编写《花路心语》课程；针对初三年级孩子的叛逆和冲动特点，开设《安全法制伴我行》课程；针对初四年级面临人生转折关口，设置《走向未来》课程；针对书写不规范的现象，开发了"小小书法家"课程。这些课程旨在帮助学生完成角色的转换，解决身边的疑难困惑，消除不良心理倾向，传递正能量，助力成长。

其三，"乡土乡情"系列。生物课程团队带领孩子们结合当地"中国海带第一镇"的地域特色，开发出了《海带文化探秘》学校特色校本课程，激发了师生对家乡的关注与热爱；在全校各年级开展选课走班制度，教师根据自身的优势，开发了十字绣手工制作、面点制作、朗诵、生活中的化学等一大批贴近生活的课程，学生凭兴趣爱好报名参加，统一时间活动。校本课程从生硬刻意的被动设计逐步走向开放化、个性化和生活化。

三、开展创新实践活动取得成果

创新实践活动的开展提升了师生的创新能力和素养，提高了教师的创新指导能力,多位老师多次在上级组织的创新活动中获奖。在创新实践活动中,开发了系列校本课程,提高了教师开发、编写教材的能力,姜海涛老师参与开发了威海市级教材初中乡土教育读本《威海生物》,张霞老师参与编写了《初中综合实践活动》,王迎军老师、杨秀敏老师和姜海涛老师被市局推荐为"威海市中小学教科书选用专家库"人选。

附近三年山东省科技实践大赛获奖名单:

山东省第30届创新科技大赛成绩

作品类别	作品名称	作者	指导教师	集体	等次
科教制作类	"轮杆变幻"演示仪	王翼	王翼	个人	山东省一等奖
青少年科技创新作品	多用途折叠式旅行拖车	姜梦宁	车利民 王海霞	个人	威海市二等奖
科技实践活动	"绿色海带,红了生活,绿了环境吗"——海带产业对环境及生活影响探究科技实践活动	荣成二十七中科技实践活动小组	张云霞 许春燕 李保卫	集体	威海市二等奖
科幻画	水压能动水质净化器	于林卉	杨秀敏	个人	威海市三等奖
科技辅导员论文	走进"第二课堂"培养学生科技创新能力	李婷婷	李婷婷	个人	威海市三等奖

山东省第31届创新科技大赛成绩

作品类别	作品名称	作者	单位	指导老师	等次
科技创新作品	红外车辆定位开门机	林俊宇 刘祎 陈虹瑾	荣成第二十七中学	冯霄 冯继承	威海市二等奖
科技实践活动	坚持人水和谐,让我们的生活更现生命之绿	荣成27中科技实践活动小组	荣成市第二十七中学	王霄 鞠丽丽 李保卫	威海市二等奖
科幻画	地沟油处理机	杨壹伟	荣成市俚岛镇中心完小	杨彩红	威海市二等奖

续表

作品类别	作品名称	作者	单位	指导老师	等次
科技创意	双向互动式遥控器的畅想	车宜衡	荣成俚岛镇中心完小	张艳	威海市二等奖
科技创新作品	简易压缩式垃圾桶	杨壹伟	荣成市俚岛镇中心完小	曲建辉周丽秀	荣成市二等奖
科技实践活动	生活的垃圾、地球的癌症	俚岛中心完小科技实践活动小组	荣成市俚岛镇中心完小	王洪霞孙海燕姜迎第	荣成市二等奖
科幻画	吸霾洗云机	高瑜璟	荣成市第二十七中学	杨秀敏	荣成市二等奖
科技辅导员成果	潜望镜原理探究器	王翼	荣成市第二十七中学	王翼	荣成市二等奖

山东省第 32 届创新科技大赛成绩

作品类别	作品名称	作者	指导教师	集体	等次
科技实践活动	探寻中国传统村落——"荣成传统村落探秘"	科技实践活动小组	唐洪志张霞李保卫	集体	山东省一等奖
辅导员创新成果	显微镜教学中,视野与示范操作的同步展示	姜海涛	姜海涛	个人	山东省二等奖
辅导员创新成果	机翼原理探究器	王翼	王翼	个人	威海三等奖
科技创新成果	伸缩式折叠衣架	林俊宇姚乃文姜睿杰	冯继承冯霄	集体	荣成一等奖
科技创新成果	防近视可调警示仪	卢燕华	王爱静李红莉曲文丽	个人	荣成二等奖
科幻画	我的多功能移动实践教室	梁嘉桐	杨秀敏	个人	荣成二等奖
科幻画	空中卫士	孙庆娜	杨小营	个人	荣成二等奖
科技创意	教室粉尘清理回收系统	林思雨	宁向军	个人	荣成一等奖
科技创意	智能外卖头盔	张景云	高壮	个人	荣成三等奖

威海市中小学生科技节申报作品统计表

（含发明创造、动植物标本制作、电脑动画、电脑绘画、网页制作、电子板报6个项目）

作品名称	申报者	申报者学校	辅导教师	备注	奖项
红外车辆定位开门机	林俊宇	荣成二十七中	冯霄		
发明创造	冯继承	威海市二等奖			
简易压缩式垃圾桶	杨壹伟	俚岛完小	周丽秀		
发明创造	曲建辉	威海市三等奖			
旋目夜蛾	杨逸舒	荣成二十七中	姜海涛	动物标本制作	威海市三等奖
螳蛄	卢鹏羽	荣成二十七中	彭丽丽	动物标本制作	荣成市一等奖
鸣鸣蝉	林慧颖	荣成二十七中	李晓静	动物标本制作	威海市三等奖
大蚊	姜睿远	俚岛完小	乔廷强	动物标本制作	荣成市二等奖
光肩星天牛	车宜衡	俚岛完小	卢叙波	动物标本制作	荣成市二等奖
蒲公英	李宇可	荣成二十七中	彭大伟		
电脑动画	张晓华	威海市三等奖			
情系里约奥运会	卢鹏羽 王晴谊	荣成二十七中	李保卫	电子板报	威海市二等奖
礼让斑马线	张盈璐	俚岛完小	李秀华	电子板报	威海市三等奖
漫画	梁嘉桐	荣成二十七中	刘中华	电脑绘画	威海市三等奖
四轴飞行器		荣成二十七中	冯继承	四轴飞行器	荣成市三等奖
橡筋弹射留空		荣成二十七中	冯继承	橡筋弹射留空	荣成市一等奖

采撷创新之花：

第七课沿海防护林

姜海涛老师，生物学科教研组长，善于研究反思和提炼，连续四次获远程研修优秀学员，连续三届在山东省生物实验创新大赛中获奖，目前持有新型实用专利三项。他参加威海市初中乡土教育读本《威海生物》的《海洋鱼类》和《沿海防护林》两节内容的编写工作，在编写过程中受各位专家的耳濡目染，专业能力成长很快。下面是其中一篇——陆地生态篇中的第七课《沿海防护林》。

它是屹立在海陆之间的绿色"精灵"，它是守护家园的海防"卫士"。当你漫步海边，就会看到它沉默挺拔的身影。不是一棵两棵，而是枝叶相促，连片成林。它，就是威海的沿海防护林。

198

一、沿海防护林生态概况大浪淘沙

在潮起潮落之间，大海给了我们丰厚的馈赠，也造就了威海漫长的沙质海岸。历史上，我市海岸荒沙连绵，每遇大风扬沙，农作物惨遭祸害，沿海居民深受其苦。如荣成的成山卫在清朝中后期，高达39%的良田被流沙掩没。"提起北沙滩，叫人好心酸，沙埋城墙顶，风起不见天。"这个当地的顺口溜，形象地描述了当时风沙肆虐的景象。

为治风沙之患，历代官员都以植树固沙为急务。仍以成山卫为例，早在清光绪二年，就在卫城北部荒滩植柳树近千亩；20世纪20年代，又于卫城周围植树近万亩；1945年，成立成山林场，专门营造海滩防护林，所植树种有槐、杨等。但由于所选树种不适宜海滩环境、日伪军砍伐破坏等原因，造林均未取得理想效果。

新中国成立后，总结了历史上的经验教训，人们认识到树种的适应性是海滩造林的关键。经过十多年的实践探索，终于找到了适合的树种——日本黑松。又经过几十年的艰辛栽种和培育，黑松逐渐成林，最终建起了横亘在海滨的一道宽达数百米、长近500公里的"绿色长城"，形成了包括北海林场、双岛林场、纹石滩林场、成山林场在内的全方位沿海防护林体系，覆盖了境内北部、东部、南部沿岸沙滩地带。1997年，威海下辖三市及环翠区均被林业部授予"全国沿海防护林体系建设先进单位"称号。

我市的沿海防护林以日本黑松为主要树种，其间混杂少量的刺槐和麻栎，中层灌木主要是紫穗槐，底层植被为各种草类，还有少量的野兔、野鸡等动物生活其中，林中各种生物相互依存，与周围环境共同构成了较为稳定的人工森林生态系统。

二、主要林中生物

（一）植物

日本黑松，发出的新芽白嫩俗称白芽松，松科。日本黑松具有耐盐碱、耐干旱的特点；其针形叶受力面积小，可以抵御海风的肆虐，适于在海风大、盐碱度高、沙质的海滩上种植；并且黑松抗病虫能力较强，因而成为了我市沿海防护林建设的首选。

刺槐，俗称洋槐，豆科。落叶乔木，花可食用，是重要的蜜源植物。刺槐木材坚硬,常用来造船和做镢把,曾广泛分布于村边、沟渠旁、山地。

麻栎,俗称玻璃橡子,壳斗科。树皮暗灰,落叶乔木,常因土壤肥力不足或经常性的砍伐形成灌木状的树丛。4 月开花,第二年 10 月种子成熟。麻栎材质坚硬,耐腐蚀,纹理美观,被誉为小黄花梨,是制作家具和地板的常用材料。栎叶是柞蚕的主要饲料。

紫穗槐,俗名棉槐、棉条,豆科。落叶丛生灌木,皮色暗灰,根系发达,常用于土坡的水土保持。枝叶对烟尘有较强的吸附作用,是工业区绿化的重要树种。

(二)动物

雉鸡,俗称野鸡,雉科。与家鸡相比体型小,尾巴长。主要活动在灌木丛与草地中,杂食性,所吃食物因所处地域和季节而不同。发情期间雄鸟有占区行为,有自己的领地。

草兔,俗称山兔、野兔,兔科。眼睛位于颜面两侧,能扩大视野的范围,便于发现敌害。受惊扰时,耳朵竖起并不断转动,便于判断声源的位置。前腿短,后腿长而发达,受到惊动时,能够迅速跃起并逃离。

草兔具有相对固定的活动路线,但没有固定的栖息场所,常隐藏于临时挖掘的浅坑中。

三、沿海防护林的病虫害防治

由于沿海防护林树种比较单一,所以很易爆发病虫害。20 世纪六七十年代,就曾经爆发过大面积的松毛虫害;1982 年松材线虫病传入我国后,成为了我市沿海防护林的主要虫害。

防治松毛虫最初多采用喷洒农药的方式,较大面积的松林甚至经常动用飞机撒药。但这种方式的效果并不理想,并且易造成环境污染。后来引进了灰喜鹊,采用以鸟治虫的生物防治方法,终于控制住了松毛虫的数量。对松材线虫病,目前还没有找到有效的治疗方法,只能以预防为主:一是加强检疫,杜绝人为传播;二是消灭传播媒介——松褐天牛。对于病情比较严重的林区,则只能通过砍伐和烧毁病树等釜底抽薪的方法进行处置。

要防治沿海防护林的病虫害,最为根本的方法是将单一林改造为混交林,增加树木的种类,使各种鸟类、昆虫、菌类的种类和数量也随之增加,从而形成较为复杂的食物网,提高生态系统的适应性。

科技实践出硕果：

探寻中国传统村落——"荣成传统村落探秘"科技实践活动方案

科技实践活动是学校教育的重要部分，学校在这一方面十分重视，投入了大量的人力和物力。在实施的过程中，广大教师极大地提升了专业能力，涌现了一系列的优秀活动案例，其中具有代表性的是由张霞老师、唐洪志老师和李保卫老师组织实践的《探寻中国传统村落》，并且在山东省青少年科技创新大赛中获科技实践活动类一等奖。

一、活动背景

（一）传统村落是我们的文化家园

传统村落源远流长。中国传统村落是中华民族在历史演变中，由"聚族而居"这一基本模式发展起来的稳定的社会单元。著名社会学家费孝通曾在《乡土中国》一书中指出"乡土中国的基层社区单位便是聚族而居的村落"。中国传统文化源自农耕文明，中华民族在数千年漫长的历史进程中，在辽阔国土上聚族而居，形成以族群血缘关系组建起来的传统村落，具有家族血缘性和区域地缘性特点。村落里有创业始祖的传说、族谱族规家训家规、民俗节庆和缅怀先祖的祭祀活动等，蕴含着丰富而又深邃的历史文化信息。可以说，传统村落是乡土文化的"活化石"和"博物馆"。时至今日，古村落依然保存着大量原汁原味的中国传统文化和中国人的生产生活方式。

保护传统村落意义深远。一个地方传统村落所包含的生态文化、民俗文化、建筑文化、祠堂文化、家居文化等，可以反映一个地域、一个族群乃至一个民族的精神气质、文化特色和心灵历史。相较于经典文献和出土的古物史料，传统村落所承载的历史文化信息更具鲜活性，是我们民族、族群文明发展和文化渊源的"实证""活证"。保护好这些传统村落，其意义不仅仅在于保护那些老旧民居，而是在于保护地方传统文化的根。

在当前全球化视野下，在"文化自觉"意义上探讨古村落生存与发展的实现路径，是一个历史性课题。党的十八届五中全会明确提出："要加大传统村落民居和历史文化名村名镇保护力度，建设美丽宜居乡村。"我们必须按照习近平总书记指出的，"处理好传统与现代、继承与发展、建设与保护的关系，切实做到在保护中发展、在发展中保护,擦亮历史文化遗产这张金名片。"

(二)传统村落的现状和面临的问题

传统村落中蕴藏着丰富的历史信息和文化景观,是中国农耕文明留下的最大遗产。但几十年来,伴随着中国工业化、现代化、城镇化进程的加快,传统村落因各种人为或自然的原因,正以惊人的速度消失,不少村落被大肆扩张的城市所吞噬;不少村落因人口急剧流失而陷入无人居住、破败坍塌的萧条局面;有些传统村落则因急功近利的商业模式运作下的过度开发变得面目全非;许多承载着丰富传统文化内涵和历史记忆的古村落、古建筑和文物遗迹得不到应有的保护,随之带来的是与之共生的乡村传统习俗和生活方式的湮灭。

根据民政部的统计,2002 年到 2012 年,我国自然村由 360 万个锐减至 270 万个,10 年间减少了 90 万个。除去被合并等原因,平均一天消失的自然村落有近百个,其中包含大量有历史文化价值的古村落。尽管近年社会各界一片保护声,但各地古村落被毁事件仍时有发生。

2012 年 12 月 19 日,由住房城乡建设部、文化部、财政部三部门发通知公示第一批中国传统村落名录,全国 28 个省共 646 个传统村落入选该名单。在 2014 年 11 月 27 日公布了第三批中国传统村落名单,我们荣成市俚岛镇的大庄许家、烟墩角、东烟墩就在其中。本次活动我们选取了大庄许家和烟墩角作为我们科技小组活动探究的目标。

二、活动目标

(一)知识与技能目标

我们借助学校南邻大庄许家、北望烟墩角近乡近邻的优势,搭建自主参与、体验发展的平台,在活动过程中了解观察分析传统村落的发展历史、发展现状、未来面临的发展问题以及海草房、渔家养殖、民俗等古老与现代化相结合的产业发展,以提高学生的观察能力、分析能力、合作能力、探究能力、创新能力为重点,围绕传统村落探秘让学生学会科学探究的一般方法,为学生的发展奠定基础。

(二)过程与方法目标

指导学生直接参与传统村落探秘的整个过程,学会采访、查阅、收集、整理、分析资料等信息获取与处理的方法,同时了解和掌握调查、操作、检测、实验、分析、总结等正确的科学研究过程和方法。

（三）情感态度与价值观目标

让学生在探究过程中增长知识，学会观察分析，锻炼意志，增加阅历，学会用科学发展的眼光关注社会发展，使学生关心社会和科技进步，关心地球和生存环境。通过实践，培养学生的参与意识、创新意识和勤于实践、勇于探索、精诚合作的精神，不断提升学生精神境界、道德意识和能力，完善学生人格。

（四）活动效果目标

把参加科技实践活动作为培养学生科学素质的主阵地，作为课堂教学的补充和延伸，更好地引导学生进行学习、探究、实践、创新，在科技实践活动中培养学生的科学素养。

三、活动对象及人数

初三年级所有学生，发动学生自主报名参与，参加人数达二百余人。

四、实践活动遵循的原则

本次我们以"荣成传统村落探秘"作为主题开展综合实践活动，坚持以生为本、以师为导、以研为主的三原则。

（一）以生为本

我们坚持素材"从生活中来，到生活中去"的思路。各部分活动内容做到贴近学生的需求，符合学生的实际，方便学生的实施。具体思路为：一是注重实践性，通过组织学生参观、访问、调察、交流、记录等方式，呈现给学生一种亲身体验式的学习方式；二是充分利用好各实践性基地，如大庄许家、烟墩角，让学生带着疑问走进传统村落去学习、去实践、去体验、去探究。

（二）以师为导

在实践活动中要求教师的角色要做好以下几个方面的转换：一是要做学生学习的参与者。教师要与学生一道参与学习、参与实践活动，教师的任务就是要深入学生活动的全过程，了解学生的需求，倾听学生的需要，做学生的朋友，让学生认可教师是他们中的一员，愿意无拘无束地交谈和讨论，大胆地发表自己的意见，教师也可以在参与中学习，在学习中指导；二是要做学生学习的指导者。教师要运用自身的知识积淀、经验和智慧，给学生一些点拨和启发，但要将思考和想象的空间留给学生，要适时创设学生发现问题的情境引导学生去思考问题，探究问题，即与学生共同展开探究过程。三是要做学生学习的组织者和促进者。教师在指导学生的同时,还要做好学生学习的组织促进工作。帮助学生克服困难,树立信心,保持旺盛的求知欲和持之以恒的积极性等。四是要做好校内外多方关系的协调者。活动要求学生的学习活动走出课本、走出课堂、走向社区。例如,调查、访问、参观等实践活动的开展离不开家长的大力支持,更离不开社会各界的积极配合。因此教师要主动地协调好学生与学生之间的分工合作、学校与家长的关系;协调好社会有关部门、机构与学生活动的关系,尽力起好纽带和桥梁作用,为学生开展实践性学习创设良好的教育环境和课程资源。五是教师要组织学生活动,而不是教学生活动。教师组织活动要结合当地的实际情况和学生的特点,因地制宜,创设灵活多样、生动活泼的活动形式。教师对学生的指导要有利于学生主体性的发挥,要把学生作为学习探究和解决问题的主体。

(三)以研为主

要创设学生乐于探究、勤于动手和勇于实践的氛围,要注重学生的亲身体验和积极实践,要注重学生在实践性学习活动过程中的体验和探究。

第一,要求学生亲身经历实践过程,体验实践活动;开展问题探究、体验探究过程;了解问题解决的基本研究方法,形成一种积极主动的、自主合作探究的学习方式。

第二,在探究活动中,要注重学生自身各项技能的培养和训练,学会多种途径获取信息;学会整理与归纳信息;学会运用获得的信息描述或说明问题,并做出恰当的解释。

第三,学生在探究活动中,要形成"崇尚真理、尊重科学"的科学态度和科学道德。实事求是、认真踏实、善始善终,善于对学习过程与结果认真反思和自我评价。

第四,要适应和满足每个学生的不同需求,要充分发挥学生的自主性,鼓励学生自己选择主题、自己参与计划、自己组织实施、自己进行评价,尽可能将活动的过程放手给学生自己实施,让学生改变原来的学习方式,学会探究的学习方式。

五、活动的难点、重点及创新点

(一)活动难点

指导学生参与到传统村落探秘的实践过程中,注重学生自身各项技能的培养和训练;带领学生走进大庄许家、烟墩角去观察、去实践、去体验、去探究;探究身边的传统村落的现状与发展前景。

（二）活动重点

指导学生带着问题与目标参加实地考查、实验、访问、调查活动等;对系列实践问题进行综合、对比、分析与评价。

（三）活动创新点

主要是组织方式的创新。在活动起始阶段，根据研究内容的不同，确立六个子课题研究小组;在校外实地考查阶段，根据活动的需要，又将六个子课题研究小组重新组合成采访组、观察组、探究组、宣传组、开发组五个大组展开活动;完成考查环节后，各子课题活动小组成员再回到本小组，实现组内交流与资源共享。

六、活动主要内容与过程安排

（一）准备阶段（2016年2月~3月）

这一阶段的主要任务是研讨和确定几个有研究意义的子课题，然后自主选择课题，组成研究小组，并制定活动计划。

第一，形成主题。学期初，发动全校学生捕捉和选择校内外感兴趣且有研究价值的实践活动主题，并提示学生可以从身边较为有名的自然资源的形成、保护与开发等角度考虑。将所有学生的主题进行整理与提炼，确立主题为"探寻中国传统村落——荣成传统村落探秘"实践活动，顺利通过学校的审批，并在全校范围内做好动员工作。

第二，召开"荣成传统村落探秘"科技实践活动开题会。鼓励所有感兴趣的学生自愿参加，学生根据这一主题，提出问题。教师根据学生所关注的问题，引导学生对问题进行归类，共确定如下六个研究子课题:大庄许家传统村落现状;烟墩角传统村落现状;海草房的历史与发展状况;大庄许家祠堂的发展远景;烟墩角大天鹅与花斑彩石的生存及保护状况;传统村落的设立意义和保护措施。

第三，指导学生根据兴趣和需要自主选择子课题，组成研究小组。

第四，各小组通过组内成员的竞职演说、民主评议，确定正副小组长，并根据成员的兴趣与特长从采访、观察、探究、宣传、开发等方面确定好参加校外实地考查活动时的人员分工等。

第五，引导学生以小组为单位，在组长的带领下，按指导教师的要求制定本组课题的具体活动方案;指导学生分析活动的重点、难点。

第六,要求学生每次活动时都要及时做好记录、照相及摄像等。

第七,指导学生根据活动内容和需要,制定相应的观察表、调查表、采访表等。

(二)研究实践阶段(2016 年 4 月 ~ 10 月)

这一阶段的主要任务是,学生利用之前准备的相关资源及知识,结合已有的实践经验,在指导教师的带领下,根据各自制定的计划开展实地的考察与探究活动。

各子课题小组根据准备阶段的规划,将成员分工为采访、观察、探究、宣传、开发五个部分,六个子课题组的成员在校外实地考查阶段,又重新组合成采访组、观察组、探究组、宣传组、开发组五个大组,每组配一名指导教师负责组织与指导,完成实地实践环节后,各子课题活动小组成员再回到本小组,实现组内交流与资源共享。

1. 采访组

活动小组分成三路:一路采访大庄许家,了解传统村落的申请过程、村里特色景致、海草房的存在现状等基本情况以及今后的发展规划等,擅长摄像的学生需要录制好音像资料,其他学生写好采访记录,采访结束后,归类整理好采访资料;二路采访烟墩角,了解传统村落的发展过程、大天鹅的现状、民俗发展等;三路采访身边的人,包括邻居、村民等,调查他们对传统村落的了解,发放调查问卷。

2. 考察组

指导学生观看《烟墩角大天鹅》相关录像,深入到大庄许家、烟墩角等地方,了解传统村落的发展历史、文物景观等;指导学生通过实地考查、网上搜索、书本查阅等方式了解传统村落的民俗习惯、发展前景等具体情况,指导学生选定考察地点、范围、内容、项目、方案,制定应急反应方案、措施,落实安全责任。对大庄许家祠堂、纹石滩、大天鹅、民俗产业发展等进行全面考察。根据考察的实际情况,每人写出考察日志与反思,小组对各成员考察情况进行总结,与其他小组进行交流。

3. 探究组

到大庄许家、烟墩角进行实地考察。

通过网上搜索、查阅书籍、座谈等形式了解传统村落所需要探究的方向和选择探究目标;实地考察两处传统村落的各自特色,实地考察之后做好记录,写好实验报告。

4. 宣传组

分三步开展工作:到各大商场、居民小区、超市等地发放宣传资料,向大家介绍关注传统村落的价值;利用节假日发动小组同学,将自己的收获设计成手抄报、绘画、摄影作品等在社区进行展示,宣传传统村落文化,提高人们保护传统村落的意识;发动同学们利用网络或是走进图书馆等方式,搜集有关传统村落保护与发展的资料,制成海报等加大宣传力度。

5. 开发组

在保护传统村落方面总结制定出科学有效的方案、措施及建议,并将其以书面的形式报送社区、村委、镇政府等有关部门。

(三)总结与交流阶段(2016 年 11 月 ~ 12 月)

本阶段的主要任务是指导学生对整个实践活动进行总结和交流,对活动中第一手资料进行筛选整理、分析论证,形成探究成果,在全校范围内推广。

1. 注重实践成果的形成

指导各小组每次活动后按要求及时总结活动成果,对资料进行汇总、整理、分析、筛选、研究,形成结论,养成良好的综合与归纳习惯,为今后开展类似活动留下宝贵资源与经验。

2. 实现成果的共享、提炼与推广

第一,由各个小组分别展示、交流、讨论各自的活动成果,实现资源共享,如视频与录音、体验日记、绘画、实验报告、考察活动心得等成果的展示交流等;第二,指导学生对活动进行总结、反思,经过小组集体智慧撰写出小组实践活动报告;第三,汇总各小组活动情况,整理成文,形成实践活动主体报告;第四,择选精品成果汇集归档,并在全校范围内实行推广与交流,让没有参加活动的学生也能从中受到借鉴和启发。

七、活动效果的呈现方式

活动的显性呈现主要通过学校开放日、家长学校等活动,以不同的形式公开向社会与家长进行汇报展出,促进活动成果的有效推广。12 月我们在全校范围内隆重召开了"荣成传统村落探秘"优秀成果展示交流会,邀请各兄弟学校、市局领导、家长及社会各届人士参加并进行指导与研讨,交流会展示的成果主要有如下几个方面:

（一）文字类

我们将活动中积累的第一手文字资料进行收集归档,供没有参加本项活动的同学学习交流。

（二）实物类

在自己能力范围内搜集和整理汇报资料、手抄报、绘画、照片展等。

（三）电子类

PPT 展示、录像与数码相片集、校园网综合实践栏目发布,一方面充分展示活动的成果,另一方面引起更多的人关注"荣成传统村落",起到广泛宣传的作用。

八、活动效果评价标准与方式

为了达到预期的活动效果,充分调动每名学生参与活动的积极性,指导教师对学生活动中的各种表现进行全面评价。

（一）评价标准

在活动起始阶段指导教师需要与学生共同研制实践活动评价标准,主要以评价表的形式显现,在活动的各个阶段对学生的表现进行量化。

"荣成传统村落探秘"实践活动评价表

活动内容_____班级_____姓名_____时间_____

评价内容	评价要点	评价等级
自主参与	1. 积极参加每一次活动	
	2. 努力完成自己承担的任务	
	3. 做好资料积累与整理工作	
	4. 主动提出自己的科学设想	
	5. 乐于合作,善于与同学交流,尊重和帮助他人	
实践体验	6. 善于质疑,乐于研究,勤于动手	
	7. 关心小组发展,有一定的责任心	
	8. 能对自己的活动表现进行"反思"	
	9. 实事求是,尊重他人想法与成果	
	10. 不怕吃苦,勇于克服困难	

续表

评价内容	评价要点	评价等级
方法掌握	11. 会用多种途径获取科学信息	
	12. 能运用已有知识解决问题	
能力发展	13. 有求知的好奇心、探索的欲望	
	14. 能够独立思考、自主学习，主动发现问题，提出问题，寻求解决问题的方法	
	15. 积极实践，发挥个性特长，施展才能	
综合评价	评语：	等级：

注意：

1. 评价结果分为 A、B、C、D 四个等级。

2. A 表示好；B 表示较好；C 表示一般；D 表示尚可。

3. 此表在实践活动中根据实际情况，可以逐步改进完善。

(二)评价方式

活动效果的评价方式力求多元化，让学生真正成为评价与活动的主人。

1. 注重自评与他评相结合，以自评为主

对学生的评价采取自评、互评、师评、家长评等形式，但主要采取学生自评，让学生在自我评价的基础上调节自己的学习探究活动，积极地把评价要素纳入自己的学习活动中去，从而逐步形成和提高自我分析、自我调节、自我评价的能力。

2. 注重过程评价与终结评价相结合，以过程评价为主

重点考查学生平时活动中的表现，根据其进步情况给予评定。

3. 注重整体评价与个性评价相结合，以个性评价为主

在评价中，有整体评价(如在每次专题研究结束后，对学生的研究成果的评价)，但更多的是个性评价，考虑学生的发展差异，采取相应的评价办法，给学生多次评价、多层次评价的机会，拓宽发展空间。为让所有的学生都有成功的机会，还可设立单项奖、特长奖、进步奖等。

第三节 班级管理,创设专业成长快车道

20世纪80年代以来,教师专业化形成了世界性的潮流,极大地推动了许多国家教师教育新理念和新制度的建立。随着教师专业化的提出及研究的深入,班主任专业发展作为一种特殊的教师专业化愈来愈引起关注。班主任无论是对于学生的健康成长,还是对于学校教育教学工作的开展,都具有极其重要的作用。因此,加强班主任队伍建设,促进班主任素质提升一直是我校工作的重点。

一、班主任工作重担当有意义

一种职业的尊严,在很大程度上取决于该职业的独特意义和不可取代性。教师如此,班主任更是如此。"学校可以一周没有校长,但不能一天没有班主任。"班主任工作的重要意义由此可见一斑。

(一)它是教师快乐的五彩石

魏书生在其《班主任工作漫谈》一书的自序中说道:"班主任是在广阔的心灵世界中播种耕耘的职业,这一职业应该是神圣的。"我们深知当班主任很劳心、很烦心,但是,当你走进教室时看到那一双双求知若渴的眼睛,当你下课时被学生围着快乐地谈笑、被当成知心朋友,当你生病时收到学生发来各种关心的短信、卡片,当你得知自己的学生考上理想的学校……那快乐、那幸福、那自豪感不由从心里往外涌。所以说,班主任工作是教师快乐的五彩石。

(二)它是教师成长的磨刀石

一个班集体就是一个小社会。班主任每天都会遇到形形色色、不同特点的学生,工作起来也是事无巨细。有很多事情要亲力亲为,要操心劳神,但有时做了工作未必能得到预想的成效,甚至是费力不讨好。这难免与班主任个体在情感、性格、思想、行为等各方面发生碰撞。但是作为班主任,面对这些碰撞时,由于工作的特殊性,要求我们不能缺乏理智思考,不能因一时的激动而我行我素,置行为后果而不顾。久而久之,班主任的行为控制能力就会不断地得到提升,遇到各种突发事件能理智对待、冷静分析,以更好的方式处理问题,促使自己不断地成长和发

展。有人说：当了几年班主任，一点儿"脾气"都没有了。这种"脾气"的磨掉，并不是说班主任就没有了特色和个性，而恰恰是这种"没脾气"的班主任会在日常工作中创造更多更高的工作绩效。可见，班主任工作是教师成长的磨刀石。

（三）它是教师优秀的奠基石

教师中的班主任，比科任教师有更多的责任。班主任是班集体的组织者、管理者、指导者，是影响学生成长的"重要他人"。班主任的多重角色是国家教育制度规定和社会期望所赋予的，所以我们对班主任专业素养提出了较高的要求。而这些素养正是一个优秀教师必备素养的基础，也是历年来评优选模的一项重要条件和依据。

二、班主任工作扎实勤恳求发展

（一）尊重意愿，人尽其才

为保证班级管理工作的顺利、高效开展，每学期期末学校都会发放下一个学年的工作意愿调查表，其中明确标注"是否担任班主任工作"，教师根据自己的意愿进行填报，保证每个班主任都是自愿主动上岗，学校择优录用，让有能力、有意愿的优秀教师走上班主任岗位，避免了因情绪问题影响班级管理和学生的发展。

（二）落实"结对子工程"

1. 师徒结对传帮带

为了充分发挥优秀班主任的引领、示范、辐射作用，促进青年班主任的专业成长，进一步打造学校优质班主任团队，学校每学期前都会举行"师徒结对"仪式。通过相邻班级班主任的工作安排，让未满三年的青年班主任与工作经验丰富的骨干班主任采取"师徒结对"。通过这样一对一针对性的辅导提高班主任工作的艺术性和实效性。师傅们做到了"带师魂、带师德、带师能"，尽职尽责；徒弟们"学思想、学本领、学做人"，全面发展；师徒最终在互相学习中共同成长，获得双赢。

2. 男女搭配活不累

俗话说："男女搭配，干活不累"，虽是笑话，却有一些道理。一般来说，男教师在管理上喜欢从理性角度出发，学生在理性化的影响中，纪律性、自制力等方面较强，但男教师也会因自身粗枝大叶的天性，而缺乏班主任应有的细心，使班主任工作事倍功半；而女教师一般更偏向从感性的角度思考问题，在学生管理上有种天生的亲和力，并且女性天生的耐性也为班主任工作起到了润滑的作用。其二，一个班级总有男生女生,在管理的时候,总有一些不同要求。比如,生活管理、心理生理指导等方面,往往会有所区别。所以我校根据两性差异,分配班级工作时,将男女班主任分配在相邻班级,他(她)既是本班的班主任,又是相邻班级的任课教师,这样一来,学生可享受女教师温柔细腻、耐心负责的一面,又可以体会男教师的阳刚之气和幽默风趣。

在副班主任的配备上,也注意老少和男女的搭配,尽量安排得细致而周全。

(三)促进理论专业发展

班主任们普遍反映,随着社会的发展,学生出现"万变"的个体,而当年的"以不变应万变"的理念已不适应时代的要求。因此,我校借着教育大讲堂的机会让所有班主任聆听全国优秀班主任高金英老师《做一个有价值的教师》的讲座。针对教师自身存在的心理困惑和在班级管理、课堂教学、师生关系等方面的问题,进行短期培训,以改变班主任的工作理念、促进个人成长、提升人格魅力。此外,学校还专门为班主任购买《做最好的教师》《教育中的心理学效应》《心态比黄金更重要》等相关理论书籍,让他们学习教育学、心理学、管理学等方面的专业知识,并利用例会时为班主任搭建交流、讨论的平台。

(四)开展"班主任论坛"活动

为了弘扬学校班主任工作中的典型事迹,探索在新形势下班主任工作的新思路、新做法,给班主任创造更多的交流展示的平台,介绍自己在班级管理过程中的有益经验,我校定期开展"班主任工作论坛",增强沟通交流,共议金点子,共谋金措施,提高班主任工作的实效性。

1. 学期初

学校通过请专家、看视频、听报告等多种形式开展"班主任培训论坛"活动,促进班主任转变教育思想和观念,掌握现代教育理论,树立爱心意识、服务意识和责任意识,从而提高班主任教师队伍的专业化水平,努力建设一支拥有较强的实践能力、创新能力和教育研究能力的高水平班主任队伍,并借此机会制定各班级学期计划及目标。

2. 学期中

学校定于每周一第三、四节课开展"班主任工作论坛"活动,论坛会中不仅有对各班级近期工作的回顾总结,也有对下段时间班级工作的安排部署,更有对班主任工作方法上的指导与引领。据调查,很多年轻班主任对于优秀班主任的经验有着强烈的渴求,希望能够学习优秀班主任的工作方式。所以,每周一的论坛会中,学校都会安排两名工作经验丰富的优秀班主任对自己工作中的实际案例进行剖析、反思,引发大家的共鸣和思考,其他教师则通过倾听与学习、互动与交流,进一步完善自己的工作方法。在此,许多年轻的班主任不仅学习到很多优秀的"治班"经验,促进自己的专业发展,而且受到了身边榜样的影响,立志在自己的岗位中向先进靠拢,努力形成自己的班级管理特色。

3. 学期末

每学年末,学校进行一次"班主任总结论坛"活动,评选出优秀的班主任。论坛中对班主任专业水平提高快、工作实绩明显的,推荐参加优秀德育工作者、优秀班主任的评选。并通过论坛活动,将优秀的班级管理经验进行介绍交流并予以推广。

(五)实行"联谊交流"活动

1. 有滋有味的"外出培训"让班主任幸福成长

近三年,学校前后选派三十多名班主任外出参加各种培训,如北京、上海、重庆、济南等组织的班主任工作培训,积极参加市局举行的班主任教育教学大讲堂。凡是外出培训的老师写出学习体会,学校择优利用周四的教育教学大讲堂进行二次培训,将收获与大家一起分享。这样,无形之中,培训的辐射范围扩大了,有效将外出培训的价值最大化。

2. 有声有色的"交流学习"让班主任受益匪浅

为使我校的办学特色更加鲜明,办学水平更上层楼,在勤于学习、精于研究的同时,还取他人之长,创自己之新,自2014年开始,我校便借"城乡交流"活动,让十多名班主任到市直学校交流学习一年,派出的教师积极学习市直学校先进的管理经验,受益匪浅。

(六)年终考核适当倾斜

为鼓励更多教师走上班主任岗位,学校在考核中加大对班主任的奖励力度,在工作量、工作效果、特长生竞赛、加分奖励等方面加大力度,并且在评优选模中向班主任倾斜,保证班主任的付出得到体现。

三、班主任工作求真务实结硕果

我校十分注重班主任队伍的建设,班主任不仅做好教育教学工作,而且十分注重自身的专业发展和学习。近年来,我校班主任队伍的整体水平较以前有了很大的提升,涌现出一大批优秀班主任,锻造了敢打硬战、敢打胜战的班主任集体。据统计,我校涌现20多位荣成市优秀班主任,10多个荣成市优秀班集体,其中有3名教师荣获"荣成名班主任"称号,还有40余篇班级教育的文章发表在国家、省市教育刊物上。

这些骄人成绩的取得是学校领导高度重视、精心谋划的结果,是全体班主任真抓实干、奋力拼搏的结果。我校将继续加大对班主任培训的力度,使其成为适应当下的反思型、研究型、策略型、智慧型班主任。

解读名班主任成长:

名班主任成长之路

杨开,荣成市优秀班主任、名班主任。所带班级班风好,学风正,班级管理做到"以爱暖人,以情育人",时刻注重言传身教,为人师表。用真心真爱探寻学生的心灵之径,用恒心细心构筑"不抛弃,不放弃"的班魂。她躬身践行,从制定班主任工作守则、创新使用班主任工作日记、建立特色学生成长档案等方面入手让学生真切体会到师德的内涵。同时,她不忘积极学习提高自身觉悟,进行积累反思,争做科研创新型班主任。

忘不了在"四名工程"培训工作会上,荣成市教育局领导的讲话,既激发了广大教师的荣誉感、使命感,提高了对教师职业的认识,又对今后的工作提出了更高的要求:要有名师的紧迫感,勇担压力、应对挑战、不负众望地锻造和成长,要有名师的责任感,提升气度、持续坚韧、和谐合作地拼搏和成功。亲临现场,杨老师体验到了自豪感,同时也深深的感到自己身上的担子很重。回归班级工作中,她觉得更有信心更有底气深入扎实开展工作。

一、从细节入手,班主任工作日记透明化

每天杨老师都会制定"一日工作优先表"作为工作日记,将班级建设的一些设想、当天要完成的班级工作任务、当天谈心对象的座谈内容等认真记录下来,让五位班委阅读提问或提建议,师生共同找出最佳解决问题的方案。这样既能提醒她工作不拖拉,也能让学生干部了解她的管理思路,帮助他们掌握管理班级的方法和技巧,早日走向成熟。并以此创建和谐的班级管理氛围,实现班级的民主管理。

二、建立特色学生成长档案

与学校统一的学生成长档案相比,杨老师的学生档案里收集的是学生走进新班级第一天的感想及自我介绍,第一次参加班级集体活动的体会,以及每周以学习和生活为主题的日记。每周她都会用心批阅,她要让学生打开记录这些信息的本子时,心有所思,意有所会。这样的档案既无声地提醒她要尊重学生的个性发展,因材施教,同时又为自己和每位学生的交流提供了一个平台;对于学生来说也能很好地"照照镜子",时常反思自己的行为。

三、创新转化后进生方法

初四下学期面临毕业,大部分学生会认真学习,但总有少数学生无所事事抱着混日子的的心态,如果任由这部分学生继续散漫下去,将会给班级管理工作带来很大的影响。究其原因,他们或是因为学习基础差失去了学习的兴趣又或是在网游中迷失了自我。班主任若舍得多花费精力关注这部分同学,适当发挥这部分学生的潜能,不仅能有效避免网络上瘾、班级违纪增多等一系列问题,更能有效引导、帮助学生确立正确的人生观、世界观。下学期,杨老师班的卫生委员换成了班级倒数第一的女生,没有同学瞧不起她,没有人不服从指挥,因为她得到了班主任许多的夸奖,在班级中找到了学习之外的自信。对于板报、墙报的设计杨老师更是大胆放手给这些同学,不仅看到了学生们令她吃惊的创意,就连学生也对自己的表现惊讶不已。教师成就了学生,学生也成就了老师。正是名师培训这片沃土,唤醒了杨老师的专业成长之路。

"走学习、实践、科研三结合之路,做教育科学工作者,创一流的班主任工作水平",这是在聆听一位教育专家报告中的结束语,发人深醒,鼓舞人心。班主任工作应该怎么做? 这条路怎么走? 杨老师还在继续探索,一步一步走下去,因为她相信:这是师生共同的成长之路。杨开老师已经走在路上,脚步坚实!

传递优秀班主任风采:

一路走来一路收获

王爱静,1998 年毕业于东北师范大学物理系,中学一级教师,撰写的《在物理课堂中实施探究为主的学习活动》《信息技术与物理教学的整合》在省级刊物发表过。执教的《电荷摩擦起电》《电阻》被评为市优课和优秀资源。自制的《探究摩擦力教具》《光的传播演示仪》获山东省创新实验大赛一、三等奖。班主任工作17载,所任班级2011年度评为市先进班集体,个人被评为市优秀班主任和师德标兵。

王老师于1998年师范毕业走上教育工作岗位,也走上了班主任工作之路,至今已有20个年头。凭借着自己的良好心态和对教育工作的热爱以及家人的支持、领导和同事的帮助,她的班主任工作之路走得比较顺畅。虽然她也感受到了因为专业知识的贫乏,班级管理艺术的缺乏而束手无策、困惑和迷茫,但学生的成长、家长的信任、领导的肯定让她从烦琐、忙碌的班主任工作感受到快乐和幸福。

一、培训助力

王老师有幸参加市教育局组织的班主任培训班,结识了志同道合的好朋友,分享了大家的班主任经验,更重要的是收获了教育理论新知识,心灵得到了洗礼。各位专家、一线班主任用生动的案例阐述了他们在班级管理中的奇思妙招,她的心中泛起了波澜:原来班主任还可以这么当,当得这么潇洒,当得这么从容,当得这么睿智。而她的管理呢,纯粹是保姆式的,缺少技术的含量,缺少闪光的智慧,碰到一些偶发事件有时甚至束手无策。聆听了专家的讲座她才恍然大悟,原来是忽视了自身发展惹的祸!她被深深地震撼了。

向名师学习,王老师从中汲取了丰富的精神营养,让她更好地处理工作中的问题。她知道,一个班主任要成长必须要不断引进源头活水,不断补充新鲜血液,这样才能让自己以先进的教育理念去教育学生。也只有这样,管理才能真正成为一门艺术。

二、反思提升自我

作为一名班主任,更加需要反思。去年接手毕业班时,王老师曾和同学们一起制定一个班规,一直坚持执行,但在执行的过程中,时间一长,效果就明显削减,执行也有些乏力。她开始反思问题所在,重新调整工作思路,在找了部分同学聊天后,她找到了漏洞。学生反映,班干部队伍太不得力,没人主持管事,班规有些流于形式,达不到处罚应有的效果。鉴于此,王老师重新制定了一个班规的补充细则,从班主任自己到每个班干部都有明确的职责,如果班干部履行不好职责,便属于严重违纪。和其他同学违纪一样要写200—300字的说明书,并处班级服务令一次。那么如何保证干部执行到位呢?首先要让班干部明白:能为班级服务、为同学服务是一件很光荣的事,是你有能力的表现;要使同学服从你的管理,身为班干部要以身作则,做好自己。作为班主任要常常了解班干部工作中遇到的困难,并给予适当的指导,还要经常提醒班干部反思工作中存在的问题。如班级的卫生区常常被扣分,王老师找卫生委员了解情况,要她提些办法解决这个问题。后来卫生委员建议把卫生区网格化,每天值日的同学4人一组分5组进行值日。哪一组因为不认真、不按时完成任务被扣分了,就要在班上批评栏公布并扣小组量化1分,进行小组捆绑评分,再处班级服务令一次。当这一制度出台后,卫生情况明显好转。

班规制定起来也不易,要想让它起效果,关键在于执行必须到位。王老师一直在思考如何坚持制度管理,解放自我,也许最好的办法是和学生一起制定班规,变个人权威为集体意志,变孤军奋战为师生合作,追求学生自主管理。

三、家校合力抓实效

孩子是一个家庭的天,是家长的未来、希望。作为班主任要做好教育教学工作,就一定得先过家长这一关,取得他们的信任。有了这种信任,随之而来的是理解,是支持,是愉快的合作。否则就会给我们的工作带来很大的麻烦,增添许多烦恼。

(一)达成共识

只有互相合作才能把事情做好,把孩子教好。所以,在王老师接手现在这个班级的时候,她就充分利用飞信、微信等多个平台,向家长传递自己的带班理念、作业要求,给家长发一些友情提醒,争取与家长达成教育共识,提高教育的合力。

(二)表扬家长

孩子需要表扬,同样家长也需要表扬。对支持老师工作的家长或某一件事情处理得好的家长,王老师会在全班同学面前进行表扬,还会通过平台公开表扬。例如坚持每天检查孩子的作业并签名的家长,常常主动与老师沟通的家长,把这些家长好的做法辐射出去,以带动更多的家长参与孩子的教育和管理。

（三）换位思考

换位思考、理解宽容，是王老师时刻提醒自己的座右铭。班内的家长大部分是外来务工者，每天早上五六点开工，晚上七八点收工，他们都非常不容易。有的家长的知识水平也很有限，他们可能没有按照教师的要求给孩子检查作业，也没有时间和精力照顾孩子，对这些孩子王老师在学校就多一点理解和包容。王老师相信家长的心不是坚冰，也会在她的影响下越来越关注自己孩子的成长。

（四）坦诚相待

和家长的相处过程中要坦诚，要敢于表达自己的真实想法，但这一定要建立在尊重的基础上。例如一些家长因孩子没写作业，就会打电话给老师解释理由。凡遇到这样的事情，王老师都跟家长明确表明自己的态度，指出家长这样做的不妥。慢慢地家长就会理解老师这样做是为了让孩子们有个更好的发展，对教师的工作也会越来越支持配合。

教育工作，是一项常做常新、永无止境的工作。一份春华，一份秋实，在教书育人的道路上王老师付出的是汗水和泪水，然而收获的却是那一份份充实，那沉甸甸的情感。她用真心去教诲每一个学生，用真情去培育每一个学生，无愧于心，无悔于教育事业。相信今日含苞欲放的花蕾，明日一定能盛开绚丽的花朵。

第四节 家校合作，拓展专业成长宽渠道

"教育的效果取决于学校和家庭教育影响的一致性。如果没有这种一致性，那么学校的教学和教育的过程就会像纸做的房子一样倒塌下来。"苏联教育学家苏霍姆林斯基的这句话非常恰切地阐述了家校合作对教育的重要作用。当前，教育越来越从封闭走向开放，学校要发挥其作用，达到理想的育人效果，就必须进一步确立科学的教育发展观，在重视学校教育教学的同时，要重视与家庭教育之间的沟通与合作，从而更好地推进素质教育，提高人才培养质量。

为适应教育形式的需要，我校及时抓住和创造各种有利时机，搭建家校互动平台，凝聚家校合力，通过家庭、学校两方面的沟通来培养学生养成良好的行为习惯，促进学生的健康成长，同时有效的家校合作也对教师的专业化成长方面有显著的促进作用，实现教学相长。

一、家校合作对教师专业化成长的促进作用

（一）在家校合作中，丰富教师的教育教学经验

教师所接触的学生只是在校时的学生，这种对学生的认识是片面的，只有了解学生在家中的表现，才能更全面地认识每一位学生，针对他们的不同特点因材施教，而与家长的沟通是全面了解学生的最佳渠道。只有多接触家长才能增进彼此的了解，建立良好的亲师关系，利用家长这一宝贵资源，可以增加对不同学生的认识，了解更多的教育不足，有利于改善自己的教育观、学生观和教育活动观。同时，因为家长的支持与关注，教师的教学信心和热情会得到提高，会有更多的勇气去接受新的挑战，从而增强对自己工作的胜任感。

刘老师是毕业不满三年的青年教师，在青年教师论坛上，他的一番话引起了所有老师的共鸣。他一直以为，棍棒底下出孝子是老一辈人的思想，作为在父母的责骂声中成长的他希望给学生们以春天般的温暖，这也是他做学生时的美好愿景。因而做了老师以后，他首先告诫自己的是对学生一定要态度和蔼，不能严厉训斥，可是学生关某却给了刘老师一记响亮的耳光：关某属于那种聪明有余勤奋

不足经常违反纪律的孩子,每当他犯错的时候,刘老师从来不严加指责,只是和风细雨地同他讲道理,可是一次、两次、三次……他刚做完的保证没超过一天就又会犯错。无奈之下,刘老师请来了他的家长。据家长介绍,关某是典型的独生子,祖辈的四位老人对他疼爱万分,基本不跟他说一句重话,所以对那种说服性的讲道理方式已经产生了免疫力。在家中,只有他的爸爸对他严加管教,他还有一点畏惧,可惜爸爸因工作的原因长期不在家……家长的话如醍醐灌顶,让刘老师明白了一个道理:不是所有的学生都适合暖心的教育,该严格的时候必须严格对待。

可见,家校合作中,教师可以从不同职业、经历和社会背景的家长那里,学习到他们不了解的知识,并分享家长的教育经验,以改善自己的教育教学能力和管理水平。

(二)在家校合作中,提升教师的教育技法技能

教师专业发展包括以下几个维度:教育信念、知识、能力、专业态度和动机、自我专业发展需要和意识。现在的在职教师大多因一些客观因素导致自身专业素质不够过硬,所以缺乏一些专业的理论引导,而对教师的在职培训工作,也存在培训模式单一、内容狭窄等问题,因此教师专业发展需要充分挖掘社会教育资源的潜力。在社会教育资源中,学生家长是最有价值的资源之一,教师可通过与家长的沟通交流,来丰富自己的教育经验或请家长们做一些专题讲座,来弥补自己知识和能力方面的不足。

林老师是从教十余年经验丰富的教师,对于家校合作给她的影响她深有体会。新学期伊始,她接手一个新的初三班级,任课教师普遍反映该班学生学习效率明显低于平行班级,在第一次的阶段测验中,他们班级的各科成绩均不理想。在召开的"阶段检测分析"家长会中,她邀请了班级中成绩优秀的学生家长做经验交流,在家长的交流中,她意识到孩子能够取得骄人的成绩除了孩子自身的勤奋努力外,更离不开的是家庭培养了孩子的良好学习习惯。于是,她从这个家长的做法中汲取经验,把"培养学生良好习惯"这一点作为自己教学工作的重点,在平常的课堂学习、课后行为习惯的养成等方面着重来抓促,经过一个学期的实践,她班级的学生大多养成了良好的行为习惯,班级各项考评名列前茅,学生们的学习成绩也有了很大的进步。

与家长的沟通交流,有利于教师快捷地获取家长有益的意见和倡议,从而在切实推动学生全面健康发展的同时,也推动了自身的专业发展。

（三）在家校合作中，提高教师的交际沟通能力

台湾著名家长工作者詹智慧在《家长动起来》一书中指出，成功的亲师沟通有四部曲，即平等、对话、共识、合作。这就告诉老师们，为便于家长接受学校的意见和建议，配合教师的工作，教师首先必须摆正自己的位置，实现与家长的平等对话，既不要因为家长的身份地位高而畏惧家长也不能因为家长的家庭条件差而歧视家长，对于一些挑剔的家长，不能置之不理，而应该以一颗善良包容的心来对待家长，共同促进孩子身心的健康发展。

张老师从教二十余年了，他始终秉承的原则就是对每一位孩子每一位家长都一视同仁，那年他班级上有一个家境非常优越的孩子，家长忙于工作，很少顾及孩子在校的表现，张老师几次电话沟通都得不到家长的回应。在学校的运动会上，这个孩子与同学疯打疯闹，结果意外受伤，家长不分青红皂白找到学校，要求张老师给个说法。面对家长的刁难，张老师不卑不亢，把孩子平常在校的表现以及本次事故的来源始末都详细地讲给家长听，最终家长终于意识到是自己平常对孩子的疏于管教，导致了孩子现在的状况，不该把责任全部推给学校与老师。在此后的工作中，这个学生的家长再也不端着架子与老师交流，而是积极主动地配合学校的各项工作，孩子的各项能力的发展也趋于稳定和提升。

由此可见，在家校合作中，顺畅的沟通十分重要。在与家长沟通时，教师要树立信心且真诚坦率，坦陈自己的想法、感受，通过真诚的讲述和耐心的交流，消除家长对自己的戒心，而且有时候，教师大胆承认自己的不懂，向家长求助，反而能赢得家长的信任和支持。如此在频繁的交流中，教师的沟通能力必将得到锤炼，实现专业发展的质的提升。

（四）在家校合作中，培养教师的反思反省能力

"成长＝经验＋反思"，这是美国学者波斯纳提出的一个教师成长公式。在家校合作中，教师通过与家长的交流，能更多地了解学生的性格、爱好和兴趣等，了解他们在学习过程中知识与能力的差异，从而更好地因材施教。在此过程中，教师会在不断尝试中反思自己的言行与教育方法是否恰当，调整自己的教育措施，促进自己专业化水平的进步。

王老师是学校的数学组教研组长，她对工作认真负责，对学生态度和蔼可亲，她始终注重培养学生的学习兴趣，以此来提升学生的数学能力。对于家校合作，她有很深的感慨：那一天的数学课上，王老师发现一向上课积极发言的小郑同学

这几天课堂上萎靡不振,课后王老师与他单独进行了一次谈话,他闪烁其辞的态度让王老师心生怀疑,这孩子是不是遭受了什么打击。放学后,偶然的机会王老师经过他们村,于是便临时决定到他家进行家访。到了他家门口,便听到激烈的争吵声,走进一瞧,原来小郑的父母在吵架,他们双方不但争得面红耳赤,而且明显是经过了激烈的厮打,小郑蜷缩在另一房间里,对父母的争吵无可奈何。看见王老师的到来,小郑妈妈明显表现出拒绝亲近的神色,王老师也万分尴尬,只能稍微提醒他们以后吵架时要关注孩子的心理,便匆忙离开了。一次自以为满怀热情的家访就这样结束了,王老师意识到在这次家访中最大的失误就是没有提前进行沟通,没给家长准备的时间,这样的"不速之客"自然让家长感到十分不自在,确实是一次失败的与家长之间的沟通……

在与家长的沟通交流中,教师可以随时反思自己的言行是否得当,而且可以以教学小故事的形式将它记录下来,这样不但能培养自己的反思反省能力,同时也能在实践中丰富自己的教育教学经验,促进自己的专业化成长。

(五)在家校合作中,锻炼教师科学处理信息的能力

信息技术的飞速发展使得教师与家长之间的沟通不再局限于面对面的交流,各种网上的文字交流更方便于教师向家长传递孩子的在校表现情况,班级 QQ 群、微信群的建立在这种情况下应运而生。这种虚拟的网上交流方便了教师与家长进行沟通,也便于家长对自己孩子在班级中的位次进行横向的比较。但是,由于很多沟通是由声情并茂的表达转为冰冷的文字,导致一些信息在来回传递中逐渐失真,甚至会发生分歧和误会。这就要求教师在与家长进行文字沟通时,一定要字斟句酌把好文字关,切不可随意发送无关教育的信息,对于必须发送的信息哪怕再简单,也要细致检查后再向家长发布。

沈老师已年近半百,在教育工作岗位上奉献了将近三十个年头,仍然工作在教学一线,对于电脑手机等高科技及与互联网相关的事物都有点门外汉的感觉,可是为了向家长传递本次校园艺术节的有关信息,她便向同组的年轻老师学习,将学生们的精彩表现以照片和视频的形式保存下来,然后制作成动感相册,发布在班级的微信群中。家长们看到了之后都拍手称赞,甚至学生也因为看到自己的精彩表演而感谢老师留下了这样的信息资料,更加喜欢上她的课了。

这样的家校沟通方式,使得学生亲其师而信其道,同时也有助于教师提高信息技术,专业素养必然得到发展。

二、搭建家校平台

为了学校教师得到全面的协调的发展，我们主要从以下几方面对教师进行方法引领，从而做好家校合作工作：

（一）召开全体学生家长会

按照学校的惯例，每学期我们都要以年级为单位组织召开两次家长会，学校将家长会分为两个阶段：一是先以年级为单位，由教导主任、优秀教师、优秀家长、优秀学生、进步学生代表等发言，做好家长们的思想教育工作，唤起家长的责任意识和教育意识；二是以班级为单位，班主任、学科教师与家长互通了解孩子的情况，学校规定会议期间点学生名必须是表扬，对于孩子个别存在的问题只能单独与家长交流，避免伤害家长的自尊心，产生不良的影响。这种面对面的交流形式便于学校和家长全面了解学生在校在家的情况，能有针对性地对学生存在的不良习惯进行有效的矫正。

这种形式的家长会也对教师提出了更高的要求，教师必须全面了解学生在学习、行为习惯、品德、纪律等方面的特点，才能与家长顺畅地沟通，由此提升教师全面把握正确处理问题的能力。

（二）建立"家校互通日记""家校联系卡"和"家长委员会"等

"家校互通日记"主要是便于家长和教师间及时地沟通信息，了解学生情况，孩子则成为教师与家长之间的信使，将家长、教师的信息转交给对方，并可以及时了解家长和老师对自己的评价，便于学生有目的地矫正自己的不良习惯。

"家校联系卡"则扼要记录了哪些家长与教师之间进行过沟通及沟通的内容，这样便于班主任从整体上掌控班级上的某些学生在哪些方面的行为习惯有待矫正。

"家长委员会"则是由家长代表组成，向教师反映学生中存在的普遍性问题，并与教师共同协商矫正学生不良习惯的具体措施。

教师在写家校互通日记或联系卡的过程中，能对学生有更全面的认识，并逐渐提高自己的书面表达能力，而与家长委员会的接触更进一步提高了教师与人交往合作的能力。

(三)建立班级微信群、QQ群

互联网的普及为教师与家长之间的沟通提供了便利的方式,班主任及学科教师可以随时通过班级的微信群或QQ群,反馈学生的学习情况和在校思想动向。学校定期向家长发送关于双休日及节假日期间注意监护孩子安全及学习等方面的温馨提示。这样既提供了交流的方便,又节省了时间,让学校、家长、教师和学生之间有了零距离的交流和沟通,在彼此之间架起了心灵的桥梁,深受学生家长的欢迎。

此外,学校还通过向家长发送《喜报》《致家长的一封信》等形式,加强宣传和咨询,让更多的家长和社会人士参与学校管理,形成积极参与教育的协作氛围。在每学年结束时,学校会采用网上答卷的形式让家长对学校、对教师的工作进行满意度调查,数据表明,我们的工作得到了家长们的充分肯定,满意度达到95%以上。

几年来,学校一直致力于家校合作工作的开展,建立了融洽、和谐的家校合作关系,实现了家庭教育和学校教育的优势互补。在合作过程中,教师、家长、学生的积极性与主动性都被充分调动起来,教师和家长也在相互了解的基础上,实现了教育理念、教育方法、教育内容、教育要求、教育评价等方面的统一、协调及互补,教师和家长彼此间都获得了更多的理解与支持,形成了强大的教育合力,促进了学校教育质量的有效提升。

"撑一支竹篙,向青草更青处漫溯",在今后的工作中,我们将继续引领教师以专业成长为依托,以家校合作为内涵,促进教师专业发展的功能,以育人作为家校合作与教师专业成长的契合点,彰显家校合作对教师专业成长的促进作用;通过对家校合作功能的重新审视、对家校合作主体关系的重新定位和增强家校合作的制度化等措施,提升家校合作促进教师专业成长的实效性,努力探索教育的本质规律,使家校合作成为促进教师专业发展的一种有效途径,让教师拥有幸福完整的教育生活。

搭起家校连心桥:

家校沟通,助力成长

刘丽霞老师,一位用爱心与耐心诠释着教师形象的老教师,作为一名从教二十余载的老教师,她在与家长沟通方面有着自己独到的见解和做法。担任班主任期间,她用真诚和善良、敬业与奉献的精神打动了一位又一位家长,同时在这个过程中她也在提升和发展着自己的专业素养。

岁月如歌,悄然而过,蓦然回首,在从教的路上,刘老师已经走过了二十余个年头。由对教师这个职业的迷茫和不自信,到成长为一名优秀的教师,刘老师的发展进步得益于班主任工作。

对一名教师来说,推动其教育事业发展应该有两个轮子,一个叫作"情感",一个叫作"思考"。刘老师坚信:没有情感,没有爱,也就没有教育。教师的爱是滴滴甘露,即使枯萎的心灵也能苏醒;教师的爱是融融春风,即使冰冻的感情也会消融。在刘老师班上有一个男生很聪明,可就是经常不完成作业,导致学习成绩总是在中下游水平,各科老师使出浑身解数也不见有任何的起色。提起这个男孩,老师们摇头的同时也感到十分可惜。刘老师发现这一情况后,看在眼里急在心上,立刻利用午休的时间进行家访,终于找出症结所在:男孩的家人对他十分溺爱,言听计从,母亲对他稍加管教,就会受到家人们的指责,长此以往,导致他成了家里的小霸王,说一不二。刘老师立即对他的家人展开攻心战术,动之以情,晓之以理,中午家访,晚上电话联系,一次不行两次,两次不行更多次,和男孩本人谈,和男孩的父母谈,和他的叔叔伯伯谈,和他的爷爷奶奶谈。刘老师电话打了无数次,事例、道理说了一箩筐,嘴唇说干了,嗓子说哑了。功夫不负有心人,终于全家人在孩子的教育上达成共识,他们终于明白了:现在不教育自己的孩子,将来社会绝不会姑息他,总会有人教育的。于是家校沟通,心冰融化,共同督促教育孩子。慢慢地,男孩开始写作业了,刘老师及时发现他的点滴进步,适时表扬,给了他很大的信心。渐渐地,男孩变了,上课积极回答问题,自觉主动地完成作业任务,现在成绩已经达到班上的中上游水平。正是在屡次与家长的交流中,刘老师与人沟通、语言表达、处理紧急事情的能力都得到了提升。

创新家校联系渠道:

王老师的微信大曝光

王翼老师,一位智慧与宽容并存的优秀男教师,作为一名为数不多的男班主任,王翼老师以他独有的人格魅力与宽广的胸怀来熏陶和培养他的学生们,与学生间的交流他细致耐心,并且更多的是以微信的形式与家长或孩子进行沟通,这样的以心交流怎能不收到学生和家长的真心呢。

　　微信,有人用以记录生活,有人借以晒秀幸福,有人拿来运作微商,而作为教师的王老师则用它来沟通学生和家长。

　　王老师所带的初三学生正式升入初四的当晚,王老师微信中的"小红点"呈井喷之势,王老师花费了几个小时与学生及家长互动。现撷取几段聊天记录与大家共赏。

　　一、七夕

　　背景:她被同学们称为"女神范"的学霸,在王老师看来,她具有初中生难得的从容与淡定。昨天的家长会后,她妈妈找王老师私聊:孩子的成绩虽有下滑,但她很知足,因为几个月前和丈夫离婚,对孩子影响很大,她知道孩子很信赖王老师,希望王老师能予以开导。

　　七夕:老师,您是我经历过的最好的班主任,虽然看起来您对我们管得并不多,但是我知道您用心良苦。特别感谢您初三一年给予我们的爱,想想您为我所做的,真感动。我知道您付出了很多很多,想跟您说的太多太多,所有感情凝为一句吧! 老师,我爱你!

　　王老师:希望我的行动为大家做出了良好的示范:用心做事,以爱做人。

　　七夕:嗯呢,谨记! 期末考得不好,让您失望了。

　　王老师:相处了一年,你应该了解,我更在意过程中的态度与行动,而不是最终的结果。一年来,你一直表现得非常优秀。今天,你妈妈饱含热泪地跟我说了很多心里话。

　　七夕:啥?

　　王老师:我的观点是,与其纠缠凑合,不如及早分开。你说呢?

　　七夕:哦,您知道了。

　　王老师:你的情商很高,看穿这点应当不难。

　　七夕:嗯,我不反对,在一起吵还不如两个分开找属于自己的幸福。因为我而将就、生气,不值得。

　　王老师:分开了,就不必再纠结于恩怨是非。分开后,曾经的幸福应当珍藏,养育之恩不能忘却。同时,你得更多地为妈妈分忧解难,这也会让你比同龄人更快地成熟。

七夕：嗯。

王老师：此前，你的优秀绝大部分功劳归于父母遗传及教养；今后，如何卓越，得靠你自己了！

七夕：嗯，我也不允许因为自身的原因而失败。

王老师：期待你的卓越表现哦，加油！

七夕：不会让您失望的！

王老师：以后，即便不跟我学物理，有啥事，仍然可以找我聊哈。

七夕：嗯。有事情的时候，王老师，我一定会找您聊。

二、大成

背景：男排主力，长得高大帅气，典型的没心没肺，学习习惯特别差，成绩不太理想。爸爸长年在外地工作，妈妈做保险，无暇顾及他。王老师曾建议他妈妈送孩子上体校，充分发挥特长，妈妈却怕孩子在体校学坏。

大成：老师，今天拍完合影，不知别的同学咋想的，但我内心真的很心酸。

王老师：呵呵，大块头儿，还学会煽情了。

大成：我也是头一次有这样的感觉。

王老师：通过史地生会考及物理课上的表现，我能看出你的智商很高，只是之前被漠视了。你必须认识到，自己在学习方面比想象中厉害太多！学习上使把劲，加上优秀的体育专业，考上高中不是梦！

大成：哈哈，我就是太懒了，懒得学。

王老师：该醒悟了！该发奋了！

大成：额，那天看成绩单，我就想高中是没戏了。

王老师：体校的老师来要你，应该去。抛弃特长，不明智！

大成：我也想去，可是我妈不同意，听别人说去了会学坏。

王老师：她是不放心你，你要用行动让妈妈感受到你长大了，成熟了，不会学坏。同时，你得洁身自好，出淤泥而不染。

大成：我知道，那些烟啊什么的我没有兴趣。可是，她根本不听我的。

王老师：正式地跟妈妈谈谈。真不行的话，那就得拼一把初四了！

大成：初四正好不用训练，用这个机会好好地学一次，其实我初一的时候在班里排十九呢。

王老师:我早就看出你的脑瓜子好使,拼一拼哈! 期待你的好消息!

大成:嗯。

……

四、意涵(林林的爸爸)

意涵:王老师,林林在你班一年改变很大,我也受益匪浅,从你这学到很多,希望我儿子张宇豪也能分到你班上。不知道在不在你班上,能帮忙查一下吗? 谢谢。

王老师:林林懂事、乖巧、用功,我很喜欢他。孩子的优秀往往得益于父母的良好教养,估计你这儿子也差不了。不过,学校暂时没有公布教师的安排,看缘分吧。

意涵:儿子很不错啊,你把他要你班上吧,在你的培养下会更好的。

王老师:感谢信任。这个我说了不算。好孩子不管分哪个老师班上,都会健康发展的。

意涵:还是希望到你的班上。太晚了,不打扰了,你忙吧。

五、马儿(洋的妈妈)

马儿:老师,你说洋这种情况需不需要报个美术班之类的?

王老师:可以考虑,关键看他是否有兴趣。

马儿:他不想学画画。今天听初四老师说,高中还分高中低三种班,真是那样我感觉就是上了,上个低班也没意思,你说呢?

王老师:孩子都是动态发展的,洋今年进步相当大,照此发展很可能考上高中。

马儿:是啊,原先我是放弃了的,这一年在你的帮助下进步太大了,有希望了我反而不知道咋办了。

王老师:期末成绩出来之后,洋有何反应?

马儿:他信心满满地告诉我,他能考上高中。这是以前从没有过的。

王老师:难得孩子这么上进,一定得全力支持! 洋的英语太落脚了,必须利用暑假恶补。

马儿:是啊,怕他不愿意补课。

王老师:先别说给他报班补英语,问问他英语这么差,凭啥考高中？问问他准备如何弥补英语短板？等他自己主动要求补习。你呀,还别急着一口答应,再问问他落这么大,补习有用吗？这样激发他的决心。补一个月,如果有提高,就坚定地补下去,如果毫无进展,不妨再考虑学画画。

马儿:好,就听你的。

王老师:我会时常通过 QQ 和他聊聊,鼓励他。

马儿:谢谢老师!

通过微信,私密的、一对一的、即时的、互动的情感交流、心理疏导、方法指导、引导激励,王老师可以更多、更及时地了解到学生的情绪变化、心理状态、情感状况、家庭情况,并能够第一时间给予引导、排解、关注、援助。通过微信,王老师能够更多、更深入地了解到家长的育儿观、亲子关系、教育困境,并能够有的放矢地进行引领、建议、指导。微信,已然成为王老师细致、及时、高效地开展班主任工作的利器。目前,微信已经普及到每位家长,学生拥有手机使用微信的比例也相当高,王老师会在"利用微信提升班主任工作效能"方面深耕不辍。

后　记

　　一封"世界那么大，我想去看看"的教师辞职信曾在微信朋友圈引发热议，有人为文字间的情怀点赞，也有人表达"我真的好想这样任性"的无奈。作为学校教育工作者，我们深知给不了教师想走就走的梦想，但我们愿意竭力为怀揣教育理想的追梦者创设求索的空间；我们给不了教师丰盈充足的物质，但我们愿意竭力满足教师自我成长的渴求和期盼；我们不能减轻教学工作的烦琐和压力，但我们愿意竭力构建一个愉悦舒心、积极和谐的工作氛围。

　　我们深知教师才是专业成长的主体，每一位教师都有成长的渴求和权利，我们要做的就是通过多样的活动激发这份激情和渴望。回眸来路，我们将在多个方面不断反思改进，让教师共享成长的幸福和成就感。

　　第一，教师参与积极性的问题。我们虽然制定了教师专业发展的目标，但教师是各具特点的个体，只有尊重个体间的差异，因人制宜地开展培训工作，才能结出硕果。但总有部分教师出于惰性心理，参与积极性不是很高，专业成长的速度跟不上大多数人的脚步。下阶段要在调动所有教师的参与热情上想方设法，将研究成果惠及所有的教师和课堂教学是我们的研究意义所在。

　　第二，课堂模式和专业成长相协调问题。我们教师的专业成长也需要借助学科模式来展现，但模式不是局限教师成长的镣铐。应该说现有的课堂模式还不够完善，特别是要构建生命化课堂和高质量的专业队伍，毕竟不是一日之功，需要长久努力探索。要鼓励教师将自己在专业成长中的经验融合到学科模式建设中来，让模式有更多的创新点和科学性。

　　第三，教师专业成长的评价问题。教师专业成长与否，有些方面是外显的，我们通过公开课、优质课等赛课活动很容易能看到，但教师的成长绝不仅仅限于课堂教学，虽然有相关的培养和评价机制，但还需在严谨性、科学性、发展性上下功夫、想点子，让教师成长评价更动态、更全面、更有激励性。

第四，教师发展的可持续性问题。教师专业成长只有开始，没有结束，没有最优，只有更优，这个工程将持续而长久地进行下去。铁打的学校，流水的教师，我们希望无论走出荣成二十七中的教师，还是走入荣成二十七中的教师，都能够找到适合自己的专业成长的路径。"授之以渔"，促进教师专业成长的持续性才是我们研究的终极目标。

第五，研究的长期性和应用性问题。教师专业成长的过程是漫长而连续的，任何的研究绝不能为了研究而研究，真正的研究是要服务并助力教学。要继续进行校内和校际间的交流，从理念培训到专业提升的形式，到课堂教学备、听、评等多个层面加强探讨，择善而从。要将已取得的阶段研究成果持久地应用于课堂教学中，并在课堂教学实践的检验中不断完善和丰富。

在引领教师专业成长研究中，我深切地感受到学校、教师、学生的巨大变化。成功没有尽头，只有新的开始。我们将始终坚持以人为本，立足创新，追求实效，用付出迎接教师专业化成长的又一个春天！

姜成文

2018 年 2 月 20 日